추론하고 상상하는
사고력 세계사

추론하고 상상하는
사고력 세계사

1판 1쇄 발행 | 2010. 4. 13
1판 12쇄 발행 | 2024. 9. 1

차오름 지음

발행처 김영사 | **발행인** 박강휘
사진제공 허용선 이미지메이킹 포토스탁
등록번호 제 406-2003-036호 | **등록일자** 1979. 5. 17.
주소 경기도 파주시 문발로 197(우10881)
전화 마케팅부 031-955-3100 | **편집부** 031-955-3113-20 | **팩스** 031-955-3111

ⓒ 2010 차오름
이 책의 저작권은 저자에게 있습니다.
저자와 출판사의 허락 없이 내용의 일부를 인용하거나 발췌하는 것을 금합니다.

값은 표지에 있습니다.
ISBN 978-89-349-3843-9 43100

좋은 독자가 좋은 책을 만듭니다. 김영사는 독자 여러분의 의견에 항상 귀 기울이고 있습니다.
전자우편 book@gimmyoung.com | 홈페이지 www.gimmyoungjr.comr

추론하고 상상하는

사고력 세계사

차오름 글

주니어김영사

| 저자의 글 |

추론과 상상으로 의미와 가치를 발견하는 세계사

세계 역사를 책으로 쓴다는 것은 대담한 용기를 필요로 한 일이다. 수만 년의 시간, 수많은 지역과 민족, 수많은 사람들의 삶과 사건들, 그리고 지구에서 살다 간 수많은 사람들의 희망과 절망, 그들의 상상력과 사상을 어떻게 한 권의 책에 모두 담을 수 있단 말인가?

그럼에도 불구하고 세계 역사에 대해 생각해야만 하는 이유는, 그 어느 때보다도 오늘날 우리의 삶이 세계적이기 때문이다. 세계는 엄청난 속도로 좁아지고 있다. 세계 곳곳에서 벌어지는 일들을 실시간으로 방송 매체를 통해 볼 수 있다. 프랑스에서 건너 온 요리, 남아메리카에서 자란 과일 등 우리가 매일 먹는 음식들 또한 글로벌하다. 도시의 거리는 세계의 언어로 표시된 간판들로 다양하다. 생활용품들은 세계 곳곳에서 만들어져 우리 생활의 한 부분을 이루고 있다.

우리들은 이미 충분히 세계적이며 국제적으로 살고 있다. 학교에서는 세계 곳곳에서 연구하고 경험한 지식들을 배운다. 문화, 사상, 제도, 기술 등 모든 것들이 한 나라, 한 민족의 경계를 뛰어넘어 세계적, 국제적, 지구적인 영역으로 확장되어 있다.

넘쳐나는 세계의 정보와 지식들. 세계 역사는 셀 수 없이 많

은 사건들로 가득하다. 세계 역사에는 너무나 많은 사람들이 등장한다. 지역과 민족, 종족들의 삶을 담고 있는 문화와 유적들은 너무나 다양하고 독특해서 정리하기조차 어렵게 느껴진다. 인류 역사 속에 등장한 사상과 제도는 또 얼마나 많은가. 세계 역사만 생각하면 두통이 생기고 소화가 잘 안 된다는 학생들의 하소연이 빈말이 아니다. 학생들에게 지식을 외우고 암기하는 세계사는 스트레스다.

세계사는 사건들로 가득하다. 사건들은 스스로 의미를 말하지 않는다. 단지 스토리만 전해 줄 뿐이다. 모든 사건은 사건의 의미를 묻는 해석자를 기다리고 있다. 《사고력 세계사》는 세계 역사의 의미를 묻는 능력을 키우고 세계사에 등장하는 인물, 지식, 사건의 의미를 발견하고자 한다. 《사고력 세계사》는 세계 역사에 등장하는 주요 사건, 지식, 인물, 도구를 해석하는 즐거움을 얻고자 기획된 책이다.

사람과 사람의 만남이 사건을 만들고 생각과 생각, 지식과 지식이 만나면 사건이 생긴다. 그러므로 사건 속에는 사람들의 희망과 열정, 욕망이 담겨 있다. 지식과 지식이 만나 사건이 만

| 저자의 글 |

들어지므로, 사건에는 지식이 뭉쳐져 있다. 따라서 모든 사건 속에는 의미와 가치가 담겨 있다.

의미는 개인에서 사회적 관계로, 미시적인 것에서 거시적인 것으로 나아갈 때 발견된다. 그러므로 의미와 가치를 묻는 것은 소아(小我)에서 대아(大我)로 나아가는 것이다.

사고력은 단순한 사고의 도구적 능력만을 말하지 않는다. 추론, 관찰, 비교와 분류, 논리적 사고 등 사고의 기능적 능력만이 사고력의 전부는 아니다. 사고력은 의미와 가치를 발견하고 세울 수 있는 능력이다. 개인의 욕구와 욕망으로부터 나아가 공동체, 사회, 다른 사람과 더불어 이룰 수 있는 꿈과 가치를 발견하고 지향하는 능력과 힘이야말로 매우 고급한 사고력이다.

'왜 우리는 사소한 것에만 분노하는가?'라고 어느 시인은 물었다. 개인의 욕망은 얼마나 협소한 것인가? 나의 욕망과 이해에만 머문다면 의미와 가치는 결코 발견할 수 없다. 역사란 나에게서 너에게로, 그리고 우리로 나아가게 하는 사유의 여행이다. 홀로 걷고 있는 나만의 좁은 길에서 세계 사람들과 함께 걷는 대로로 나아가는 지적인 여행이다.

　《사고력 세계사》는 집요하고도 끈질기게 세계 역사의 주요 사건과 인물 그리고 도구와 제도의 의미를, 가치를 묻고자 했다. 의미와 가치는 묻는 자의 준비성에 따라서, 질문하는 사람의 움벨트(Umwelt)에 따라서 다르게 출현할 것이다. 그러므로 새로운 질문과 의문을 던지고, 새로운 의미와 가치를 발견하는 것이야말로 세계사로부터 스트레스를 받지 않는 방법이다.

　끝으로 《사고력 세계사》를 함께 토론하고 질문하며 의미와 가치를 발견해 준 지혜의 숲 선생님들과 학생들에게 고마움을 전하고 싶다. 《사고력 세계사》가 삶의 의미와 가치, 방향을 세워 가는 데 조금이나마 도움이 될 수 있다면 기쁠 것이다.

2010년 봄
차오름

| 차례 |

저자의 글 4

01 인류 문명이 시작된 첫날, 대체 무슨 일이 벌어진 것일까? 11
02 인류 문명은 왜 강에서 시작되었을까? 19
03 최초의 도시 수메르, 인류 문명은 왜 도시를 만들었을까? 31
04 신들이 함께 산 도시 수메르, 과연 신들은 무엇을 했을까? 43
05 이집트의 화가들이 꼭 지켜야 할 규칙은 무엇이었을까? 51
06 죽음에 대한 거대한 상상력, 피라미드와 미라 65
07 그리스 인들이 만들어 낸 새로운 정치 시스템은 무엇이었을까? 75
08 모든 사람의 생각을 이어 주는 사유의 끈, 알파벳의 비밀 87
09 그리스의 신들이 모두 범죄자들이라고? 103
10 로마는 어떻게 제국이 되었을까? 115
11 스파르타쿠스는 왜 반란을 일으켰나? 127
12 한자(漢字)는 어떻게 중국을 지배했는가? 133
13 중국의 나라 이름은 왜 모두 한 글자로 되어 있을까? 145
14 동아시아의 유교 사상, 공자가 주장한 것은 무엇일까? 157

15 불교의 창시자, 석가모니는 왜 6년 동안 고행을 했을까? 167
16 예수는 왜 십자가에서 죽었을까? 177
17 이슬람은 아랍 민족을 어떻게 변화시켰을까? 189
18 중세 사람들은 왜 가난했을까? 199
19 교황은 어떻게 유럽을 지배할 수 있었을까? 207
20 중세의 끝, 돈키호테는 왜 풍차를 향해 돌진했을까? 217
21 구텐베르크의 인쇄술은 유럽을 어떻게 변화시켰나? 227
22 르네상스 시대에 무엇이 부활했던 것일까? 239
23 1492년 콜럼버스를 통해 유럽이 발견한 것은 무엇이었을까? 251
24 프로테스탄트의 모범생, 로빈슨 크루소 263
25 유럽을 뒤흔든 사상 혁명 275
26 과학의 탄생, 망원경과 현미경이 열어 준 세계 283
27 프랑스 혁명, 봉건 제도의 죽음 293
28 노동자는 어떻게 탄생했을까? 303
29 인상주의, 하나의 세계에서 천 개의 세계를 발견하다 313

01

인류 문명이 시작된
첫날, 대체 무슨 일이
벌어진 것일까?

이 세계는 왜 시작되었을까? 누군가 시작하지 않았다면
우리는 지금, 존재하지 않았을 것이다.

세계의 모든 '시작'과 '처음'을 주관하는 신들의 모임

세상의 모든 '시작'과 '처음'을 주관하는 신들이 모였습니다. '결과'와 '끝'을 담당하는 신들의 횡포를 더 이상 보고만 있을 수는 없었기 때문입니다.

"결과의 신들이 해도해도 너무들 하고 있어요."

"인간들에게 오직 결과만을 중요하게 여기도록 강요하고 있어요."

"나무와 식물들에게는 열매를 맺으라고 하고 있어요. 열매를 맺지 못하는 나무와 식물들은 모두 죽고 있습니다."

"저들은 세상 사람들을 모두 결과주의자, 완성주의자로 만들고 있어요."

아기들의 첫 걸음마를 주관하는 신, 모든 글의 첫 글자를 담당하는 신, 하루의 시작을 알려 주는 신, 인간들의 첫 만남을 마련해 주는 신, 모든 새들의 첫 비행을 도와주는 신들이 모여 열변을 토했습니다.

"모든 존재는 시작과 처음을 가지고 있어요. 이 세상 무엇도 시작과 처음 없이는 존재할 수 없다는 것을 알아야 합니다. 시작과 처음은 결코 사라지지 않아요. 그래서 모든 것들의 시작과 처음은 위대한 것이지요. 아주 작은 씨앗이 큰 나무로 성장하듯이, 시작과 처음에 미래가 담겨 있다는 것을 알아야 합니다."

첫눈을 내리게 하는 신이 차분한 목소리로 말했습니다.

"결과는 결코 끝이 아니라는 것을 가르쳐야 합니다. 끝이라고 보이는 것이 새로운 시작과 출발을 위한 준비라는 것을 모르고 있어요. 결과의 신들이 사람들을 현혹시키고 있는 것입니다. 시작이 없으면 희망도 없어요. 모든 것이 멈추어 버리는 것이지요. 모든 것은 계속되는 것입니다."

모든 음식의 첫맛을 맛있게 만드는 신이 울먹거리며 말했습니다.

"인간들은 결과의 신들의 꼬임에 빠져, 마치 자기들이 처음과 시작 없이 하늘에서 뚝 떨어진 존재로 여긴답니다. 모든 것을 아주 당연하게 여겨요. 현재 이루어진 것들, 지금 먹고 있는 것들이 어디서부터 시작되었는지 생각하질 않아요. 당연히 감사하는 마음이 없지요. 마냥 자신들의 권리, 특권으로 여길 뿐이랍니다."

모든 강물의 시작과 처음을 보살피는 신이 결론을 내리듯 말했습니다.

"이제 인간들의 몸속과 머릿속에 시작과 처음이 어떻게 담겨 있는지 보여 줍시다. 시작과 처음을 담당했던 사람들의 희망과 꿈이 무엇이었는지 명명백백 알려 줘야 합니다. 그래서 자신들에게 시작과 처음을 담당했던 사람들의 어떤 기대가 담겨 있는지를. 한 사람 한 사람에게 얼마나 많은 생명들의 바람과 열망이 담겨 있는지 깨닫게 해야 합니다."

세계는 왜 시작되었을까?

세계는 어떻게 시작되었을까?

최초의 인간이 맨 처음 만들어 낸 생각은 무엇이었을까?

최초의 인간이 맨 처음 했던 선택과 판단은 무엇이었을까?

인류가 처음 느낀 슬픔과 기쁨은 무엇 때문이었을까?

인간이 이루어 낸 첫 성취는 무엇이었을까?

최초의 인간이 처음 만난 존재는 누구였을까?

그가 그려 낸 희망, 미래는 과연 어떤 모습이었을까?

그가 갈망했던, 그가 그리워했던 인간의 모습은 무엇이었을까?

세계의 첫날은 어디서 시작되었을까? 수메르였을까?

이 우주에, 지구에 존재하는 모든 것에는 '처음'이 있다. 모든 것은 시작되었으므로 지금 여기에 있다. 그러므로 모든 것들은 시작과 처음을 간직하고 있다. 우리 모두는 세계의 처음과 시작을 담고 있는 그릇이다.

모든 '처음'은 착하고 선하다. 죄를 지을 과거가 없기 때문이다. 시작은 모든 것 중에 가장 넓고 크다. 모든 가능성이 열려 있기 때문이다. 시작과 출발은 무지하다. 아직 아무것도 이루어지지 않았으며, 아직 어떠한 행위도 없고, 결과를 알지 못하기 때문이다.

그렇다. 인류의 처음에 비하면, 첫 인간의 시작에 비하면

1_ 문명(文明, Civilization)의 모습은 도시, 건축, 도로, 도구 및 상품 그리고 조각 등 예술 작품으로 나타난다. 문명은 인류가 노동을 통해서 만들어 낸 것, 특히 물질적인 것을 의미한다. 자연을 개조하고 변화시켜서 인간만이 만들어 낸 세계, 인간의 창조물이 문명을 구성한다.

| 블레이크의 천지창조 |
시작하는 사람은 늘 창조자다. 인류 문명, 인류의 문화는 인간이 이 세계에서 만들어 낸 것들이다. 블레이크의 신은 어떤 것을 희망하고 기대하며 천지를 창조했을까? 인류의 시작 또한 열망을 가지고 첫발을 내디뎠을 것이다.

우리는 지금 멀리 와 있다. 수많은 걸음걸음, 수많은 시간, 수많은 사람들의 삶을 건너 지금, 우리는 여기에 와 있다.

세계의 처음을 열었던 사람들, 세계의 인류 문명[1]을 시작했던 사람들, 처음으로 말을 시작했던 사람들, 처음으로 문자를 발명했던 사람들, 처음으로 바퀴를 만들고 옷을 만들어 입었던 사람들, 처음으로 집과 도시를 건설했던 그들에게 우리는 희망이었을 것이다. 그들이 그리워하고 열망했던 미래의 사람들, 미래의 삶이 바로 우리들이다.

마치 부모들이 자식들에게 가지는 희망처럼, 그들에게 우리는 미래였을 것이다. 우리는 과연 인류의 역사를 시작했던, 그 출발점에서 품었던 희망과 얼마나 닮아 있을까? 또한 우리는 얼마나 더 멋진 존재로 진화해 왔을까?

모든 시작은
그 무엇이 되고자 하는 의지다

시작은 어쩌면 하나의 점인지도 모른다. 하나의 점은 정지해 있다. 하나의 점은 어디로 향할지 정해져 있지 않다. 하나의 점, 하나의 세포는 과연 어떤 모양으로 변화할까? 아무것도 정해져 있지 않다.

시작은 수많은 가능성이다. 시작은 끝이 아니므로 아무것도 알 수 없다. 시작은 무한한 가능성이므로 끝없는 상상의 세계다. 시작과 출발은 예측할 수 없으므로 무질서의 상태다.

모든 시작은 희망을 품고 있다. 출발은 어떤 것을 향한 첫 걸음이다. 출발선에 선 사람은 앞을 내다보며 멀리 바라본다. 세계의 시작 또한 그렇다. 인류가 품은 희망은 과연 무엇일까? 처음 품었던 희망은 어느 정도 이루어진 것일까? 우리들의 몫으로 남겨진 희망은 무엇일까?

누군가 처음 시작했을 그 걸음을, 우리 또한 지금 걷고 있

| 일출 | 태양은 이 지구에서 살아가는 모든 생명체들의 결정적 희망이다. 어둠에서 밝음으로, 추위에서 따뜻함으로, 하루의 시작에서 하루의 끝으로, 일 년의 시작에서 일 년의 끝으로 이끌어 준다. 태양은 무엇인가를 시작하는 존재들의 든든한 후원자다.

다. 이어달리기를 하고 있는 것이다. 처음이 없었다면 지금의 우리는 존재하지 않는다. 세계의 시작, 처음은 우리들의 존재를 증명하는 증거이다.

세계 최초의 문명이 수메르에서 발견되듯이, 지금 우리들의 삶 속에도 수많은 시작과 처음이 있다.

우리는 날마다, 순간마다 무엇인가를 시작한다. 마치 수메르 인들처럼, 인류 문명을 열었던 사람들처럼 처음을 맞이한다.

책의 첫 페이지를 펼칠 때 느끼는 설렘.
아기가 첫 걸음을 내디딜 때 느끼는 긴장과 기쁨.
하얀 눈 위에 첫 발자국을 남길 때의 신선한 책임감.
사랑을 고백하는 편지의 첫 글자에 담긴 긴장감.
첫 직장에 처음 출근하는 날의 각오.
새해 처음 떠오르는 해를 바라보는 뿌듯함.
모든 생명의 젖줄이 되어 주는 거대한 강물의 아주 작은 한 방울의 용기.

모든 처음과 시작은 희망과 함께 찾아온다. 인류의 문명은 인간이 무엇인가를 만들기 시작했다는 것을 의미한다. 인류의 문명은 인간의 의지와 비례한다. 의지가 없는 사람은 아무것도 시작하지 못한다. 열망과 욕망, 희망이 없는 자에겐 처음과 시작의 기회는 찾아오지 않는다.

세계는 의지를 가지고 있다. 존재하는 모든 것들은, 이 세상에 출현한 모든 것들은 무엇이 되고자 하는 의지를 가지고 있다. 그러므로 세계의 역사는 곧 의지의 역사, 실현의 역사다.

02

인류 문명은 왜 강에서 시작되었을까?

고대 인류 문명은 강가에서 시작되었다. 세계의 주요 도시들 또한 강을 끼고 있다.
강은 어떤 힘을 가지고 있는 것일까?

02

강은 어떤 마법을 지녔기에, 인류 문명과 도시가 강가에서 시작되었나?

"저는 지금 강(江)씨를 만나러 강가에 나와 있습니다. 도대체 인류 문명은 왜 모두 강가에서 이루어졌을까요? 이 의문을 풀기 위해서 직접 강씨와 인터뷰를 해 보겠습니다."

기자 : 먼저 이름에 대해 물어보겠습니다. 선생의 이름은 동양에서는 '강(江)'이라고 부르고, 서양에서는 대개 'river'라고 합니다만 마음에 드십니까?

강 : 사실 저의 이름은 수천만 개나 됩니다. 저를 찾아오는 수많은 동물들에게는 저마다 저를 부르는 이름이 있습니다. 나무들도, 물고기들도 저의 이름을 다르게 부른답니다. 이름이야 무슨 상관이 있겠습니까? 저를 찾아오는 존재들이 자신들의 필요에 따라, 자신들의 생각에 따라 붙이는 것뿐이니까요. 그들은 저의 일부분을 볼 뿐이지요. 마치 장님이 코끼리를 만지는 식입니다.

기자 : 더 직접적인 질문을 하겠습니다. 선생께서는 왜 인류 문명이 강가에서 시작되었다고 보십니까?

강 : 물고기들에게 물은 공기와 같은 것이지요. 물이 있어야 호흡을 합니다. 물은 또 하나의 산소랍니다. 모든 살아 있는 것들은 숨을 쉬어야 살 수 있습니다. 물을 마시는 것은 또 하나의 호흡을 하는 것이지요. 숨을 쉬는 것은 단지 산소를 마시는 것만을 의미하지 않습니다. 지구는

태양이 보내 주는 빛을 마셔야 합니다. 지구의 호흡이지요. 식물들은 크게 두 가지 호흡을 합니다. 나뭇잎을 통해 빛을 마시는 호흡과 뿌리를 통해 물을 마시는 호흡입니다. 인간들도 여러 가지 호흡을 하지요. 공기를 마시는 호흡, 물을 마시는 호흡, 지식과 언어를 마시는 뇌 호흡 등.

저는 지구에서 물의 호흡을 담당하고 있는 것입니다. 인간들은 물의 호흡을 쉽게 할 수 있는 강가에 모여서 살았던 것입니다. 더구나 곡식이 자라는 땅도 물을 마셔야 합니다. 매일 땅이 물을 마실 수 있는 곳이 바로 강 주변입니다. 땅에 묶여 있는 사람들이 강가에 모여 사는 것은 당연한 일이지요.

기자: 그렇군요. 선생은 많은 생명체들에게 물을 공급하시는데, 그들은 물을 마시는 대신 선생께 무엇을 줍니까? 인류는 선생에게서 물을 받아 마시는 대신 무엇을 주었습니까? 돈을 주었습니까?

강: 하하하. 돈이라고요? 저에게 돈은 전혀 쓸모가 없습니다. 돈은 오직 인간만이 사용하는 도구입니다. 기자 양반이 그렇게 말하는 것이 무리도 아닙니다. 요즘엔 물도 돈으로 사고파는 세상이니까요. 원래 공기, 햇빛, 물, 땅, 식물 등 자연은 돈으로 사고파는 것이 아닙니다. 인간의 힘으로는 만들 수 없는 것이기 때문입니다. 공기, 물, 햇빛 들은 인간이 만든 것도 아닌데 마치 인간들의 소유인 양 돈

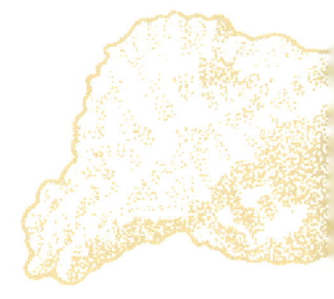

으로 사고파는 것은 이상한 일입니다. 이것은 오직 인간 세계에서만 일어나고 있는 현상입니다. 사실 돈을 주고 물을 사는 것은, 그 물이 자신의 소유라는 것을 확인하기 위해서입니다. 자신의 것이므로 자기 마음대로 할 수 있다는 것, 아무도 훔치거나 빼앗아 갈 수 없다는 점을 확실히 하기 위해 그 증표로 돈을 사용하는 것이지요. 그런데 하늘에서 떨어지는 물 한 방울 한 방울이 모여 강물이 되고 바닷물이 되는데 물에 무슨 주인이 있겠습니까? 있다면 물의 신이겠지요.

저는 인간들이 강물을 마시는 걸 보면 기쁩니다. 왜냐하면 강물을 마시는 모든 생명체들은 저의 분신이자 자식과 같기 때문입니다. 물을 마시면 그 물이 세포 속으로 흘러가 몸이 되고, 뇌로 흘러가 생각이 됩니다. 가끔 덜 떨어진 인간들이 강을, 자연을 인간의 마음대로 할 수 있다고 생각하지만 참으로 유치하고 저급한 생각입니다. 강은 자연을, 생명체를 물로 호흡하게 하는 어머니입니다.

기자: 마지막으로 질문 하나만 더 하겠습니다. 선생의 모습을 설명해 주십시오. 선생의 눈, 코, 입은 어디에 있습니까? 선생의 얼굴은 어떻게 생겼습니까?

강: 하하하. 참 재미있는 질문이군요. 제 몸매는 늘 사람들이 좋아하는 S라인을 유지한답니다. 사람들은 늘 저를 땅 위에 누워 있다고 생각하는데, 그것은 인간의 눈으

로만 보기 때문입니다. 지구 위에서, 지구 밖에서 보면 저는 늘 서 있답니다. 사람들은 제 머리와 몸 그리고 다리를 상류, 중류, 하류라고 부르지요. 머리에서는 늘 새롭게 시작합니다. 몸은 땅속에 수만 가지를 뻗어 주위의 생명체들과 교류하지요. 오랜 시간을 거쳐 제 몸은 변화한답니다.

기자: 인터뷰에 응해 주셔서 감사합니다. 마지막으로 김소월 님의 〈엄마야 누나야〉를 들으면서 인터뷰를 마치겠습니다.

엄마야 누나야 강변 살자./뜰에는 반짝이는 금모래 빛/뒷문 밖에는 갈잎의 노래/엄마야 누나야 강변 살자.

인류에게 강(江)은 무엇인가?

메소포타미아 문명은 유프라테스와 티그리스 강가에서 시작되었다. 이집트 문명은 나일 강에서, 인더스 문명은 갠지스 강에서, 중국 문명은 황하와 양자 강에서 시작되었다. 모든 문명은 강가에서 시작되었다. 강은 문명의 운명을 결정했다.

강과 인간을 동지(同志)로 만드는 것은 무엇인가? 인간의 몸은 70퍼센트가 물로 이루어져 있다. 인간은 하루에 1.5리터에서 2.5리터의 물을 마셔야만 살 수 있다. 목마름은 결코 참을 수 없는 고통이다. 먹을 수 있는 물이 흐르는 곳, 곧 강

| 강 |

강은 곧 물이다. 도시는 강물을 먹고 살아간다. 모든 생명체들의 생명수를 공급해 주는 강. 강은 햇빛과 물이 만나 모든 생명체들에게 생명의 에너지를 공급하는 곳이다. 강물은 육지의 생명체들에게 가장 결정적인 에너지다.

은 기쁨의 장소다. 물을 먹어야만 하는 모든 동물과 식물들, 생명들이 강가를 찾는다.

농사를 짓기 위해서는 물이 필요하다. 땅도 물을 마셔야만 식물을 키울 수 있다. 메마른 땅에서는 식물이 자라지 않는다. 하늘에서 비가 내리거나 강으로부터 끌어온 물을 땅에게 주어야 한다. 위대한 강들은 강 주위의 땅에 젖줄이 되었다. 그래서 강가의 땅들은 비옥한 옥토가 되었던 것이다.

강은 주기적으로 땅에게 영양분을 제공한다. 모든 강들은 영양분을 싣고 와 강 주변의 땅들에게 나누어 주었다. 강은 때로 물길을 바꾸어 새로운 농토를 만들어 주기도 했다. 나일 강, 황하 등 문명이 탄생했던 강들이 도착하는 곳은 삼각주가 되어 기름진 땅이 되었다. 그 기름진 땅에서 농사를 지으며 사람들이 모여 살았다. 강은 사람들의 삶 터였다.

강은 고대 사회에서 가장 훌륭한 도로였다. 흐르는 강물은 사람과 물건을 실어 나르는 길이 되었다. 모든 것을 사람이 옮겨야만 했던 시대에 강은 가장 빠른 지름길이었다. 육지에서 가장 빠른 운송 수단은 말이었다. 그러나 말은 겨우 한 사람만 탈 수 있다. 수레로 물건을 옮겨도 소나 말, 사람이 끌어야만 했다. 수레를 끌고 가더라도 산과 계곡을 건너야만 했다. 강은 산과 계곡을 건너지 않고 많은 양의 곡식과 물건을 실어 나르고, 사람이 배와 뗏목을 타고 이동할 수 있는 뛰어난 고속도로였다.

　도로는 누구에게 필요했을까? 왜 곡식과 물건을 옮겨야만 했을까? 어디에서 어디로 옮겼을까? 왕들은 직접 농사를 짓지 않았다. 자신이 먹을 것을 스스로 만들지 않았다. 장군과 군인들도 스스로 먹을 것을 생산하지 않았다. 자신들이 입고 있는 옷, 신발도 만들지 않았다. 지식인들 역시 자신들이 사용하는 붓이나 종이를 만들지 않았다. 왕, 장군, 지식인들을 대신하여 만드는 사람들이 따로 있었다. 이것이 첫 번째 문제다. 두 번째 문제는 왕, 장군, 지식인들이 살고 있는 곳과 식량을 생산하고 도구를 만드는 장소가 달랐다는 것이다. 결국 왕을 중심으로 한 지배자들에게 도로가 필요했다. 강은 지배자들의 권력을 실어 나르는 도로였다.

　강은 적들의 침입을 막아 주는 방어벽이 되어 주었다. 적군이 쉽게 건널 수 없는 강물은 보호막이 되었다. 강은 부족

과 국가의 경계, 국경선이 되었다. 그래서 강을 둘러싸고 치열한 전투, 전쟁이 벌어지기도 했다. 그리고 강을 지배하는 자들이 승리자가 되었다.

강에는 물고기들이 살고 있었다. 강은 원래 물고기들의 집이었다. 식물을 재배하여 곡식을 얻는 것은 시간과 노동, 기다림의 과정이 필요한 일이다. 강은 비상식량의 창고가 되었다. 물고기들을 잡아 배고픔을 해결할 수 있는 또 하나의 물고기 밭이었다.

싯다르타[2]의 강

이 강물은 흐르고 또 흐르며 끊임없이 흐르지만, 언제나 거기에 존재하며, 언제 어느 때고 항상 동일한 것이면서도 매순간마다 새롭다! 오, 과연 그 누가 이 사실을 파악할 수 있으며, 이 사실을 이해할 수 있으리!

강으로부터 그는 쉴 새 없이 배웠다. 그는 강으로부터 무엇보다도 경청하는 법, 그러니까 고요한 마음으로 기다리는 영혼으로, 활짝 열린 영혼으로 걱정도, 소원도, 판단도, 견해 없이 귀 기울여 듣는 것을 배웠다.

강물은 어디에서나 동시에 존재하고 있다. 강의 원천에서나, 강어귀에서나, 폭포에서나, 나루터에서나, 시냇물의 여울에서나, 바다에서나, 산에서나, 도처에서 동시에 존재하고 있다. 그리고 강에는 현재만 있을 뿐, 과거라는 그림자도, 미래라는 그림자도 없다……

싯다르타는 그 강이, 자신과 자신의 가족들과 이제까지 살

---

2 《싯다르타》는 독일의 작가 헤르만 헤세(Hermann Hesse)가 1922년 발표한 소설의 제목이다. 또한 불교를 창시한 석가모니 부처의 이름이기도 하다. 부처의 이름은 싯다르타(Siddhārtha, 悉達多)이며 성은 고타마(Gautama, 瞿曇)였다. 깨달음을 얻은 뒤 붓다(Buddha, 佛陀)라고 불렸다.

| 부처 |

부처는 진리란 둘이 아니며 나누어지지 않는 하나라고 주장했다. 강은 모든 물들이 서로 합해지고, 경계 없이 하나로 모이는 곳이다. 하나가 수없이 많은 모습으로 변화하는 것을 강물은 보여 준다.

아오면서 자기가 보았던 모든 사람들로 이루어진 그 강이 서둘러 흘러가는 것을 보았다. 이 모든 파도와 물결은 고통스러워하면서 여러 목표를 향해 폭포, 호수, 여울, 바다 따위의 수많은 목표를 향해 급히 흘러가 모두 제각기의 목표에 도달했다. 그리고 그 각각의 목표에는 하나의 새로운 목표가 뒤따르고 있었다. 강물은 수증기가 되어 하늘로 올라갔다가 비가 되어 하늘로부터 다시 아래로 떨어져서 샘이 되고, 시내가 되고, 강이 되었다. 그리고 또다시 새롭게 목적지를 향해 나아갔으며 또다시 새롭게 흘러갔다. 그러나 그 그리움에 사무친 소리는 변했다. 그 소리는 여전히 고통에 가득 찬 무언가를 찾는 소리를 내며 울리고 있었지만, 그러나 다른 소리들, 그러니까 기쁨의 소리와 고뇌의 소리, 선한 소리와 악한 소리, 웃는 소리와 슬퍼하는 소리, 백 가지, 천 가지의 소리들이 끼어들어 그 소리와 한동아리를 이루었다.

강은 이 세상에 존재하는 모든 것들이 들어 있는 세계에 대한 은유일 것이다. 그런데 강은 그냥 모든 것들이 들어 있고, 담아 있는 것뿐만 아니라 강물이 흐르고 있는 것이다. 모든 것들이 함께 흐르고 있다. 이것이 강물의 성질이다. 강은 우주이며, 지구이고, 이 세상의 모든 것들이 함께 어우러져 정지해 있지 않고 흘러가며, 변화하고 있는 것이다.

싯다르타는 자기 자신에게서 강을 본다. 자기 내부에 정신적인 나, 육체적인 나, 사회적인 나 등 수많은 자신이 함께 존재하는 것이다. 그리고 자신의 내부에 수많은 자기는 마치 강물처럼 서로 어우러져 함께 흘러가고 있는 자신의 내면을 본 것이다. 그 속에는 슬픔, 기쁨, 더러움, 깨끗함 등 모든 것이 함께 존재하고 있다. 싯다르타는 '나는 곧 강이다.' 라고 생각했을 것이다.

헤르만 헤세의 〈싯다르타〉 중에서

사유의 강, 철학의 강

강가에 서면 모두 철학자가 된다. "똑같은 강물에 두 번 발을 담글 수 없다."는 말로 유명한 그리스 철학자 헤라클레이토스처럼 강가에 서서 강물을 바라보면 많은 생각들을 하게 된다. 수많은 사람들이 강을 바라보면서 새로운 생각, 계획, 상상을 했을 것이다. 이렇듯 강은 우리에게 생각을 선물한다.

모든 강은 한 방울의 물로 시작한다. 한 방울 한 방울의

| 갠지스 강 | 인도인들은 갠지스 강에서 목욕을 하면 모든 죄를 면제받는다고 믿는다. 또 죽은 뒤에 화장을 하여 갠지스 강에 재를 뿌리면 극락에 갈 수 있다고 믿는다. 인도인들에게 강은 신성한 곳이며, 늘 새로운 삶이 시작되는 곳이다.

물이 모여 거대한 강을 이룬다. 시작은 미약했으나 함께 모여 힘을 모으면 상상할 수 없는, 그 어느 것도 막을 수 없는 세력이 만들어진다.

그리스의 철학자 탈레스는 "만물의 근원은 물"이라고 말했다. 강은 물이 흐르는 거대한 그릇이다. 강은 흐른다. 멈추지 않고 흐른다. 마치 우리의 몸속에 피가 흐르듯이 변화하는 모든 것을 대표한다.

갠지스 강에서 인도 사람들은 목욕을 한다. 예수가 물로 세례를 받듯이 자신의 몸을 씻으면서 새로운 사람으로 거듭나기를 희망한다. 과거로 거슬러 올라갈수록 사람들은 강과 가까운 삶을 살았다. 그러다가 점차 강으로부터 멀어져 갔다. 오늘의 강은 단지 메말라 가는 풍경일 뿐이다.

03

최초의 도시 수메르,
인류 문명은 왜 도시를
만들었을까?

도시에는 수많은 낯선 사람들이 모여 산다. 서로 알지 못해도 이상할 것이 없는 곳.
왜 낯선 사람들은 도시에 모이는 것일까?

소피는 왜 도시로 갔을까?

한 명의 노예가 쫓기고 있었습니다. 노예의 이름은 소피. 19세의 젊은 여자 노예였습니다. 소피는 수메르의 북쪽 강가에서 농사를 짓는 농업 노예였습니다.

소피는 부모가 누구인지, 자신이 어디서 태어났는지 모른 채 그저 노예 상인에게 팔려와 주인이 시키는 대로 일만 했습니다.

소피는 자유가 그리웠습니다. 이렇게 주인이 시키는 대로 일만 하는 짐승처럼 살 수는 없다고 생각했습니다. '도망쳐야 한다. 그렇지만 어디로 도망칠 것인가?' 소피의 머릿속에 언젠가 노예들끼리 이야기하던 게 떠올랐습니다.

"남쪽으로 내려가면 도시가 있는데, 그곳에는 사람들이 엄청나게 많아서 사람들 틈에 숨어 살면 찾을 수가 없대."

"정말?"

"그렇다니까. 도시에 가면 모두가 모르는 사람들이라서 서로 인사도 안 한다는 거야."

"시골에서는 한 사람만 사라져도 난리가 나는데, 어떻게 서로 모르는 사람들이 함께 모여 살 수 있지?"

소피는 도시가 자유를 줄 것이라 생각했습니다.

'그래. 도시로 도망치는 거야. 도시에 숨어 살면 아무도 나를 알아보지 못할 거야.'

소피는 어제 저녁 자신이 살던 동네를 빠져나왔습니다.

그러나 한 시간도 지나지 않아 노예들의 숫자를 확인하던 군인들은 소피가 없어진 것을 알아차리고 소피의 뒤를 쫓기 시작했습니다.

과연 소피는 도시에서 자유를 찾을 수 있을까요? 과연 도시의 공기는 소피에게 자유를 줄 수 있을까요?

고대인들에게 도시란 무엇인가?

예리코, 우루크Warka, 차탈 휘위크, 바빌론, 마리, 아가데, 키시Tell Uheimir & Ingharra, 보르시파Birs Nimrud, 니푸르Nuffar, 이신Ishan al-Bahriyat, 아다브Tell Bismaya, 슈루팍Fara, 기르수Tello, 라가시Al-Hiba, 바드-티비라Al Medina, 라르사Tell as-Senkereh, 우르al Muqayyar, 에리두 Abu Shahrain.

모두 수메르[3]의 도시 이름들이다. 수메르 도시들의 공기는 과연 자유로웠을까?

"신은 자연을 만들고 인간은 도시를 만들었다."는 말이 있다. 도시는 인간이 만든 것이다. 강, 바다. 산, 땅, 나무, 동물들은 인간이 만든 것이 아니다. 인간은 성벽을 쌓아 도시의 울타리를 만들고 집을 지었다. 도로를 만들고 성전을 지었다. 도시는 먹을 것을 생산하는 곳이 아니다. 도시는 무엇을 하는 곳인가? 사람들은 왜 도시를 만들었을까? 무엇 때문에 도시에 모여 살았을까?

[3] 지금의 이라크 지역. 수메르는 '갈대가 많은 지방'이라는 의미다. 기원전 3000년경에 세계 최고(最古)의 문명이 발생한 곳으로 알려져 있다. 수메르인들은 일 년을 12개월로, 1주일을 7일로 정했다. 시간 측정 단위인 60진법을 사용했으며 쐐기문자를 발명했다.

| 고대 도시 |

고대 도시의 배치는 권력적이다. 권력과 힘의 순서에 따라, 계급의 위치에 따라 사는 곳이 정해져 있다. 성안과 성 밖에 사는 사람들이 다르고, 지배자와 피지배자들이 사는 곳이 구분되어 있다. 거주 이전의 자유가 없는 것이다.

    신석기 시대에 이루어졌던 농업 혁명은 곡식이 되는 식물을 집단적으로 재배하면서 이루어졌다. 식물들의 자식들인 씨앗을 가두어 기르는 농사법을 발견하게 되면서 인류는 배고픔을 해결하게 되었다. 한 알의 씨앗이 자라서 약 70배의 알곡이 열리는 기적의 식물들. 현대에는 벼 이삭 하나에 약 80개의 낟알이 열리고 한 포기당 약 1,000개에서 2,000개 가까운 알곡이 열린다.

    농업 혁명은 한 사람이 농사를 지어 여러 명을 먹여 살릴 수 있는 시대를 열었다. 한 사람이 하루에 약 200그램의 쌀을 먹는다면 일 년이면 약 73킬로그램의 쌀을 소비한다. 이것은 벼 2,200포기에 해당하는 양이다. 한 사람이 노동을 해서 일 년에 약 150킬로그램 정도의 쌀을 생산한다면 한 사람은 일을 하지 않고도 살 수 있는 잉여 생산물이 생긴 것이다. 농업 혁명은 바로 이런 것이다. 이제 농업에 종사하지 않고 다른 일을 하는 사람의 식량을 해결할 수 있게 되었다. 기생자가 탄생할 수 있는 생산력이 이루어진 것이다. 농사꾼 이외의 또 다른 직업을 가진 사람이 생길 수 있는 시대가 된 것이다.

4_ 기생자 Parasite는 스스로 살지 못하고 다른 생물로부터 영양분과 에너지를 얻고 이익을 보면서 사는 생물이다.

기생자란 누구인가?

기생자(寄生者)[4]는 자신의 먹을 것을 다른 사람의 노동에 의존하여 살아가는 사람을 가리킨다. 먹을 것을 생산하는 일에 종사하지 않는 사람은 모두 기본적으로 농사꾼에 대해 기생자다. 기생(寄生)이란 의존성을 의미한다. 숙주(宿主)가 죽으면 기생자도 죽는다. 모든 인간은 자연의 기생자다. 인간은 물과 식물, 공기에 철저히 의존하여 살아간다.

식량을 생산하는 농사꾼에 의존하여 먹을 것을 해결하는 기생자들은 이제 또 다른 역할을 갖게 되었다. 하루 종일 도구를 만드는 사람들, 전쟁 전문가인 군인과 장군들, 병을 치료하는 무당들, 신의 뜻을 전하는 성직자들, 그리고 지식인들과 왕들이 출현하는 길이 열렸다. 이들은 땅으로부터 자유로워졌으며 전문가가 되었다.

세계 최초의 도시 국가인 수메르. 수메르는 수십 개의 도시로 이루어져 있었다. 지금의 이라크 지역인 메소포타미아 지역. 유프라테스 강과 티그리스 강이 만나는 곳, 비옥한 초승달 지역에 여러 개의 도시가 있었다. 우르, 예리코 등 약 3

만 명에서 많게는 5만 명까지 모여 사는 도시들.

　수메르의 도시에 많은 사람들이 모여 살아갈 수 있었던 것은 유프라테스 강과 티그리스 강 주변에서 보리, 밀 등 식량 생산이 가능했기 때문이다. 이들은 강물을 농경지로 흐르게 하는 물길을 만들고, 물을 관리하는 관개농업을 통해 넓은 경작지를 조성하고 식량을 생산했다. 이 모든 지휘를 도시에서 했다. 도시는 일종의 지휘소 역할을 했다. 경작지에서 생산된 곡물은 배에 실려 강물을 통해 도시로 운반되었다.

　물길을 만드는 관개농업에는 많은 사람들이 동원되었다. 집단적으로 많은 사람들을 노동에 동원하기 위해서는 강제적인 권력이 필요하다. 수메르에는 왕이 있었으며, 군대와 법률이 있었다. 또한 많은 수의 노예들이 존재했다.

🟫 도시에서는 왜 신분증이 필요한가?

　도시의 가장 큰 특징은 무엇일까? 수만 명이 모여 사는 곳. 수만 명이 각기 다른 일과 역할을 하는 곳. 도시의 결정적인 특징은 서로 알지 못한다는 것이다. 그것이 익명성이다. 서로 같은 도시에 살면서 평생 한 번도 만난 적이 없는 사람들. 서로 알지 못하는 것을 이상하게 여기지 않는 사람들. 동네 주민에서 시민이 되는 순간, 모두 군중이 되는 사람. 도시는 낯선 자들의 모임이다.
　도시는 촌락, 동네, 농촌, 마을과 대비된다. 동네, 마을은

| 농촌 |

농촌은 생산하는 곳이며, 도시는 소비하는 곳이다. 농촌은 머무는 곳이며, 도시는 이동하는 곳이다. 농촌은 땅과 물, 나무와 식물들, 동물들과 소리 없는 대화를 하는 곳이다. 하지만 도시는 수많은 사람들이 떠드는 곳이다. 그래서 도시는 늘 소란스러우며, 늘 공사 중이다.

모두 서로를 잘 아는 사람들의 공동체이다. 마을은 신분증이 필요 없는 곳이다. 거주하는 사람들이 서로를 잘 알기 때문이다. 도시에서는 모두가 이방인이 된다. 그래서 신분증이 필요하다. 자신이 누구인지 증명해야 하기 때문이다. 도시에 살기 위해서는 모든 것을 증명해야만 한다. 그렇다면 신분증은 누가 발급하는가? 무엇으로 증명할 것인가?

수메르는 세계 최초의 도시 국가였다. 수메르에서 약 40여 가지가 세계 최초로 만들어졌다. 진흙판에 새긴 점토 문자(설형 문자/쐐기 문자)가 만들어졌다. 문자는 왜 필요했을까? 세금을 기록하기 위해서다. 수메르에는 기록만을 전문적으로 담당하는 서기가 있었다. 문자와 기록을 담당하는 서기를 양성하는 학교가 있었다. 당연히 숫자, 산수가 발전했다. 그리고 바퀴도 만들어졌다. 수메르 인은 동그라미의 원리, 마찰력의 원리를 이해했다. 바퀴 또한 농산물을 운반하기 위해 만들어졌을 것이다.

수만 명이 생활하는 도시가 유지되기 위해서는 무엇이 필요할까? 도시 건설을 계획한다면 무엇을 고려해야 할까? 가장 먼저 물길을 낸다. 먹을 물을 공급하는 것, 즉 상수도 시설을 만드는 것이다. 수메르에는 상하수도 시설이 있었다. 그리고 사람들이 살 수 있는 집. 수메르 인들은 벽돌을 사용해 집을 지었다.

사람들은 왜 한꺼번에 모여 살지 않고 가족 단위로 집을 지었을까? 큰 집을 지어 모두 모여서 잠을 자고, 밥을 해 먹으면서 함께 살 수도 있을 텐데 왜 개인 단위로 집을 지어 살게 되었을까? 동굴 생활은 집단 거주였다. 움집 생활을 하던 시절에도 대가족이 한 지붕 아래서 생활했다. 개인들이 단독 주택을 갖는다는 것은 무슨 의미일까? 어떤 의식의 변화, 생활과 관계의 변화를 의미하는 것일까?

집단 노동, 집단 생활을 하다가 가족 단위, 또는 개인 단위로 집을 짓는 것은 가족 단위, 개인 단위로 생활이 변화한다는 것을 의미한다. 사생활이 만들어지는 것이다. 가족들만의 비밀이 생기는 것이다. 집이란 이런 것이다. 집에 방이 늘어날 때마다 독립적이며 개인적인 사연들이 생겨난다. 집이란 벽을 세우고, 타인에게 보이고 싶지 않는 자신만의 행동과 생각, 사연들을 갖게 만든다. 부자들일수록, 권력이 많은 사람일수록 성을 쌓고, 벽을 세우고, 비밀의 방을 갖는다. 도시는 '길이 많아서 길을 잃게 하는 곳'이다.

도시의 많은 집들은 서로 벽을 쌓고, 문을 세우고 열쇠로 잠근다. 밤이 되면 모두 집에 들어가 문을 잠그고 잠을 잔다. 외부인, 이방인에 대해 폐쇄적이다. 도시는 이미 공동체의 삶이었던 마을과 동네, 촌락과 대립한다. 씨족 사회, 부족 사회, 혈연 사회에서 이루어졌던 친족과 친밀성, 공동체는 사라지고 없다.

도시에는 고향도 어머니도 없다. 아이들은 어머니가 야회(夜會)에 나간 동안 그 옷깃에서 떨어진 장미꽃 냄새를 맡아 가며 고독 속에 잠든다. 마치 등불을 들고 홀로 잠든 어린 노예처럼······

릴케 《말테의 수기》 중에서

도시의 익명성, 개인성은 필연적으로 경찰과 군대를 필요로 한다. 자신만의 재산을 타인, 외부인, 낯선 자들로부터 보호하고 지키기 위해 경찰과 군대가 필요한 것이다. 이는 특히 권력자들에게 꼭 필요한 것이다. 도시의 크기, 도시의 인구에 비례하여 경찰과 군대의 크기는 커져 간다.

도시적 삶과 농촌적 삶의 차이는 무엇인가?

 인류 문명에서 도시는 수만 명의 사람들이 하나의 시스템과 질서 속에서 생활하면서 무엇을 이루어 낼 수 있는지 보여 준다. 그들은 거대한 경작지를 관개하여 농산물을 생산하고, 수 년에 걸쳐 지구라트라는 거대한 피라미드를 건설했다. 인간들은 오직 인간만의 노동으로, 인간의 의지로 '도시'라는 인간의 문명을 이 지구에 세운 것이다. 신은 자연을 창조했고 인간은 도시를 만들었다.

 도시적 삶의 시작, 도시 문명의 출현은 인류가 살아가는 방식이 변화되었음을 의미한다. 도시에서는 먹을 것을 생산할 수 없다. 먹을 것은 땅이 있는 농촌 마을에서 만들어 낸다. 도시는 생활에 필요한 물건을 만들거나 식량이 교환되는 곳이다. 도시적 삶은 물건, 식량, 정보와 지식 등을 교환하는 삶이다. 그래서 도시에 사는 사람들은 하나의 역할을 맡아 끊임없이 이동하고 관계를 맺는다.

 농사와 목축에 의존하던 농촌 중심의 삶에서 도시적 삶의 출현은 인류의 삶을 농촌과 도시로 분리시켰다. 농촌과 도시는 때로 대립하고 충돌했다. 도시는 농촌과 마을을 배후지로 가져야만 존재할 수 있었다. 도시에는 늘 왕을 중심으로 한 지배자들이 살았다. 이들은 도시를 중심으로 농촌, 마을, 지역을 통제하고 지휘했다. 도시적 삶은 반드시 식량 공급지로서 생활에 필요한 모든 물자와 자원을 공급하는 농촌, 마을, 지역, 숲이 필요했기 때문이다.

도시의 출현은 사람들의 역할, 직업, 관계를 다양하게 분화시켰다. 권력은 늘 도시로 집중되었다. 왕궁, 신전, 사원 등 권력 기관들은 도시에 건설되었다. 이상한 일이다. 인간의 삶에 필요한 대부분의 에너지는 여전히 농촌에서 생산되었으나 권력은 반대로 도시로 집중되었고, 생활 문화 또한 도시에서 농촌으로 흘러갔다. 왜 이런 역전 현상이 벌어진 것일까?

도시에서는 지식이 모아지고 축적되었다. 식량 생산의 노동으로부터 자유로운 기생자들, 즉 지식인, 학자, 전문가들이 도시에 모여 살았다. 이른바 예술가들, 즉 조각하는 사람들, 그림을 그리는 사람들, 노래와 춤추는 사람들 대부분이 도시에서 활동했다. 그들의 일터가 도시였기 때문이다.

인류 문명이 도시의 탄생과 출현으로 시작되는 것은 식량 생산의 노동으로부터 자유로운 사람들이 등장했기 때문이다. 농촌으로부터 도시로의 분화, 확장은 인류가 앞으로 펼쳐 갈 수많은 영역과 분야가 탄생하는 신호탄이었다.

동물과 식물들은 대부분 비슷한 삶을 살아간다. 그들의 삶은 패턴화되어 있다. 생존을 위해 사냥하고, 자식을 낳아 기른다. 그리고 죽는다. 인간의 삶 또한 이와 다르지 않았다. 그러나 도시의 출현과 함께 인간의 삶은 달라지기 시작했다. 다양한 역할, 다양한 직업들이 나타났다. 모두가 똑같은 삶을 살아가는 것이 아니라, 전혀 다른 삶의 양식들이 가능해졌다.

다양한 삶, 다양한 직업과 역할은 각기 다른 생각, 다른 사유, 다양한 지식을 탄생시킨다. 상상해 보라. 수천수만의 사람들이 꿈꾸는 다양한 삶을. 사람마다 품고 있는 희망을.

04

신들이 함께 산 도시 수메르, 과연 신들은 무엇을 했을까?

고대 도시에는 모두 신들이 살았던 신전이 있었다. 과연 신들은 도시에서 무엇을 했을까? 지금, 신들은 어디로 간 것일까?

04

신들이 도시를 떠난 이유는 무엇일까?

"어젯밤에 바람의 신이 나타나서 경고를 하고 갔대, 글쎄."

"무슨 경고?"

"저 사람이 집을 지었는데, 그 집이 바람이 지나가는 길을 막았다는 거야. 그래서 바람이 지나갈 수 있도록 벽을 허물거나 벽에 구멍을 내라고 했다는군."

"쯧쯧. 벌을 받을 만하구먼. 어찌 바람의 길을 막았단 말인가?"

"그래, 바람신의 진짜 모습을 봤다는 거야?"

"응. 잠을 자고 있는데 바람신이 찾아와서 문을 막 흔들면서 경고를 하더래."

"나도 얼마 전에 닭의 신에게 허락을 받지 않고 닭 한 마리를 잡아먹었는데, 글쎄 닭의 신이 노해서 닭 뼈가 목에 걸렸지 뭔가. 하마터면 죽을 뻔했어. 다행히 제사장을 찾아가 제물을 바치고 용서를 빌었더니 목에 걸렸던 뼈가 그제야 빠지는 거야."

"신들이 하도 부지런하게 우리들의 생활을 지켜보고 있어서 도대체 비밀이라는 게 있을 수가 없어. 마음대로 할 수 있는 게 하나도 없으니 원, 답답해서."

"말조심하게 이 사람아. 소리의 신이 듣고 또 신을 모욕했다고 벌을 내릴지 모르잖아."

"그런데 자네 그 소문 들었나?"

"무슨 소문?"

"인간 중에서도 신이 되는 사람이 있다는 거야. 길가메시라는 사람이 있는데, 그 사람은 3분의 2가 신이고 3분의 1이 인간이래."

"아니 그게 정말이야?"

"어떻게 하면 인간이 신이 될 수 있다는 거야?"

"신들이 바빠서 신을 대신해 인간들을 다스릴 사람을 뽑는대. 인간 중에서 뛰어난 자들을 뽑아서 절반쯤 신이 될 수 있는 능력을 줬다는 거야. 우리 도시에서는 길가메시라는 자를 뽑았대."

"그럼, 그 사람은 뭐라 불러야 하나. 신인가 인간인가?"

"더 충격적인 소문도 있어."

"무슨 소문? 이 사람아, 답답하게 하지 말고 한꺼번에 말 좀 해 봐!"

"최근에 몇몇 신들이 도시를 떠나고 있다는 거야."

"왜? 살기가 어려워졌나?"

"얼마 전 쥐의 신과 바퀴벌레의 신이 싸움을 했는데 쥐의 신이 졌다는 거야. 그래서 쥐의 신이 도시를 떠났대. 그리고 또 얼마 전에는 양파의 신과 양파를 재배하는 양파 농사꾼이 누가 더 양파를 잘 키우는가를 놓고 대결을 했는데, 양파 농사꾼이 양파의 신을 이겼다는군. 그래서 양파의 신이 패배를 깨끗이 인정하고 떠났다는 거야. 신의 명부에서도 지워지고 더 이상 제물도 바치지 않는대."

"웬일이야. 불쌍한 신들이네."

"신들도 점차 살기 어려운 시대가 오고 있는 거야. 신들도 열심히 실력을 키워야 하는 거지, 뭐."

신들은 어디에서 태어나 어디에서 사는가?

수메르에는 지구라트 ziggurat[5]가 있었다. 신들의 집이다. 수메르에는 약 3,000명의 신들이 살았다. 태양, 바람과 홍수, 달과 폭풍의 신, 지혜의 신, 대장장이의 신 등 모든 자연현상의 배후에는 신이 있었다. 모든 직업에도 신이 있었다.

우루크의 신이었던 안An이 하늘로 올라가 하늘의 신이 되었고, 수메르의 중앙 도시인 니프르의 바람신 엔릴Enlil, 북쪽 키시의 산기슭 작은 언덕의 여신 닌후르사그Ninhursag, 유프라테스 강 하류의 연못으로 둘러싸인 에리두의 지하수 신 엔키Enki, 에리두 위쪽 도시 우르의 달의 신 난나Nanna, 우루크의 동쪽에 자리잡은 라르싸의 태양신 우투Utu, 우루크의 금성을 상징하는 사랑의 여신 이난나Inanna. 각 도시의 신들은 모여서 회의를 했는데, 큰 신들의 모임을 '50신들'인 아눈나키Anunnaki라고 했다. 신들의 이야기는 수메르에서 시작되었다.

신들은 강하다. 인간이 가지지 못한 강력한 힘을 가지고

5_ 메소포타미아의 여러 곳에 세워졌던 고대의 건축물이다. 고대인들이 신들에게 제사를 지내던 곳으로서, 피라미드식 계단으로 만들어졌다. 구약성경에 등장하는 바벨탑이 바빌론의 지구라트를 가리킨다.

있다. 인간보다 뛰어난 능력을 가지고 있는 것들은 모두 신이 되었다. 인간이 만들지 못하는 것은 모두 신이 창조했다. 바람, 구름, 태양, 비, 바다, 땅, 식물, 동물 등 모두 신의 뜻과 계획 속에 이루어진다.

신은 인간보다 강하기 때문에 인간에게 두려움을 준다. 신과 가까운 사람, 신과 친한 사람은 힘이 세다. 신과 가까운 사람은 제사장들이다. 이들은 신의 심부름꾼이며 신의 뜻을 전하는 사람들이다. 이들의 말은 곧 신의 뜻이다.

그러므로 신은 두려움을 준다. 신은 벌을 내릴 수 있는 힘을 가지고 있다. 신 앞에 서면 인간은 작아진다. 신이 사는 집, 신전 앞에서 인간은 머리를 조아리고 신의 명령에 복종해야 한다.

| 지구라트 |

메소포타미아의 여러 도시에 지구라트가 있었다. 하늘에 사는 신들과 만나기 위한 일종의 제단이다. 지구라트는 도시의 높은 곳에 세워졌다. 신들은 도시의 가장 높은 곳, 도시의 가장 안전하고 튼튼한 곳에서 살았다. 신들은 무엇이 두려웠던 것일까?

신들은 무슨 일을 하는가?

신이 많은 곳, 수많은 신들이 사는 곳은 두려움으로 가득 차 있다. 신의 이름으로, 두려움의 이름으로 수메르의 도시들은 질서를 유지한다. 신은 단지 문화가 아니며 질서를 유지하는 통치의 시스템이다. 마치 군대처럼, 마치 감옥처럼, 마치 경찰처럼 신은 인간들이 스스로 복종하고, 스스로 검열하는 사유의 강제력으로 작용한다. 신의 크기만큼 신전은 커야 하며, 사람들의 직업과 노동의 종류만큼 신도 많아야 한다. 신은 인간의 나약함을 증명해야 하기 때문이다.

도시에서 신은 신전에 살지만 항상 신전에만 있는 것은 아니다. 신은 자유롭기 때문에 언제든 어느 곳이든 갈 수 있고, 어느 때고 나타날 수 있다. 신의 일정은 예정되어 있지 않다. 신이 가장 많이 나타나는 곳은 곧 인간의 뇌 속이며, 마음속에 살고 있다.

신은 수메르 인들의 머릿속에, 생각 속에 늘 함께 살고 있으며 늘 등장한다. 생각해 보라. 3,000명의 신들이 수메르 인들 개개인의 머릿속에 등장한다. 신들마다 이야기를 가지고 있다. 신들은 활발하게 활동하며 수메르 인들의 생활 속에서 자신의 업무를 수행한다.

신들은 늘 어둠과 함께 있었다. 신전에는 늘 장막이 드리워져 있었다. 신들은 모습을 직접 드러내지 않고 늘 나무와

| 바벨탑 | 바빌론에 세워졌던 지구라트가 바벨탑이다. 신화에 따르면, 사람들이 하늘의 끝에 오르고자 탑을 쌓았다고 한다. 신들이 탑을 쌓는 사람들의 언어를 서로 다르게 하여 결국 탑이 무너졌다고 전해진다. 바벨탑은 인간의 욕망을 상징한다.

바람, 비와 구름 등 자연의 모습으로 대신하여 인간들에게 나타났다. 그러나 수메르 인들은 보이지 않는 신들의 모습

을 자신들의 상상력과 마음에서 뚜렷이 그려냈다.

3,000명의 신들, 살아 있는 신들과 함께 생활하고 사유하는 수메르 인들. 이들에게 신은 곧 사유 혁명이며, 상상력의 폭발이었다. 상상력이 빈곤한 사람에게 신은 찾아오지 않는다. 신은 인간의 마음, 인간의 사유 속에서 살기 때문이다. 사유의 영토가 좁은 사람에게 신은 보이지 않는다. 신들이 살기에는 사유의 공간이 너무 좁기 때문이다.

신들과 함께 사는 삶은 따분하지 않았을 것이다. 신들이 활보하는 세계가 어찌 무료하겠는가? 늘 신들과 대화하는 삶이 어찌 따분하겠는가? 신들이 살고 있는 곳의 모든 행위와 현상에는 이유가 있고 의미가 있게 마련이다. 바람이 부는 것도, 비가 오는 것도, 어둠이 찾아오는 것도 모두 이유와 의미가 있다. 모든 사건의 배후에는 신들이 있었기 때문이다.

신들과 함께 살았던 수메르 인들의 삶은 늘 감정과 느낌으로 출렁거렸을 것이다. 늘 신들을 의식하며 살았으므로 스스로를 경계하며 신중하게 행동했을 것이다. 늘 신들과 함께 살았던 수메르 인들에게 과연 고독과 외로움이라는 낱말이 있었을까?

05
이집트의 화가들이 꼭 지켜야 할 규칙은 무엇이었을까?

화가가 그림을 그릴 때에도 지켜야 할 규칙이 있었던 이집트.
정면법의 비밀은 과연 무엇일까?

05

이집트 화가들은 왜 사람의 몸을 비정상적으로 그렸을까?

"아휴 답답해."
"이거 원 허리를 펼 수 없잖아. 옷이나 마저 입혀 주지, 겨우 팬티만 입혀 놓고, 밤엔 추워서 어떻게 지내라고."
그림 속의 헤지레가 투덜거리며 말했습니다.
"이젠 저 화가 때문에 꼼짝없이 그림 속에 갇히고 말았네. 평생 이 포즈로 앉지도 못하고 서 있어야 한단 말이야. 이 답답한 네모꼴 화폭에서 나가지도 못하고 이렇게 바보처럼 서 있어야 하다니."

이제 막 화가의 붓끝에서 그림 속으로 들어온 헤지레의 동료가 진지한 목소리로 말했습니다.
"원래 그림은 감옥이야. 인간들이 자신들의 생각을 형상으로 나타내서 도망치지 못하도록, 사라지지 않도록 붙잡아 놓은 거지. 그래서 사람들은 우리 그림 앞에 와서 절도 하고, 기도도 하고, 경외심 어린 눈으로 바라보

기도 하잖아."

"그런데 난 이해할 수가 없어. 왜 화가들은 모든 그림들을 사각형 캔버스에 그리는 것일까? 아니 동그라미나 삼각형, 아니면 다각형에다 그릴 수도 있잖아. 그림은 꼭 사각형에 그려야만 한다는 법이라도 있는 것일까?"

"그러게 말이야. 옛날 라스코 벽화나 알타미라 동굴 벽화를 그릴 때만 해도 화가들은 아주 자유로운 사람들이었어. 그들은 아무 곳에나 그림을 그렸잖아. 그런데 요즘의 화가들은 꼭 사각형 안에다 우리를 가두어 둔단 말이야. 참 성격들도 독특해."

"여기 이집트의 화가들은 모두 장애인들인가 봐."

"왜? 생긴 건 멀쩡한데?"

"아니, 나를 좀 봐. 완전히 이상한 놈으로 그려 놨잖아. 정상이 아니라고. 몸을 완전히 배배 꼬아 놨어. 이상한 취미를 가진 화가야."

"그러고 보니 그러네."

"그런데 아까 보니까 화가가 아주 조심스럽게 그리던걸. 분명 무슨 이유가 있을 거야."

"응, 나도 소문을 들은 것 같아. 보이는 그대로 사람의 모습을 그렸다가 추방당했다는 화가가 있었다는 소리를 말이야. 도대체 무엇 때문에 이렇게 비정상적으로 그렸을까?"

헤지레는 포즈가 힘들어서 몸을 비틀면서도 그 궁금함을 참지 못했습니다.

이집트의 화가들은 왜 규칙에 따라 그림을 그렸을까?

이집트의 화가들은 모두 규칙에 따라 그림을 그렸다. 사람의 얼굴을 그릴 때도 자신들이 본 것을 그린 것이 아니라, 정해진 대로 반드시 옆얼굴을 그려야 했다. 몸통을 그릴 때도 앞에서 바라본 몸을 그려야만 했다. 규칙에 따라 그리지 않으면 벌을 받았다. 왜 그랬을까?

이집트에서 규칙적인 것은 신성한 것이다. 태양은 규칙적으로, 어김없이, 정해진 때에 반드시 떠오른다. 절대적이며 영원한 것이다. 규칙적인 것이 가장 큰 힘을 가지고 있으며, 이 세상을 지배하는 것이다. 나일 강과 땅, 식물과 태양, 별과 달, 사람의 탄생과 죽음이 이것을 증명하고 있었다.

이집트 인들에게 예측하기 힘든 것, 불규칙한 것들, 난데없이 나타난 것들은 모두 악마에 속하는 것이었다. 똑같이 반복되는 것 속에 삶의 진리와 지혜가 담겨 있었다. 영원히 변치 않는 것은 무엇인가? 끝나지 않고 영원히 계속되는 것은 무엇인가? 강력한 힘은 바로 그것에 담겨 있다.

영원한 얼굴, 영원히 변치 않는 몸통은 과연 무엇인가? 순간적인 것은 버려야 한다. 구체적인 것, 개별적인 것은 버려야 한다. 공통적인 것은 무엇인가? 얼굴의 이데아는 무엇인가? 모든 왕들의 공통점은 무엇인가? 왕을 왕이라고 부를 수 있는 왕의 모습은 무엇인가? 모든 왕들이 자신의 개인적인 개성을 버리고 왕이 될 수 있는 모습과 행동은 무엇인가? 누가 보아도 왕이라고 알아볼 수 있는 왕의 태도와 복장은 무엇인가?

중요한 것은 누구나 첫눈에 "이것은 국왕이 분명하다."고 감탄하도록, 그리고 지배자에게 기대되는 어떤 자질을 지니고 있다고 생각하도록 국왕을 표현하는 것이었다. 이를테면 일상의 잡다한 근심으로부터 초연한 고고함이라든가, 신 같은 그의 조상들과 동일시될 수 있도록 숭고한 모습을 표현하면 되었다. 이런 이유로 고대 이집트 그림 속의 얼굴에는 슬픔, 노여움, 기쁨, 놀라움, 찬성, 반대 따위의 감정이 완전히 결여되어 있다. 눈은 언제나 똑바로 앞을 보고 있다. 그러나 그 눈은 바라보고 있다는 말로는 표현이 적절치 않다. 그 눈은 무언가를, 범속한 눈으로는 볼 수 없는 먼 저편에 있는 무언가를 매우 열심히 쳐다보고 있는 듯하다.

반 룬의 《예술사 이야기》 중에서

그림은 신성한 것이었다. 그림은 신들의 메시지, 지배자들과 위대한 자들의 뜻을 전하는 것이었다. 대부분의 그림은 신들의 집에, 벽에 그려졌다. 그러므로 그림은 규칙에 따라, 변화하지 않는 영원성을 담고 있어야 했다. 그림은 화가 개인의 것이 아니었다. 그래서 이집트 그림에는 화가의 서명이나 이름이 없다. 화가는 단지 신과 지배자의 뜻에 따라

붓을 움직이는 자일 뿐이었다. 화가 개인의 감정과 느낌이 그림에 담기는 것은 있을 수 없는 일이었다.

모든 그림과 조각의 모습은 표준화되었다. 왕은 누가 보아도 왕이라고 알아볼 수 있도록 그려졌다. 아주 못생긴 왕도, 아주 잘생긴 왕도 개인적인 생김새는 과감히 생략되었다. 왕은 왕답게 그려져야만 했다. 그림에 그려지는 모든 사람들, 동물들, 새들, 신들도 표준화되었다. 따오기의 모습은 오직 한 가지로 그려졌다. 개별성, 개성은 철저히 무시되고 대표성, 공통성, 변하지 않는 특성과 본질만이 힘을 갖는 세계였다.

오직 인간만이 만들어 낼 수 있는 것은 무엇인가?

드디어 움직이는 왕이 만들어졌다. 왕을 그린 그림은 누구라도 왕이라고 알아볼 수 있었으므로 '움직이는 왕'이 되었다. 따오기를 그린 그림은 그 누구라도 따오기라고 이해하고 알아볼 수 있었으므로 사람들 사이를 날아다니는 따오기가 되었다. 이집트에서는 약 800여 개의 상형 문자, 날아다니는 그림이 만들어졌다.

움직이는 그림, 날아다니는 그림들은 서로 만나고 함께 어울려 말을 했다. 드디어 상형 문자, 글이 탄생했다. 모든 사람들이 왕이라고 알아볼 수 있는 왕의 형상, 새의 형상, 도구들의 형상이 그려지자, 그 그림들은 뜻을 담고 전달하

| 상형 문자 |
상형 문자는 자연과 사물의 모양, 형태를 문자로 사용한다. 상형 문자가 되는 모양은 가장 대표적이고 표준이 되는 모양이어야 한다.

는 문자가 되었다.

보통 명사가 탄생한 것이다. 하나만을 가리키는 고유 명사가 아니라 수많은 왕들을 대표하는 왕의 그림, 수많은 새들을 대표하는 새 그림, 수많은 그릇을 대표하는 그릇 그림이 탄생한 것이다. 사유의 혁명이다. 인간의 머릿속에서, 추상적인 사유 능력 속에서, 상상력 속에서만 탄생할 수 있는 추상 명사, 보통 명사가 출현한 것이다.

정면법에 따라 그려진 그림들은 서로 이어지고, 순서를 지어 연결되면서 한 편의 문장이 되었다. 이제 영원히 사라지지 않는 또 하나의 문명이 탄생한 것이다. 말은 바람처럼 순간 속에 사라지지만 돌과 벽돌에 새긴 문자는 시간을 뛰어넘어 영원히 사로잡힌다.

이집트 인들은 자신들의 상형 문자를 히에로글리프Hieroglyph, 즉 거룩한 문자, 신성 문자로 여겼다. 약 850여 개로 만들어진 히에로글리프는 오른쪽에서 왼쪽으로, 또는 위에서 아래로 읽고 썼는데 글자 중 사람이나 동물의 머리가 왼쪽을 바로 보고 있으면 왼쪽에서 오른쪽으로 읽어야 했다.

히에로글리프는 매우 어려운 문자였으므로 신전이나 왕의 무덤에 사용하는 등 공식 문서에만 쓰였다. 기원전 7세기경부터 디모틱Demotic이라 불리는 서민용 흘림체 문자가 일반 문서와 개인용 편지 등에 사용되었다.

정면법이 알려 주는 사유의 비밀은 무엇인가?

왕은 영원히 왕이어야 한다. 노예는 노예의 모습이어야 한다. 이것이 고대 사회를 유지하는 질서다. 정체가 변하는 것은 위험하며 악한 것이다. 태양은 늘 태양의 모습이며, 달도 결코 자신의 모습을 바꾸지 않는다. 정면법은 정체를 분명히 밝히는 것이다. 그리고 그 정체를 영원히 지속시키는 방법이다.

시선을 고정시키는 것. 사람의 뒷모습은 결코 사람의 모습이 아니다. 하나의 시선, 하나의 관점으로만 세상을 보는 것. 이것이 흔들리지 않는 굳은 눈의 의지다.

 세계는 순간순간 변화한다. 자연은 끊임없이 인간의 삶을 위협한다. 하늘과 바다는 정지되어 있지 않다. 나일 강은 엄청난 규모로 범람하여 마을과 농토를 쓸어 간다. 가뭄과 홍수가 예측 없이 찾아온다. 무서운 질병들이 저주처럼 찾아온다. 무엇을 믿을 것인가? 무엇이 확실한 것인가? 무엇이 힘 있는 것인가?

 정면법은 확실한 것을 찾고자 하는 의지다. 변덕스럽지

| 네바다의 정원 |
나무들이 누워 있다. 오직 정면에서 본 나무만을 그렸기 때문이다. 하늘에서 본 나무는 나무가 아니다. 물고기도 오직 옆모습만 그렸다. 물고기란 오직 옆모습만 존재할 뿐이다. 오직 하나의 눈만, 하나의 시각만이 허용된 그림이다.

않은 것, 영원히 존재하면서 힘 있는 것, 안개처럼 불확실한 세계 속에서 명확하게 실체를 밝혀 주는 것은 과연 무엇인가? 정면법은 사유의 안전판, 믿음의 디딤돌을 찾고자 하는 눈과 사유의 의지다.

농사의 비밀, 나일 강은 정말 축복이었을까?

농사꾼은 변화를 좋아하지 않는다. 날씨가 변덕스러우면 농사를 망치게 된다. 비가 와야 할 때, 씨를 뿌려야 할 때, 추수를 해야 할 때가 모두 규칙적이어야 한다. 변하지 않는 것, 규칙적인 것이 선한 것이다.

나일 강은 일 년에 한 번씩 범람했다. 주기적으로, 정기적으로 약속처럼 강물이 넘쳐흘러 새로운 땅을 만들어 냈다. 나일 강이 흐르는 땅은 늘 비옥했다. 강물이 넘쳐흐를 때마다 새로운 영양분이 쌓여 기름진 땅이 되었다.

다른 곳에서는 일 년 농사를 짓고 나면 땅에 영양분이 없어져 계속해서 농사를 지을 수 없었다. 일 년 농사를 짓고 난 땅은 다음 해에는 새로운 영양분을 보충할 때까지 쉬어야 했다. 농민들은 한 해 농사를 짓고 나서 새로운 땅을 찾아 이사를 해야 하거나 새로운 농토를 만들어야 했다.

그러나 나일 강가의 땅들은 나일 강이 매년 영양분을 실어다 주었다. 매년 농사를 지을 수 있는 땅, 나일 강가의 땅은 그야말로 축복의 땅이었다. 이집트 인들은 이사를 갈 필요 없이 나일 강이 흐르는 한 계속해서 농사를 지으며 한곳에서 살 수 있었다. 수천 년 동안 나일 강의 축복은 반복되었다.

농촌에서는 왜 나이 많은 사람이 존경받는가?

농사, 농업은 사람들에게 무엇을 가르쳐 주는가? 농사는 씨앗을 뿌리고 나서 일 년을 기다려야 열매를 수확할 수 있다. 짐승을 잡으면 바로 먹을 수 있는 사냥과는 달랐다. 농사는 일 년이라는 시간을 염두에 두고 해야 하는 일이다. 기다림과 인내가 필요한 것이다. 농사는 사람들에게 과거와 현재, 미래라는 시간의 관념을 가르쳤다.

농사는 과거를 중요하게 여긴다. 과거의 경험이야말로 가장 큰 가르침이다. 어떤 식물을 어떤 땅에 심을 것인가? 날씨와 기후는 농사에 결정적인 영향을 미친다. 언제쯤 씨앗을 심을 것인가? 어느 때 수확을 해야 할 것인가? 농사의 모든 과정은 수십 년 동안의 경험이 쌓여 이루어진다. 그러므로 농촌에서 농사짓는 경험이 많은 사람, 나이 많은 노인들이 모두 스승이 된다.

농사를 짓는 사람들, 농부들은 곧 질서의 세계, 규칙의 세계로 들어가는 것이다. 계획을 세우는 사람들이다. 농사는 시간을 지켜야만 한다. 언제 농사를 시작해야 하는가? 농사에서 성공하기 위해서는 무엇을 준비해야만 하는가? 자연이 정해 준 때, 비가 오고 날씨가 변화하는 때를 알아서 그때에 맞는 노동을 해야만 한다.

농사는 개인의 삶에서 집단적인 삶으로 이끌어 가게 한다. 농사에는 정해진 때가 있으므로 씨앗을 심을 때는 한꺼번에 심어야 한다. 씨앗을 한 달 동안 심을 수는 없다. 수확을 할 때도 한꺼번에 해야 한다. 농토를 관리할 때도 혼자 힘으로 하기에는 너무 많은 시간이 걸린다. 그러므로 농사는 여러 사람이 힘을 모아 조직적으로 해야 하는 일이다. 농사를 통해 개인의 삶에서 여러 사람이 함께하는 조직적인 삶을 배우게 된다.

농사의 결정적인 힘은 먹을 것을 안정적으로 해결할 수 있게 한다는 점이다. 사냥꾼의 삶, 유목민의 삶은 먹을 것을 안정적으로 해결할 수 없다. 언제 동물이 잡힐지 예상할 수 없고 아무리 많이 사냥해도 저장할 수 없다. 나중에 먹을 수 없는 것이다. 농사는 식량을 저장할 수 있으며, 식량을 멀리까지 옮길 수 있는 혁명적인 해결책이었다.

농사는 식량 문제를 해결해 주었다. 한 사람의 농사꾼이 열심히 일을 해 여러 사람의 식량을 생산할 수 있을 때, 새로운 직업이 탄생한다. 식량의 저장과 이동은 농사로부터, 땅으로부터 자유로운 사람들을 만들어 냈다. 대장장이 등 도구를 만드는 사람들, 지식에 종사하는 사람들, 조각을 하고 그림을 그리는 장인들, 물건을 사고파는 상인들을 만들어 냈다.

나일 강은 이집트 인들에게 농사를 통해 먹을 것을 해결하게 해 주었다. 또한 나일 강은 상이집트, 하이집트의 모든 이집트 인들을 연결해 주는 도로가 되어 주었다. 흐르는 강물은 식량을 운반할 수 있도록 해 주었고, 피라미드를 만드는 돌을 나르게 해 주었다.

농사는 불규칙한 삶에서 규칙적인 삶으로, 순간순간 살아가는 삶에서 계획적이며 최소한 일 년 이상을 내다보는 삶으로, 혼자의 삶에서 함께 노동하는 조직적인 삶으로 진입하게 해 주었다.

농사꾼은 규칙의 힘, 반복의 비밀을 배운다. 나일 강은 매년 정기적으로 범람한다. 농사꾼은 언제 나일 강이 농토에 넘쳐흐를지 예측할 수 있다. 농사에 꼭 필요한 것이 햇빛이다. 이집트의 태양은 항상 햇빛을 보내 주었다. 태양의 움직임은 규칙적이며 예측 가능하다. 농토에 씨앗을 심고 시간이 지나면 열매를 맺는다. 농사꾼은 언제쯤 수확을 할 것인지 예상할 수 있다.

자연의 규칙적인 반복은 예측할 수 있게 해 준다. 미래를 알 수 있는 것이다. 나일 강의 농사는 이집트 인들에게 미래를 예측할 수 있는 사고의 힘을 주었다. 규칙적인 반복은 불

6_ 그리스 신화에 등장하는 코린토스의 왕. 시지프Sisyphe라고도 한다. 신들을 속인 죄로 커다란 바위를 산꼭대기로 밀어 올리는 벌을 받았다. 시시포스가 밀어 올린 바위는 정상에 이르면 다시 아래로 굴러 떨어져 시시포스는 영원히 반복해서 바위를 밀어 올려야만 했다. 프랑스의 작가 알베르 카뮈가 1942년 《시시포스의 신화》라는 글을 발표했다. 카뮈는 시시포스의 형벌을 무익하고 희망이 없는 노동으로 인간의 운명을 이야기했다.

안과 두려움을 사라지게 한다. 규칙적인 반복을 통해 경험이 쌓이면 그것이 곧 지식이 된다. 지식의 힘은 예측 불가능성을 제거하는 것이다.

무한한 반복을 통해서 똑같은 현상과 사건이 지속됨으로써, 내일도 반드시 해가 뜬다는 믿음과 확신이 생긴다. 태양은 **시시포스**[6]의 대표자이다. 모든 자연은 반복의 힘을 가지고 있다. 반복은 곧 질서를 만들어 낸다. 반복은 곧 규칙을 만들어 낸다. 반복은 숙련과 전문성, 그리고 생산력을 만들어 낸다.

이집트의 농민들은 범람이 반복되는 나일 강, 해마다 반복해서 돋아나는 식물, 반복해서 뜨고 지는 태양을 보면서 새로운 문명과 문화를 만들었다.

06
죽음에 대한 거대한 상상력, 피라미드와 미라

이 세상에서 가장 거대한 무덤, 피라미드에 이집트 인들은
어떤 희망과 열망을 담았던 것일까?

06

이 세상에서 가장 커다란 것은 무엇일까?

　사람의 머리와 사자의 몸을 한 스핑크스는 지나가는 사람들에게 수수께끼를 내어 답을 맞히지 못하면 잡아먹었습니다.
　이날도 운 나쁜 사람이 스핑크스에게 걸렸습니다.
　스핑크스가 문제를 냈습니다.
　"이 세상에서 가장 커다란 것은 무엇일까?"
　답은 과연 무엇일까요? 문제를 풀지 못하면 비극적인 최후를 맞이합니다.
　운 나쁜 사람은 이 문제를 풀기 위해 역사 속에서 커다란 것을 만들었던 사람들을 모두 모이게 해 달라고 스핑크스에게 부탁했습니다. 스핑크스는 재미있을 듯하여 역사 속에서 커다란 것을 만들었던 모든 왕들을 불러 모았습니다.
　가장 커다랗고 긴 만리장성을 쌓았던 중국의 진시황제. 지구상에서 가장 커다란 무덤을 만들었던 이집트의 쿠푸 왕, 가장 커다란 신전을 만들었던 왕, 가장 커다란 석상과 동상을 만들었던 왕…….
　스핑크스가 물었습니다.
　"왕들은 모두 커다란 것을 좋아하나 보지? 왕의 공통점인가? 아니면 왕의 임무가 커다란 것을 만드는 것인가? 어디 누가 대답을 좀 해 보시지. 거기 얼굴이 조그맣게 생긴 왕, 대답 좀 해 보셔."

"왕이 왕다워야지요. 왕이 쩨쩨하게 굴면 아랫것들이 무시하지 않겠소?"

"사실, 왕들이 커다란 것을 좋아하는 이유가 따로 있습니다. 사람들은 커다란 것들 앞에 서면 위축되거든요. 왕들은 커다란 곳, 높은 곳에 있어야만 지배가 가능합니다. 커다란 것을 만들면 말을 하지 않아도 명령이 되고 많은 사람들을 지배할 수 있는 힘이 느껴집니다. 이것이 왕들이 커다란 것을 좋아하는 솔직한 이유입니다."

이집트의 쿠푸 왕이 말했습니다.

"커다란 것의 힘은 신들에게서 배운 것입니다. 하늘은 넓고 큽니다. 바다와 강도 넓고 하염없습니다. 산은 감히 인간이 꿈도 꾸어 볼 수 없이 거대합니다. 이렇듯 위대한 신들은 모두 크고 넓은 세계를 지배합니다. 왕들은 바로 이 신들의 힘, 신들의 세계를 닮고자 한 것입니다."

"그러나 신들은 스스로의 힘으로 커다랗고 넓은 세계를 창조했지만, 그대들은 사람들을 동원하여 만들지 않았는가? 왕들이여, 그대들은 스스로의 힘으로는 아무것도 할 수 없는 자들 아닌가? 어찌 감히 위대한 신들의 이름을 입에 담아 모욕하는가?"

스핑크스가 꾸짖듯이 말했습니다.

"이제 너희 왕들에게 문제를 내겠다. 이 세상에 진정 가장 커다란 것은 무엇인가? 답을 알아내는 자는 진정한 왕이 될 것이다. 만약 진정한 답을 알아내지 못한다면 너희는 비극적인 최후를 맞이할 것이다."

과연 왕들은 스핑크스가 낸 문제를 풀 수 있었을까요? 과연 답은 무엇일까요? 상상력을 발휘하여 문제를 풀어 보십시오. 진정한 왕이 될 수 있는 기회이니까요.

피라미드는 무엇을 알려 주는가?

피라미드와 미라. 이집트의 피라미드는 현재 약 80개가 남아 있다. 피라미드는 왕들, 왕족들의 무덤이었다. 미라는 이집트 인들이 죽은 자가 영원히 살기를 바라면서 만들어 낸 '죽은 자의 몸'이었다. 미라는 이집트에만 있는 것은 아니다. 중국에서도, 한국에서도 발견된다.

쿠푸 왕[7]의 피라미드는 약 20년 동안 10만여 명이 동원되어 만들어졌다. 피라미드를 완성하기 위해 쌓은 돌은 약 250만여 개였다. 높이가 약 147미터, 밑변의 길이가 233미터에 이르는 어마어마한 무덤이었다. 왕들은 모두 이런 무덤을 만들었다. 과연 피라미드는 무엇을 알려 주는가? 피라미드가 담고 있는 비밀은 무엇인가?

피라미드는 거대하다. 평균 2.5톤의 돌을 최소 약 2만 개에서 최대 약 250만 개까지 쌓아 올려야 한다. 누가 이 노동을 할까? 나일 강에 홍수가 날 때 이집트의 모든 사람들이

7_ 이집트 고왕국 제4왕조 제2대 파라오(재위 기원전 2589?~기원전 2566). 쿠푸 왕의 피라미드는 이집트에 존재하는 약 70여 개의 피라미드 중 가장 큰 피라미드다.

동원되었다. 피라미드가 하나 만들어지기까지 설계에서부터 터 고르기, 돌 나르기, 돌 깎기, 돌 쌓기 등 여러 가지 종류의 노동이 이루어져야 한다. 또한 그 노동이 수년 동안 지속되어야 하며, 수만 명이 함께 노동해야 한다. 그리고 노동하는 사람들이 먹어야 하며, 입어야 하고 잠을 자야만 하며 화장실을 사용해야 한다. 사람들이 체계적이고 조직적으로 관리되어야만 가능한 일이다. 피라미드는 이집트 사회가 철저히 조직되고 계획적으로 움직이는 전체주의 사회였음을

| 피라미드 | 쌓아진 돌의 숫자만큼 사람들이 동원되었다. 쌓인 높이만큼 시간이 걸렸다. 죽음에 대한 상상력을 위해 이 얼마나 거대한 낭비인가?

증명한다. 관리자의 지시에 따라, 정해진 노동량을 소화해야 하는 사회, 개인의 삶이나 행동은 허용되지 않는 사회, 왕과 국가의 계획에 따라 모든 사람들이 동원되는 사회였던 것이다.

수만 명이 수년 동안 하나의 피라미드 건설 프로젝트에 동원되기 위해서는 그만큼의 절대적인 권력, 힘이 필요하다. 모든 사람을 한 가지 일에 몰입시키고 집중시키기 위해서는 집단 최면술에 걸리게 하거나(이 집단 최면술은 수년 동안 깨어나지 않는 최면술이어야 한다.) 아니면 모두가 하나의 믿음과 신념을 갖도록 지속적으로 교육하거나 세뇌시켜야만 한다. 이집트 왕의 권력은 과연 이렇게 어마어마한 힘을 가졌던 것일까?

피라미드의 사방 모서리는 정확히 동서남북을 가리키고 있다. 쿠푸 왕의 피라미드는 210개 계단으로 이루어져 있다. 똑같은 크기로 잘려진 2.5톤의 250만여 개의 돌. 정교하게 오차 없이 쌓은 돌. 이렇게 무겁고 많은 돌들을 쌓아 올리기 위해서는 정확한 계산과 기하학적 지식이 발달해야만 한다.

피라미드는 이집트의 계산 능력, 기하학적 지식, 그리고 측량 기술과 천문학이 매우 높은 수준이었음을 보여 준다. 이것은 나일 강으로부터 비롯되었다. 나일 강은 매년 범람하여 강가의 논들을 휩쓸었다. 홍수가 나면 논밭의 경계는 사라지고 어디가 자신의 논밭인지 알 수 없게 된다. 홍수가 지나간 뒤 다시 논밭의 경계를 찾아야 한다. 논밭에 다시 금을 그어야 하는 것이다. 홍수로 사라진 자신의 땅이 어디였는지 찾아야만 했다. 어떻게 찾을 수 있을까? 무엇을 기준으로 논밭의 경계를 나눠야 했을까? 기준이란 항상 변하지 않아야 기준의 역할을 한다. 늘 변하지 않는 태양의 위치를 중심으로 측량하고 계산하는 지식이 발달해야만 했다.

피라미드는 이집트의 국가적 프로젝트였다. 피라미드를 하나 건설할 때마다 이집트의 모든 사람들이 관계될 수밖에 없었다. 전 국민이 동원되고, 국가의 모든 기관이 참여하는 국가 동원 사업. 독재 국가와 독재자 왕들은 국민들을 통치하는 방법으로 거대한 사업을 벌여서 국민들의 관심과 삶을 한곳에 집중시키거나, 전쟁을 일으켜 국민들의 불만과 국가 내부의 문제를 덮으려 한다. 국가적 프로젝트에는 반드시 반대할 수 없는, 감히 의문을 가질 수 없는 명분과 논리, 정서가 조성된다. 피라미드의 정신은 과연 무엇이었을까?

8_ 미국 제32대 대통령 F.D.루스벨트가 실업자에게 일자리를 만들어 주고, 대공황으로 침체된 경제를 되살리기 위해 1933부터 1936년까지 추진한 경제 정책이다.

피라미드가 담고 있는 믿음은 무엇인가?

이집트 인 모두가 동의하고 믿을 수밖에 없는 피라미드의 사상, 논리, 명분, 신념, 믿음은 과연 무엇이었을까? 수년 동안 피라미드를 건설하는 데 수만 명이 도망가지 않고 함께 일을 하도록 만들었던 그 굳건한 믿음은 과연 무엇이었을까? 과연 피라미드 프로젝트는 실업자를 구제하기 위한 뉴딜 사업[8]이었을까? 이집트 인들은 피라미드 건설에 하루하루 일하면서 일당을 받는 노동자로서 참여했던 것일까?

　피라미드는 죽은 자를 위한 무덤, 죽은 자의 집이다. 여러 문명에서 왕들의 무덤은 화려하고 크다. 그리고 그 무덤 속에는 왕의 손발이 되어 주었던 시종들, 시녀들이 함께 묻히기도 했다. 죽은 왕을 따라 산 사람들이 함께 묻혔던 것이

| 미라 |
영원한 삶에 대한 간절한 열망. 죽음을 극복하고자 하는 희망. 사라지는 것을 절대로 인정하지 않겠다는 의지. 다시 부활해 살아날 것이라는 기대와 희망을 미라는 담고 있다.

다. 이것은 분명 왕이 죽어서도 무덤 속에서 살거나 다시 부활한다고 믿었기 때문이다. 피라미드는 세계에서 가장 큰 무덤이다. 분명 죽음에 대해서 매우 특별한 생각을 가졌던 것이 분명하다. 죽은 사람을 미라로 만들었으니 말이다.

이집트 인들의 사전에는 '끝'이라는 낱말이 없었던 것 같다. 죽음은 끝이 아니며 영원한 삶으로 넘어가는 징검다리였다. 이 '영원'의 비밀을 누가 가르쳐 주었을까? 태양은 영원했다. 태양은 결코 사라지지 않는다. 그 태양의 아들이자 자식인 왕이 어찌 사라지겠는가? 왕은 영원히 살 것이다. 나일 강은 한 번도 어김없이 순환을 반복한다. 이집트의 나라에서 위대한 것들은 모두 영원히 계속되었다. 어디에선가 새들도 다시 태어나 날아왔고, 식물들도 반복해서 다시 자라났다. 이 영원성의 발견은 사람의 죽음을 영원함으로 승화시켰으며, 그 희망이 미라를 만들게 했다.

자연은 인간에게 믿음을 주고, 인간의 믿음은 자신이 처한 현실을 이해하게 한다. 또한 인간의 믿음과 신념은 상상력으로 힘을 발휘하여 새로운 현실을 만들기도 한다. 이집트 인들은 피라미드를 마치 영화의 세트장처럼 새로운 상상력의 드라마로 만들었다. 피라미드에 들어서면, 저승의 신이자 죽은 자의 신인 오시리스가 등장한다. 죽은 자는 새로운 삶을 시작하기 위해 거쳐야 할 운명이 있고 죽은 자가 넘어야 할 문이 있다. 이제 죽은 왕은 신이 되어 등장한다. 이집트 인에게 제1의 신은 죽음의 신이자 녹색의 몸을 가지고 있는 오시리스다.

　피라미드는 죽음을 극복하고자 했던 이집트 인들의 집단적 상상력의 산물이다. 죽음을 넘어 영원히 지속시키고 싶은 생명의 열망이다. 그러므로 피라미드는 인간들의 사유, 상상력, 믿음이 무엇을 만들어 낼 수 있는지 보여 주는 역사적 사례다. 수십 년 동안 수십만 명의 사람들이 동원되어 만든 거대한 건축물. 이 얼마나 거대하고 엄청난 낭비인가? 집단적 상상력이 무엇을 가능하게 하는지를 피라미드는 당당하게 보여 주고 있다.

　또한 왕들은 자신의 왜소한 몸을 피라미드의 크기로 확장했다. 모든 힘은 크기에 비례한다는 믿음, 거대한 것들에 단순한 믿음이 피라미드에 담겨 있다. 독재국가와 전체주의, 절대 권력을 가졌던 왕들과 지배자들은 거대한 왕궁과 넓은 광장, 거대한 무덤, 커다란 동상을 만들었다. 거대한 것들은 왕들의 명령에 따라 백성들이 동원되어 만들어졌다. 그리고 그 거대한 것 앞에서 백성들은 두려움을 느꼈고, 그것은 백성들을 통치하는 권력의 무기로 사용되었다.

그리스 인들이 만들어 낸
새로운 정치 시스템은
무엇이었을까?

민주주의 나라로 알려진 그리스. 그리스의 민주주의는
누구를 위한, 누구에 의한 민주주의였을까?

말의 비밀에 대해 소리들이 말하다

"무슨 남자들이 저렇게 말이 많아?"

"그러게 말이야. 그리고 시커먼 남자들만 모여서 도대체 뭐 하는 거야. 여자들이 모이면 수다를 떤다고 하는데, 이곳은 남자들이 모두 수다쟁이인 모양이지."

소리들이 모여서 한창 흉을 보는 중입니다. 때는 기원전 500년, 그리스의 아테네에 있는 아고라 광장이었습니다. 이곳에서는 남자들만 약 5,000명이 모여 열심히 무엇인가에 대해 열변을 토하고 있었습니다.

소리들은 대기하고 있다가 누군가 말을 하려고 입을 열 때마다 허공을 날아다녔습니다. 그리고 그곳에 모인 모든 사람들의 귀로 들어가기 위해 머리를 처박고 돌진했습니다.

소리들에게 고통스러운 것은 말하는 사람이 조그맣게 소리를 보내는 통에 날아가다가 픽 하고 땅으로 떨어질 때였습니다. 더 고통스러운 것은 소리를 듣기 위해 기다리고 있는 사람의 귀로 들어갔을 때, 귓속이 더러워 냄새 나는 고막에 부딪히는 것이었습니다. 소리들이 가장 사랑하는 사람은 귓속이 깨끗한 사람이었습니다.

"내가 예전에 살았던 이집트 왕국에서는 말하는 사람이 딱 한 사람이었어. 그래서 우리 소리 동료들은 참 편했지. 수만 명의 사람들이 모여 있어도 너무나 조용했거든. 아무도 끽소리도 내지 못하고 그저 왕 한 사람만 말할 수 있었거든. 모든 사람들이 왕의 목소리, 왕의 말을 듣고 그저 복종할 뿐이었어. 우리 소리들이 얼마나 편했겠어. 그리고 왕이 무슨 말을 할지도 대개는 예상할 수 있었어. 오죽했으면 왕이 말하지 않는 소리는 놀러 갔다 왔을 정도라니까."

"여기는 저렇게 많은 사람들이 서로 돌아가면서 연설을 할 수 있다니. 참 이상한 곳이야. 모두 왕인 모양이지?"

이때 또 광장에서 어떤 남자가 말을 하려고 일어섰습니다. 대기하고 있던 소리가 자동으로 날아갔습니다. 소리들은 초당 약 340미터의 속도로 날아갑니다. 만약 이 소리의 속도를 지키지 못하고 뒷소리가 먼저 날아가면 말이 엉켜서 전혀 알아들을 수 없는 소음이 되어 버립니다. 그래서 소리들은 순서를 지켜서 일정한 속도로 날아가기 위해 긴장하며 기다리고 있습니다.

멋을 잔뜩 부리고 앉아 있던 소리가 말했습니다.

"여기 모여 있는 남자들은 모두 목소리가 커. 아마도 어릴 때부터 말하는 법을 배우는 것 같아. 저 사람은 멋있게 생겼어. 나는 저 사람이 말할 때 날아갈 거야. 나하고 비슷하게 생겼잖아."

웃음소리를 담당하던 소리가 웃으며 말했습니다.

"나는 여기 꽤 오래 있었는데, 이곳의 남자들은 지금 논쟁을 하고 있는 거야. 그냥 수다를 떠는 것이 아니라고. 이렇게 많은 사람들이 모여서 국가 정책, 법, 그리고 전쟁에 대해 이렇게 진지하게 말하는 것은 역사상 처음일 거야. 우

리 소리들에게도 참 유익한 것이지."

'찬성이요.'라는 소리를 담당하며 진지하게 앉아 있던 한 친구가 가르치듯 말했습니다.

"그래. 말의 자유, 소리의 자유를 느낄 수 있는 곳이야. 말을 한 사람이 독점하지 않고, 소리를 한 사람이나 집단이 독점하지 않고 여기에 모인 모든 사람이 자유롭게 말할 수 있는, 말의 민주주의가 이루어지는 곳이야. 참 희한한 곳이지. 재미있는 곳이야."

"그렇지만 우리 소리들에게는 너무 바쁜 곳이야. 엉덩이 붙이고 있을 시간도 없이 왔다 갔다 하잖아. 저기 봐. 헐레벌떡 소리들이 날아다니고 있잖아."

이것은 어느 날, 아고라 광장의 풍경이었습니다.

그리스, 폴리스들의 나라

지금으로부터 약 2,500여 년 전, 그리스에는 왕이 없었다. 아니 그리스라는 나라가 없었다. 그리스는 약 100여 개의 지배 폴리스와 약 1,000여 개의 식민지 폴리스들이 모인 나라였다. 그들은 하나의 단일한 국가로 이루어지지 않았다. 그들은 그리스의 전설적인 영웅, 헬렌Hellen의 자손이라는 의미로 스스로를 헬레네스Hellenes라고 불렀으며 그리스 어를 말하는 그리스 인이라는 생각을 가지고 있었다. 그리스 어를 사용하지 않는 사람들은 '야만'이라는 뜻으로 바르바로이Barbaroi라고 불렀다. 지금도 그리스의 정식 명칭은 헬레닉공화국Hellenic Republic이며, '엘라스'라고 부른다.

9_ 호메로스(Homeros, 기원전 800?~기원전 750)는 그리스 서사시 《일리아스》와 《오디세이아》를 지은 사람으로 알려져 있다.

고대 그리스는 지중해, 이오니아 해, 에게 해에 둘러싸여 있는 육지와 수많은 섬으로 이루어져 있었다. 사람들이 사는 계곡과 섬마다 폴리스(지역 도시, 고립 사회, 지방 자치 단체)가 있었다. 가장 크고 대표적인 폴리스가 아테네와 스파르타로, 고대 아테네의 인구는 약 30만 명 정도였다.

바다와 가까운 육지와 섬 지역마다 수백 명에서 수만 명이 모여 사는 폴리스. 섬마다 신들이 있었다. 호메로스[9]의 오디세우스는 이타카라는 섬 지역 출신이다. 이들은 좁은 농토와 올리브, 포도 농사만으로는 풍요롭게 살아갈 수 없었다. 배를 타고 다른 지역에 가서 생산물을 빼앗는 약탈 무역, 교역이 발달할 수밖에 없었다. 누가 대장이 될까? 싸움

| 그리스 광장 |

많은 사람들이 모여 토론하는 광장. 한 사람의 명령에 의해 움직이는 것이 아니라 여러 사람들의 생각을 모아 함께 이루어 가는 광장. 그러므로 독재자에게 광장은 필요하지 않다.

을 잘하는 대장, 무사들이 폴리스의 지배자들이 되었다. 이들은 스스로 영웅이 되었고, 스스로 신화가 되었다. 호메로스의 이야기는 영웅들로 가득 찬, 영웅들의 이야기다.

교환과 무역의 발달은 무엇을 만들어 낼까?

대표적인 폴리스인 아테네는 노예들의 폴리스였다. 약 30만 명 정도의 인구에서 성인 남자들만 인간 대접을 받는 아테네의 시민이었으며, 이들은 약 3만 명이었다. 노예는 약 10만 명이었으며 시민이 아닌 사람들은 노예와 여성, 외국인과 미성년자들이었다. 농토와 노예를 소유한 귀족들이 있었으며, 아테네의 시민들(성인 남자)은 농업과 상업, 수공업에 종사하는 사람들이었다.

모든 폴리스에는 아크로폴리스Acropolis가 있었다. 폴리스의 언덕으로, 여기에는 신전이 있었다. 아테네에는 파르테논 신전이 있었다. 또 폴리스에는 아고라Agora가 있었다. 아고라는 폴리스의 광장으로 민회(民會)나 재판, 상업, 사교 등의 다양한 활동이 이루어졌다.

아테네 시민이었던 약 3만 명의 성인 남자들은 한 달에 서너 번씩(매년 40회) 아고라에 모여 하루 종일 정치를 했다. 민회에는 오직 성인 남자만이 참여할 수 있었다.(참고로 여성이 참정권, 투표권을 갖게 된 것은 스위스가 1971년, 영국 1928년, 프랑스 1946년, 미국 1920년, 일본 1945년, 한국 1948년 등이다.) 아고라는 1만 4,000여 명이 함께 앉을 수 있는 넓은 광장이었다. 이것이 민회였다. 민회에 모이는 사람들은 한 번에 5,000명에서 6,000명 정도였다. 민회에 출석하면 수당도 지급되었다. 민회에서는 누구나 말을 할 수 있었고, 발언을 한 사람은 세금을 면제받았다.

민회에서 이루어진 정치의 내용은 무엇일까? 민회에서는 법을 만들었다. 오늘날로 말하면 국회(國會)가 아고라 광장에서 열린 것이다. 전쟁 선포에 관한 문제, 조약 인준, 공무원에 대한 감시와 처벌, 군 지휘관 선출 등 국가의 모든 업무가 논의되고 결정되었다.

국가 행정은 누가 맡았을까? 행정 일을 하고 싶은 시민 중에서 추첨된 500명이 임기 일 년 동안 국가 행정 업무를 수행했다. 의장은 매일 새로이 뽑혔다. 돌아가면서 누구나 대통령과 국회의장을 했던 것이다. 공무원이나 법관도 누구나 추첨으로 선출되어 일 년씩 근무할 수 있었지만, 재선은 불가능했다. 법관은 시민 3만 명 중에서 6,000명이었으니 5명 중 1명이 판사였다. 모든 공무원은 보수가 없는 명예직이었다.

아테네 시민은 모두가 판사, 공무원, 대통령 등 직책을 맡을 만큼 똑똑했을까? 아테네 시민은 6세부터 18세까지 학교 교육을 받았다. 이들은 2년간 군대에서 근무하고 60세까지 예비군으로서 언제든지 군대에 징집될 수 있었다.

왜 그들은 새로운 정치 시스템, 민주주의를 상상했을까?

아테네의 민주주의는 직접 민주주의의 한 사례를 보여 준다. 비록 여성과 노예들은 참여할 수 없었던 한계를 지녔지만 3만 명이 직접 참여하고 만들었던 정치의 한 유형을 보여 준다. 특이한 일이다. 고대 국가에서 강력한 왕권에 의한 통치가 아니라 수많은 사람들이 직접 참여하는 정치 체제가 이루어졌다는 것은 참으로 특별한 사건이었다.

어떻게 이런 정치 체제가 가능했을까? 어떻게 이른바 '민주주의'라는 정치 시스템을 상상할 수 있었을까? 수천 명의 사람들이 한 장소에 모여 토론하기 위해서는 동일한 언어와 사고방식을 가져야 가능하다. 아테네의 시민들은 모두 읽고 쓰기가 가능한 교육을 받았다. 이러한 언어적 능력은 교역과 무역, 상업이 발달한 지역에서는 필수적인 능력이었다.

수천 명의 사람들이 모인 곳에서 누구든 발언을 할 수 있다는 것, 그리고 그 주장이 옳다면 동의하여 결정 사항이 된다는 것은 개인적 사고에 대한 존중이었다. 즉 개인주의적 사고가 밑바탕이 된 것이다. 이러한 개인주의적인 사고는 어디로부터 비롯된 것일까?

　토론이란 무엇인가? 서로 함께 풀어 가야 할 공동의 문제, 과제가 있을 때 토론을 한다. 너와 내가 아무런 상관도 없다고 생각하면 토론은 이루어지지 않는다. 함께 풀어 가야 할 공동체적 관계가 모든 토론의 출발점이 된다. 토론의 두 번째 전제는 서로 대등한 관계일 때만 가능하다는 것이다. 상대방을 인정하지 않으면 토론은 이루어지지 않는다. 한 사람이 다른 사람을 지배하거나 더 큰 힘을 가지고 명령하려고 하는 관계에서 토론은 이루어지지 않는다. 아테네의 민주주의란 바로 이런 전제에서 가능했다.

그리스의 영웅, 오디세우스는 어떤 능력으로 신들을 이겼을까?

　호메로스의 《오디세이아》에 나오는 오디세우스는 전형적인 '영웅적 개인'을 보여 준다. 오디세우스는 신들과 싸워 이긴다. 많은 고난과 시련을 뚫고 자신의 고향인 이타카로 돌아와 자신의 아내, 페넬로페를 만난다. 오디세우스는 어떤 능력으로 신들과의 대결에서 이겼을까? 그것은 바로 '생각하는 능력'이었다. 머리로 생각해 낸 온갖 잔꾀를 써서 신들의 시험을 벗어나고 살아남았다. 호메로스의 오디세우스는 생각하는 사람의 샘플, 모델이다. 이 사람이 바로 영웅적 개인인 것이다.

　그리스 인들이 영웅으로 생각했던 사람, 온갖 고난과 역경을 이겨 내고 끝끝내 승리를 쟁취하는 인간, 바로 그 모델이 오디세우스다. 영웅이란 누구인가? 영웅은 승리한 자다. 영웅은 정복자다. 영웅은 한 시대, 한 집단이 열망하는 것을 이루어 낸 사람이다. 영웅은 그 시대를 살아가고 있는 개인들이, 자신들이 하지 못하는 것을 이루어 내는 존재다. 그러므로 그리스의 오디세우스는 모든 그리스 인들의 희망과 열망을 담고 있는 사람이다.

또한 영웅은 그 시대의 과제를 의미한다. 그 시대가 해결하고자 하는 바, 그 시대가 찬양하는 정신, 그 시대가 가장 소중하게 열망하는 능력, 관념을 나타낸다.

그러므로 영웅은 그 시대를 대표한다. 적어도 관념적인 부분에서는 영웅은 모든 개인들의 특수한 사고, 특별한 삶을 아주 의미 없는 것으로, 가치 없는 것으로 치부하게 하며 단지 영웅의 삶으로 제시되는 바람직한 삶의 모델이 되는 것이다. 그러므로 영웅의 삶, 영웅의 길은 계속 반복되어 낭송되고 전해지며 교육된다.

| 오디세우스 |
인간적인 능력으로 신들을 이긴 사람. 그에게는 온갖 어려움을 극복하고 도달해야만 할 목표가 있었으며, 자신을 끝까지 믿어 주고 기다려 준 페넬로페가 있었다.

그러므로 영웅 시대란 집단의 시대에서 개인의 시대로, 이 세상의 모든 것에 대해 당당하며 신에게조차 이길 수 있는 사람, 자연에 굴복하지 않고 자신의 목표를 실현하기 위해 모든 노력을 아끼지 않는 인간에 대한 찬미가 깔려 있다.

오디세우스는 인간이 가질 수 있는 모든 수완 혹은 실용적인 지식의 모든 형태를 소유하고 있는 사람이다. 그것은 교묘한 술수에 가까운 것으로 예술가와 조종사, 소피스트, 정치 외교적인 인간에게 필수적인 능력이다. 그것은 감각적 능력, 능수능란함, 거리 두기, 신중함, 가끔은 거짓말이나 술수를 의미한다. 이러한 자질 덕분에 오디세우스는 키클롭스 Cyclops[10]와 구혼자들을 이기고 살아남을 수 있었던 것이다.

오디세우스의 후예들은 누구인가?

다른 고대 국가와 달리, 아테네 등 그리스의 폴리스들은 대규모의 농토를 가지고 있지도 않았으며, 집단적이며 조직적인 관리가 필요한 농업 국가도 아니었다. 그러므로 전제적 군주나 폭력에 의한 통치를 지속할 만한 국가 체제도 아니었다. 또 수많은 섬들과 폴리스들이 흩어져 있어서 단일한 국가 체제나 강력한 통일 왕조를 세울 수 없었다. 이러한 점 때문에 폴리스마다 지방자치적 정치 체제를 만들었던 것이다.

아테네의 민주주의는 다수주의(多數主義)다. 토론을 하고 투표를 하여 결정한다. 다수가 찬성한 의견이 받아들여진다. 소수의 의견은 죽는다. 만장일치는 과연 가능한 것인가? 다수주의에 근거한 민주주의는 불완전하다. 늘 소수 의견은 무시된다. 만약 다수의 의견이 오류이고 소수의 의견이 올바른 것이라면 어떻게 할 것인가? 다수주의는 오류의 가능성을 항상 가지고 있다.

10_ 그리스 신화에 등장하는 외눈박이 거인족. 호메로스가 지은 《오디세이아》에서 오디세우스는 외눈박이 키클롭스의 섬에서 포세이돈의 아들인 폴리페모스의 눈을 찔러 죽인다.

11_ 소크라테스(Socrates, 기원전 469~기원전 399). 고대 그리스의 철학자. 소크라테스가 쓴 글은 남아 있지 않으며 제자였던 플라톤에 의해 알려졌다. 불온한 사상을 유포한 죄로 기원전 399년 사형되었다.

그럼에도 불구하고 아테네의 직접 민주주의 실험은 역사적으로 대단히 중요한 의미를 가지고 있는 정치 시스템이었다. 대부분의 국가가 왕에 의해서 일인 독재가 이루어졌던 시대였다. 대부분의 나라가 철저한 계급, 신분에 의해서 통치가 이루어졌던 시대였다. 그런데 그리스의 아테네에서 직접 민주주의, 다수주의에 의해 정치가 이루어졌다는 것은 획기적인 일이었다. 많은 폴리스에서 노예와 여성들이 정치에서 제외되었다는 한계를 가지고 있었지만.

이러한 정치 제도 아래, 그리스에서는 즉 소피스트들과 철학자들, 과학자들이 등장한다. 오디세우스의 후예들이다. 즉 논리로써, 인간의 이성적 사고 능력으로써 토론하고 주장하는 사람들이 등장할 수 있는 토대가 되었다. 그 대표자로서 소크라테스[11], 플라톤, 아리스토텔레스, 피타고라스 등이 있다.

08

모든 사람의 생각을
이어 주는 사유의 끈,
알파벳의 비밀

생각을 저장할 수 있는 방법. 시간의 한계를 뛰어넘어 과거에서 현재로,
현재에서 미래로 사유를 이동시킬 수 있는 방법은 과연 무엇일까?

글자들이 지켜야 할 10계명은 무엇일까?

글자의 ^나라에서 모든 글자는 ^평등하다.

"어이, 거기 '나'군, '평'군 똑바로 서지 못해!"
"줄 간격을 맞추란 말이야. 그렇게 서 있으면 못 읽겠잖아. 계속 그러면 지워 버릴 거야."
"어휴, 지겨워 죽겠어. 도대체 왜 우리는 항상 한 줄로 나란히 서야만 하는 거야?"
'나'군과 '평'군은 불만스러웠습니다.

글자들은 태어나면서부터 '앞으로 나란히'를 열심히 배웠습니다. 가끔씩 옆으로 삐딱하게 서는 글자는 여지없이 지워지거나 잘렸습니다. 글자들은 두려움에 떨며 앞 글자와 간격을 맞추기 위해 눈을 두리번거렸습니다.

"지금부터 글자가 지켜야 할 6계명을 외워 보기로 하겠다. 만약 외우지 못하는 글자들은 지우개로 과감히 지워 버리겠다. 정신 똑바로 차리고 큰 목소리로 외우기 바란다. 알겠나?"

글자들의 훈련을 담당하고 있는 교사 글자가 커다란 지우개를 들고서 하는 명령에, 학생 글자들은 일제히 대답했습니다.

"앞에서부터 하나씩 조항을 말해 봐."
"글자의 계명 제1조. 글자는 태어나면서부터 줄지어 선다. 순서가 운명이다. 혼자서는 아무것도 할 수 없다. 앞글자와 뒷글자는 사이좋게 지내야 한다. 그렇다고 완전히 포옹하거나 붙어서도 안 된다. 글자는 홀로 서야 한다. 그러므로 글자는 고독과 외로움을 이겨 내야 한다."

"좋아. 다음 두 번째 외워 봐."

"글자의 계명 제2조. 글자의 몸매는 날씬해야 한다. 글자는 몸매 관리에 항상 신경 써야 한다. 너무 많이 먹어 몸이 뚱뚱해지면 모양이 무너진다. 늘 자신의 몸의 윤곽과 곡선을 유지하도록 노력해야 한다."

"글자의 계명 제3조. 글자의 형제는 자음과 모음이다. 자음과 모음이 사이좋게 지내지 않으면 지우개의 처벌을 받아 지워지는 벌을 받는다. 자음과 모음은 늘 토론하여 누가 앞에 올 것인지, 누가 뒤에 올 것인지를 결정해야 한다. 만약 서로 싸우면 죽음에 이르는 벌을 달게 받는다."

"글자의 계명 제4조. 글자는 허공에서 살 수 없다. 글자가 살 수 있는 이 세상의 모든 곳에 감사해야 한다. 가장 대표적인 글자의 집은 종이다. 종이 종족의 일차적인 특징은 2차원의 평면이다."

"좋아, 다음. 빨리 하고 밥 먹자."

지우개를 든 교사 글자는 흡족한 표정으로 다음을 외쳤습니다.

"글자의 계명 제5조. 글자의 운명은 빛이다. 빛이 없는 곳, 어둠만이 존재하는 곳은 곧 죽음의 계곡이다. 그러므로 글자는 태양의 자식이다. 태양이 보내 주는 메시지다. 글자는 해바라기처럼 밝음과 빛을 지향한다. 모든 글자들은 일 년에 한 번씩 태양에게, 빛에게 감사하는 제사를 지내야 한다. 만약 제사를 지내지 않는 글자들은 불에 태워지는 형벌을 받게 될 것이다."

"글자의 계명 제6조. 글자는 오직 인간의 눈에 충성한다. 인간의 눈이야말로 글자를 살려 주고 키워 주는 존재다. 모든 글자는 인간의 눈에 들도록, 인간의 눈에 아부하고 충성해야 한다."

"이 바보야, 틀렸잖아. 인간의 눈만 글자를 읽는 게 아니잖아. 손끝으로 읽는 점자가 있잖아. 그리고 인간의 손가락이 없으면 어떻게 글자들을 종이 위에 살려 내겠니? 우리를 기억해 내는 뇌에게도 감사해야지. 이런 무식한 글자들이 있으니, 글쓰기를 못하는 아이들이 있는 거야, 임마."

그렇습니다. 글쓰기를 어려워하는 사람들이여. 글쓰기가 잘되지 않는 이유는 모두 글자들의 무지한 탓입니다. 부디 자책하지 마시길.

문자가 만들어진 이유는 무엇인가?

약 2,500년 전 그리스에서 최초로 알파벳이 만들어졌다. 고대 알파벳이 등장한 것은 페니키아(지금의 레바논 지역)에서였다. 기원전 약 1,000년 전에 페니키아 왕 아히람의 석관

| 알파벳 |

알파벳은 자음과 모음으로 이루어진 문자를 가리킨다. 가장 대표적인 알파벳 문자는 한글이다. 한글은 휴대전화로 문자 메세지를 가장 빠르게 보낼 수 있는 문자다. 자음과 모음을 결합시키는 원리가 가장 효율적이기 때문이다.

위에 22개의 자음 글자로 쓰인 것이다. 페니키아 인들은 고대 지중해에서 가장 큰 항해 집단이었으며 해외 지역과 교류하고 있었다.

그리스 인들은 메소포타미아에서 산수를, 이집트에서 기하학을, 아시리아에서 야금술을 받아들였다. 그리고 페니키아 인들로부터 알파벳을 수입했다. 페니키아의 알파벳은 자음만으로 이루어져 있었다. 그리스 인들은 마침내 모음을 찾아내어 자신들의 소리를 자동적으로 표현해 낼 수 있는 진정한 알파벳을 만들어 낸 것이다.

문자의 출발은 인간의 기억을 보조하는 수단으로 출발했다. 문자 사용 이전에는 모든 것을 인간의 기억에 의존하는

12. 《일리아스》라고 한다. 고대 터키의 도시 트로이의 별명이 일리오스(Ilios)였다. 일리아스는 '일리오스 이야기'라는 의미다. 그리스와 트로이의 '10년 전쟁' 중 마지막 해에 일어난 사건을 기록한 서사시다. 그리스의 시인 호메로스가 지었다고 전해진다.

구전 문화였다. 기억을 잘하는 사람은 제사장이 되었다. 제사장들은 모든 제사, 사회의 의식과 예절, 행사, 역사를 머리로 기억해야만 했다. 기억력이 부족한 사람은 제사장이 될 수 없었다. 사회의 모든 것은 기억되어야 했다. 건축과 기하학이 기억만으로 발달했고, 호메로스의 《오디세이아》, 《일리아드》[12]도 기억에 의해 말로 전해졌다. 모든 교육은 사람의 입을 통해 이루어졌으며 음악, 시의 암기와 암송, 노래가 곧 교육이었다. 문자가 없던 시대에 시(詩)는 기록의 수단이었다. 운율에 맞춰 시처럼 외울 때 쉽게 기억할 수 있었기 때문이다.

인간의 기억은 한계를 가지고 있다. 순간적인 기억은 암송 없이는 2초밖에 지속되지 못하고, 낱말의 기억은 15초를 넘기지 못한다. 보통 사람의 경우 한꺼번에 기억할 수 있는 낱말이 5~7개를 넘지 못한다. 이러한 기억의 한계를 문자의 기록이 뛰어넘을 수 있게 해 주었다. 기록된 것은, 기억된 것을 재생하기 위한 노력 없이도 반복해서 다시 읽을 수 있다. 망각에 대한 두려움 없이 똑같은 정보를 가지고 사고할 수 있게 된 것이다.

알파벳이 가져온 새로운 사고방식은 무엇인가?

알파벳은 새로운 사고방식을 가져왔다. 이집트의 상형 문자, 그림 문자와 알파벳의 차이는 무엇인가? 그림 문자는 이 세상에 있는 사물들을 표현한다. 그것은 왕의 형상을 닮게 그리는 상형 문자, 새의 모습을 모방하여 만든 것이 그림 문자다. 그러나 알파벳 'A'는 이 세상 어디에도 없는 것이다. 자연과 사물의 모습을 닮지 않았다. 특정한 그 무엇을 가리키지 않는다. 왕을 가리키는 'King'은 왕과 전혀 닮지 않았다. 어떻게 이런 일이 가능한가? 어떻게 'King'을 왕으로 이해할 수 있는가? 어떻게 모든 사람들이 알아들을 수 있는가?

알파벳의 사고방식은 효율적이었다. 26개의 추상적 기호를 연결하여 낱말을 만들고, 그 낱말은 의미를 담아 뜻을 전해 주었다. 26개의 조합은 수많은 낱말을 탄생시켰고, 표현력을 키워 주었다. 아고라 광장에서 연설하는 사람들, 읽고 쓰기를 할 수 있는 시민들의 능력은 곧 직접 민주주의를 할 수 있는 바탕이 되었던 것이다.

알파벳은 이집트의 상형 문자, 그림 문자에 비해 추상 문자다. 상형 문자, 그림 문자는 자연과 이 세계에 존재하는 사물들의 모습을 닮았다. 문자는 자연을 닮아 있다. 그러나 알파벳은 자연과 사물을 닮지 않았다. 드디어 인간은 자연과 닮지 않은, 사물의 모습과 결별한 추상적 사유를 표현하기 시작한 것이다. 알파벳의 위대한 점은 바로 이것이다.

'Tree'는 나무와 전혀 닮지 않았다. 그러나 뇌는 'Tree'를 나무로 생각한다. 눈, 코, 귀, 입 등 감각으로 느껴지는 실제들과 전혀 다른, 오직 뇌가 사용하는 뇌 전용 문자가 만들어

진 것이다. 눈, 코, 입, 귀로 하는 생각을 '감각적 사유'라 한다면, 뇌가 하는 사유는 '추상적 사유'다.

알파벳은 그리스에서 어떤 역할을 했을까?

그리스의 언어, 알파벳은 그리스의 수많은 폴리스들을 연결하고 이어 주는 하나의 사고방식을 만들어 주었다. 그들은 그리스 알파벳과 그리스 어를 사용하는 사람들을 자신들의 민족으로 여기고 스스로를 '헬레네스'라고 불렀다. 이제 언어가, 문자가 지역을 뛰어넘어 하나의 공동체를 이루는 연결 끈이 된 것이다.

기록하는 사람들, 글 쓰는 사람들이 늘어나기 시작했다. 알파벳은 쉽게 배울 수 있는 문자였다. 그리고 새로운 낱말들이 만들어졌을 것이다. 그 낱말들은 문장이 되어 기록되었다. 기록한다는 것, 글을 쓴다는 것은 무엇을 의미하는가? 글은 생각, 사유, 의식을 함께 확인하게 해 준다. 글을 쓰는 것은 개인이지만 그 글을 읽는 것은 여러 사람이다. 그러므로 글은 함께 사유하는 방법이다. 집단적 사유를 가능하게 하는 것이 곧 글이다.

말은 바람처럼 날아가지만, 글은 생각을 붙잡을 수 있게 한다. 글은 생각을 종이 위에 옮겨서 함께 응시할 수 있도록 한다. 말은 되돌아올 수 없는 강을 건너 우주로 날아가지만 글은 흔적을 남긴다.

알파벳으로 기록되는 지식. 지식의 축적은 곧 논리와 이론을 발전시킨다. 그리스의 철학, 세계에 대한 상상력의 발휘, 사유의 발전은 알파벳의 힘이 그 바탕을 이루었다.

13_ 그리스의 의학자이며 '의사의 아버지'라 불린다. 오늘날에도 의사들은 히포크라테스의 선서를 외운다.

14_ 그리스의 수학자. 유클리드 기하학으로 유명하다.

그리스에는 왜 철학자가 많았을까?

탈레스, 피타고라스, 히포크라테스[13], 아낙시만드로스, 유클리드[14], 아리스토텔레스, 플라톤 등 그리스에는 참으로 많은 철학자와 과학자들이 있었다. 그리스에서 이렇게 많은 과학자들이 나타난 것은 무엇 때문일까?

탈레스는 만물의 근원은 물이라고 주장했다. 왜 탈레스는 만물의 근원을 알고 싶어 했을까? 밀레토스의 아낙시만드로스는 이 세상의 근원이 무한하고 아무런 규정이 없으며, 뜨거움과 차가움, 축축함과 건조함이라는 4가지 기본 요소가 생겨나는 아페이론에서 나왔다고 주장했다. 그는 왜 세

| 소크라테스의 죽음 |
소크라테스의 죄목 중 하나는 청년들의 생각을 현혹시킨다는 것이었다. 그는 사상범이었다. 세상의 모든 것에 대해 의문을 갖는 것, 대화하고 토론하는 것, 자신의 무지에 대해 아는 것 등 소크라테스의 사상이 너무 선진적이었던 것일까?

상의 근원에 대해 궁금해 했을까? 피타고라스는 이 세상을 움직이는 원리를 수(數)로서 설명했다. 왜 이들은 세상의 근원, 원인, 본질에 대해 궁금해 했고 연구했을까?

중요한 것은 그리스 인들이 이 세상에 대해 관찰하기 시작했다는 것이다. 그리고 그들은 신이 아니라 자연 속에서, 자신이 관찰한 것에서 이 세상의 원리와 법칙을 찾고자 했다는 것이다. 고대 국가에서 신으로부터, 하늘로부터 자유롭게 이 세상을 설명했던 사람들이 과연 누가 있었을까? 그리스 인들은 바로 이 사유를 시작했다.

새로운 사고법, 논리와 이성은 무엇인가?

그들은 신화에 사로잡히지 않고 세계의 기원은 무엇인지, 세계를 이루는 근본적인 힘과 원리, 법칙은 무엇인지에 대해 질문했다. 그리고 그들은 자신들이 관찰한 것을 토대로 대담한 상상력으로 일반화하고 개념화했다.

그들은 자연 현상에 대해 순서를 밝히고 원인과 결과를 설명하고자 했다. 이러한 사고방식은 어디에서 기인하는 것일까? 이러한 사고방식은 세계를 이해하는 두 가지 사고방식을 만들어 냈다. 개별적이고 특수한 사례를 바탕으로 전체를 이해하려는 분석적이며 경험론적인 사고방식, 또 하나는 일반적인 법칙을 통해 세상을 설명하려는 종합적이고 추론적인 사고방식을 만들어 냈다.

이러한 합리적 사고방식이 발달한 배경에는 그리스의 언어, 알파벳이 있었다. 알파벳은 추상적 사고를 할 수 있는 기본 토대를 마련해 주었다. 알파벳은 철저히 논리적인 언어다. 자음과 모음을 순서 있게 배열한다. 모든 것은 순서가 있다. 순서 짓기는 논리적 사고의 출발점이다. 알파벳의 낱말, 즉 보통 명사들은 모두 추상적 원리에 의해 만들어졌다. 예를 들어 '사람'이라는 보통 명사는 이 세상에 있는 모든 사람들을 가리킨다. 이 세상에 있는 사람들은 모두 얼굴이 다르고, 목소리와 생김새가 다르다. 이렇게 각각 다른 점이 있는 사람들을, 다른 점은 제외하고 모든 사람이 가지고 있는 공통점을 포착하여 '사람'이라는 낱말을 만든 것이다. 즉 '사람'이라는 보통 명사의 낱말을 사용하기 위해서는 '추상적 사고 능력'이 필요하다. 이때 추상적인 능력이란 공통점, 유사점, 동일성 등을 의미한다.

추상적 사고 능력에 기초한 알파벳적 사고는 이 세상에 있는 모든 현상들, 사건들, 사물들의 공통점, 동일성, 법칙성에 대한 의문과 질문을 가져왔다. 이것은 '불은 왜 금속을 녹이는가?'라는 특수한 질문에서 '불의 본질은 무엇인가?'라는 보편적이고 일반적인 질문으로 나아가게 했다.

그리스 인들은 사물과 자연 현상의 유사성, 동일성, 반복성을 관찰해 냈다. 이들은 신들에게 그 원인을 돌리지 않고 자신들이 관찰한 것을 토대로 세계를 설명하고자 했다. 세계는 이제 대상화되어 학문과 연구의 상대로 바뀌었다.

그리스의 아고라 광장에서는 논쟁과 토론이 계속되었다. 논쟁을 통한 설득. 설득을 위해서는 근거가 있어야 하고 합리적이며 논리적이어야만 했다. 신들이 모든 것을 결정하고, 신들이 모든 것의 원인이었던 다른 고대 국가에서는 있을 수 없는 사고방식이었다. 모든 것을 신들에게서 찾고 신을 대신하는 인간이 절대 권력을 행사하는 사회에서는 도저히 통용될 수 없는 사고방식을 그리스 인들은 그들의 정치체제에서 실험하고 있었던 것이다.

소피스트는 무엇을 하는 사람들인가?

합리적이며 논리적인 사고를 주장했던 사람들. 그들을 소피스트라고 부른다. 지식을 획득하고 분석하는 그리스의 새로운 방식, 그것을 그들은 필로소피아Philosophia, 즉 '지혜에 대한 사랑'이라고 불렀다. 그것은 그리스 인들이 알파벳을 무기로 해서 이 세계를 자신의 생각대로 분석하고 사유하는 방식, 즉 신으로부터 자유로운 사고를 하기 시작했음을 의미했다.

소피스트들은 어떤 절대적 진리나 도덕도 인정하지 않았다. 진리나 도덕은 절대적인 것이 아니라 사회나 상황에 따라 다르며, 모든 것은 논쟁의 대상이 될 수 있다고 믿었다. 이러한 사고방식을 '상대주의적 사고'라고 한다. 한 사회에서, 한 개인에게 선하고 가치 있다고 여겨지는 것도 다른 사회에서, 다른 개인에게는 비난과 악의 대상이 될 수 있다는 것이다. 모든 지식은 상대적이며, 세계는 그 사회가 속한 시간과 공간에 영향을 받는다고 주장했다.

　소피스트들의 이러한 상대적 사고, 사유 방식은 위험한 것이다. 특히 고대 왕조 국가에서는 받아들여질 수 없는 사고방식이다. 왕들은 절대적이다. 왕의 주장은 다른 사람에 의해 결코 바뀔 수 없었다. 국가의 정책은 토론을 통해, 논쟁을 통해 정해지는 것이 아니라 왕의 명령에 의해 결정되었다. 왕은 신들의 권한을 위임받아 통치하는 자로서 절대적인 권위와 힘을 가지고 있었다. 이러한 시대에 소피스트들의 상대주의적 사고방식은 참으로 대담하고 독특한 사고방식이었다.

　그리스 인들의 이러한 혁명적이며 독특한 사고방식은 드디어 마케도니아 출신 아리스토텔레스에 의해 화려한 깃발을 꽂는다. 아리스토텔레스는 그 위대한 삼단논법(三段論法, Syllogism)을 만들어 냈다. 예를 들면 "인간은 모두 죽는다."(대전제) "소크라테스는 인간이다."(소전제) "따라서 소크라테스는 죽는다."(결론)라고 하는 논법이다. 여기서 결론은 소크라테스와 죽음의 관계를 말하며, 대전제는 인간과 죽음의 관계, 소전제는 소크라테스와 인간의 관계를 말한다. 또 하나의 예를 들면 "어둠 속에서 빛나는 것은 모두 불이다. 별은 어둠 속에서 빛난다. 따라서 별은 불이다."
　아리스토텔레스의 삼단논법은 생각을 잘하는 방법, 사유 방법의 대표적인 사례다. 그리스 인들은 사유법, 생각하는 방법에 대한 연구를 진행했다. 그들은 무엇 때문에 사유법

| 아리스토텔레스 |
그리스 최고의 사유전문가. 생각을 잘하는 방법, 지식을 획득하고 분석하는 방법에 대한 체계를 세웠다. 아리스토텔레스가 창안한 사고 방법은 논리학이 되었다.

에 대한 연구를 했을까? 사유, 생각이 먹는 것만큼이나 중요해졌기 때문이다. 사유를 잘하는 것이 사회를 발전시키는 데 그만큼 중요했기 때문이다. 소피스트란 지혜로운 사람, 즉 생각을 잘하는 사람이라는 의미다. 또한 사유를 잘하는 방법, 즉 철학을 필로소피아Philosophia, 지혜에 대한 사랑이라고 불렀다.

아리스토텔레스가 알려 준 사고법은 무엇인가?

아리스토텔레스식 사고 방법은 사람들이 판단, 결론에 도달하는 사고 과정을 정리하고, 사고 과정에서 오류를 찾아내는 사고방식의 기본 틀을 제공해 주었다. 사고 과정의 공식을 만들어 낸 것이다. 사고를 통해 이해에 도달하는 방식.

귀납적 추론과 연역적 추론이라는 사고방식은 획기적인 것이었다.

아리스토텔레스의 사고 방법은 '논리학Logic'이라 불렸으며, 이슬람 사상가들은 이것을 '생각을 날카롭게 하는 도구'라고 불렀다. 논리학은 세계를 잘게 쪼개서 분석하고 체계적으로 관찰하여 세계가 움직이는 방식을 정리하는 표준화된 사고법을 알려 주었다. 현대까지 여러 학문과 과학 분야에서 바로 아리스토텔레스의 사고법이 사용되고 있다.

아리스토텔레스는 이 세계에 존재하는 모든 생물체를 '존재의 거대한 사슬The Great Chain of Being'로 분류해 범주화 했다. 그는 400여 종의 동물을 8가지 대범주로 분류했다. 세상이 어떻게 나누어질 수 있단 말인가? 하늘이 어떻게 나누어질 수 있겠는가? 세상에 있는 그 많은 나무들이 어떻게 한곳에 모일 수 있겠는가? 아, 위대한 인간의 사유여. 오직 인간의 사유 속에서, 인간의 사고 속에서, 그리고 인간의 사유를 기록한 종이 위에서만 가능한 일이었다.

인간의 사유법, 생각하는 방법에 대해 연구한다는 것은 곧 인간에 대해 관심을 갖는 것이다. 신에게 종속되어 있는 인간이 아니라, 인간 자신의 능력에 대해 깊은 연구를 하기 시작했다. 그리고 알파벳은 바로 인간의 생각과 사유를 순서 있게, 논리적으로 표현할 수 있는 능력을 발휘하게 했다. 말, 음성언어와 더불어 알파벳이라는 문자언어는 인간의 생각과 사유를 발전시키는 데 결정적인 역할을 했다.

　점차 인간은 대담해지기 시작했다. 그리스 인의 사유법으로부터 이제 인간은 서서히 신에게서 벗어나기 시작했다. 신의 눈치를 보던, 신을 무서워하던 시대를 뛰어넘어 인간의 사유로, 인간의 의식으로 이 세계를 살펴보기 시작한 것이다.

09
그리스의 신들이 모두 범죄자들이라고?

그리스의 신들은 자유롭다. 그들은 삶의 제약과 통제를 벗어나 모든 금기 사항을 위반하며 일탈하는 삶을 보여 준다.

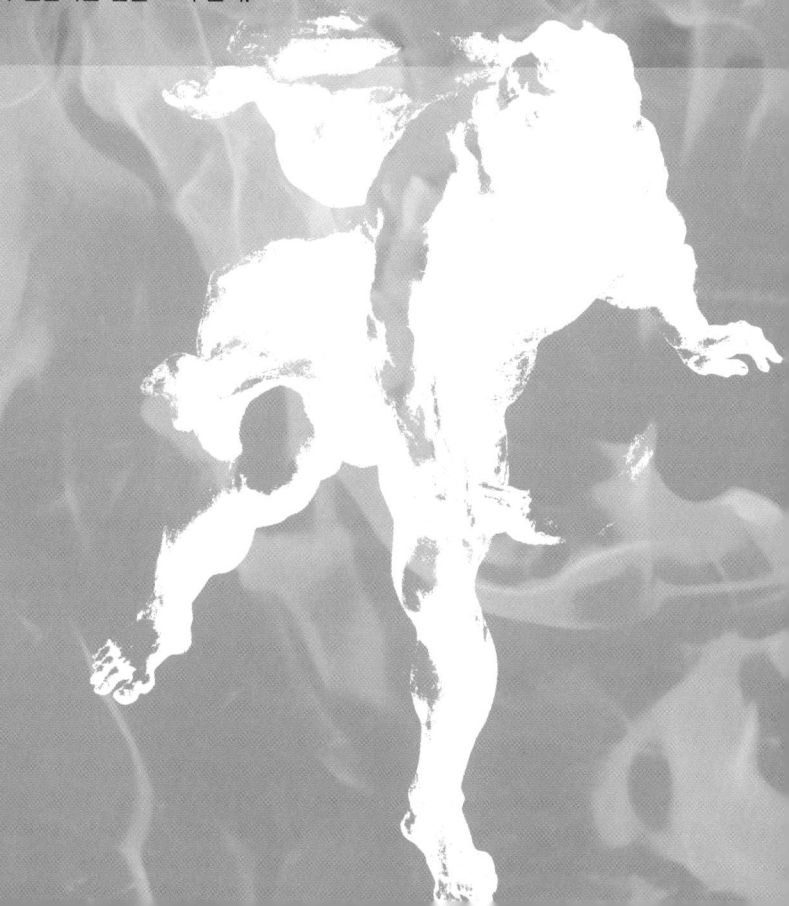

동물들은 왜 인간이 되기를 포기했을까?

인간이 되기를 꿈꾸는 동물들이 모였습니다. 이들은 인간이 되기를 간절히 소원하며 모두 백일기도를 드리고 있었습니다.

백일기도를 하면서도 동물들은 서로 먼저 인간이 되기 위해서 몰래 자신만의 비법을 발휘하고 있었습니다.

어떤 동물은 자신의 노력을 더욱더 증명하기 위해 거꾸로 서서 백일기도를 했습니다. 어떤 동물은 단식을 하면서, 어떤 동물은 눈을 절대 깜빡이지 않겠다고 결심하고 두 눈을 부릅뜨는 고행을 하고 있었습니다. 이 동물의 눈은 계속 커져서 곧 눈알이 튀어나올 것만 같았습니다. 또 어떤 동물은 잠을 자지 않는 고행을, 어떤 동물은 과감히 자신의 몸에 난 털을 모두 뽑아 버리고 알몸으로 떨면서 백일기도를 했습니다. 또 어떤 동물들은 사랑을 실천해야 한다면서 둘이서 서로 꼭 껴안고 수행을 했습니다.

"너희들은 모두 틀렸어. 그렇게 해서는 결코 인간이 될 수 없어. 크크. 불쌍한 놈들."

인간이 되기를 원하는 여우가 가소롭다는 듯이 말했습니다.

"인간이 되기 위해서는 자신의 욕망에 솔직해져야 해. 너희들, 거짓말하고 싶지? 그리고 또 남의 것을 도둑질하고 싶지? 다른 사람을 지배하면서 자신은 편하게 살고 싶지? 에덴 동산에서 살던 아담과 이브를 생각해 봐. 신이 하지 말라고 한 것을 끝내 말을 듣지 않고 하잖아. 인간이 되기 위해서는 금지를 어겨야 하는 거야. 이제부터 나는 거짓말만 할 거야."

"너는 하나만 알고 둘은 모르고 있어."

인간이 되기를 수년째 기다리고 있는 부엉이가 잘난 척 나섰습니다.

"인간이 되기 위해서는 자신의 잘못을 남에게 떠넘기는 것을 잘해야 해. 인간의 역사 속에서 최고의 지성, 최고의 문명이라고 불리는 그리스 인들을 봐. 그들은 자신들이 저지르는 모든 범죄를 모두 신으로 탓으로 돌리잖아. 정말 대단한 인간의 능력이지. 무슨 말이냐 하면 말이야, 이렇게 생각하는 거야. 신들도 저렇게 많은 범죄를 저지르는데 우리 인간들이 하는 것쯤이야 별 문제가 되겠어. 참으로 편리한 논리잖아?"

"에잇, 나 인간 안 할래."

옆에서 듣고 있던 바퀴벌레가 눈물을 흘리며 말했습니다.

"그동안 인간이 되기 위해 얼마나 많은 노력을 했는데. 나는 인간이 되기 위해 수년째 청결하게 살았단 말이야. 그래서 동료들은 다들 나를 '깔끔 떠는 바퀴벌레'라고 놀려 대면서 수모를 겪었는데. 인간이 그렇게 비겁한 종족이었단 말이야?"

눈물을 흘리는 바퀴벌레를 위로하듯 뱀이 말했습니다.

"어이, 깔끔 떠는 바퀴벌레. 인간들은 말이야, 도저히 이해할 수 없는 변덕쟁이들이라니까. 그리스 인들이 믿는 신들을 봐. 300여 명의 신들이 모두 다 독특한 놈들이야. 하나도 똑같은 놈들이 없으니. 도대체 어떤 인간을 모델로 삼아야 할지 도무지 갈피를 잡을 수 없잖아."

인간이 되기를 희망했던 동물들은 이날 모두 포기하고 자신의 종족으로 돌아갔답니다. 인간이 되는 길은 정말 험난하고 위험한 일인가 봅니다.

그리스 신들은 왜 모두 범죄를 저질렀을까?

고대 그리스에는 약 300여 명의 신들이 있었다. 폴리스마다 다른 신들이 살고 있었다. 그리스 신화에서 제우스는 신 중의 신, 신과 인간의 아버지다. 제우스는 아버지인 크로노스를 몰아내고 하늘을 차지한다. 제우스는 바람둥이였다. 아내 헤라가 있었지만 일부일처제를 지키지 않고 수많은 여인들과 사랑을 나눈다.

제우스는 다른 신들과 인간들에게는 지켜야 할 사항을 명령하면서도 자신은 자유롭게 온갖 범죄를 저지른다. 자신의 욕망대로 행동한다. 최고의 신이 이렇게 도덕과 윤리를 지키지 않고 온갖 범죄를 저지르는 자로 등장하는 이유는 무엇인가?

그리스의 신들은 자유롭다. 도덕과 윤리를 지키지 않는다. 모범생이 아니다. 마치 인간들이 상상하고 욕망하는 모든 것을 대신하는 것처럼 행동한다. 그리스의 신들은 땅에 붙어서 살아가는 사람들의 한계를 뛰어넘어, 현실의 삶의 제약과 통제를 벗어나 모든 금기 사항을 위반하며 일탈하는 삶을 나타내 주고 있다. 과연 이런 신들을 신이라고 부를 수 있는 것일까?

| 프로메테우스 |
역사 속에서 프로메테우스라 불렸던 사람들은 어떤 사람들이었을까? 신에게 속한 것을 인간에게 가져온 사람들, 즉 인간이 알아서는 안 되는 것을 알려 준 사람. 그리고 그것 때문에 고통스러운 형벌을 받은 사람들이 바로 프로메테우스이다.

 인간을 사랑한 신, 프로메테우스

제우스로부터 불을 훔쳐 인간에게 준 벌로 평생 독수리에게 간을 쪼아 먹히는 형벌을 받는 프로메테우스는 인간에게 셈하는 법, 집을 짓는 법, 짐승을 길들이는 법 등을 가르쳐 준다. 프로메테우스는 인간을 동물적 삶으로부터 벗어나 인간 문명을 만들 수 있도록 해 준 신이다.

불은 인간에게 문명을 일굴 수 있게 해 준 선물이었다. 그리스 신화에서 불은 오직 신들만이 가질 수 있었다. 인간이 불을 가졌다는 것은, 인간도 드디어 신이 될 수 있다는 것을 의미한다. 실제로 인간들이 불을 사용할 수 있게 되면서 이 지구는 인간의 영토로 변화하기 시작했다.

동물보다 약했던 인간들이 손에 불을 쥐게 되자 다른 동물들과의 전투에서 이길 수 있게 되었다. 어둠을 물리치고 밤에도 다른 동물로부터 자신을 지켜 낼 수 있게 되었다. 추위를 물리치고 늘 따뜻하게 체온을 유지할 수 있었다. 따뜻한 곳을 찾아 이리저리 떠돌이 생활을 하지 않고 한곳에 정착할 수 있게 되었다. 불이 있어 음식을 익혀 먹게 되었고 드디어 요리가 탄생했다.

불을 이용해 요리를 해 먹자 음식의 영양분이 풍부해졌고 소화도 잘되었다. 그러자 인간들의 몸이 건강해지고 몸집도 커졌다. 불의 덕택으로 요리를 해먹을 수 있어서 인간의 몸이 튼튼하게 변화한 것이다.

불은 그릇을 만들고, 청동기와 철기를 제조할 수 있는 능력을 선물했다. 이렇듯 불은 인간에게, 인류가 이 지구상에서 다른 동물들과 경쟁에서 이길 수 있는 결정적인 무기를 제공했다. 인간의 삶은 프로메테우스의 불 때문에 완전히 역전되었다.

프로메테우스는 왜 제우스로부터 형벌을 받았을까? 그것은 신들의 비밀을 사람들에게 알려 주었기 때문이다. 그것은 또한 도둑질이었다. 제우스의 것을 훔쳐서 인간들에게 준 것이다.

신의 비밀을 알려 준 사람들, 인간들은 결코 알아서는 안 되는 비밀을 알려 준 사람들, 즉 천기(天氣)를 누설한 사람들은 모두 벌을 받는 것일까? 인류 역사 속에서 프로메테우스의 이름으로 불릴 수 있는 사람들은 과연 누구일까? 그들은 모두 프로메테우스라고 불릴 수 있을 것이다.

예수. 천국에 들어갈 수 있는 비밀을 알려 준 인간 예수. 예수는 프로메테우스처럼 십자가형이라는 가혹한 벌을 받고 죽어 간다. 칼 마르크스. 마르크스의 일대기를 다룬 책의 제목은 프로메테우스였다. 자본주의 사회가 돌아가는 법칙을 알려 준 사람. 조르다노 부르노. 지동설을 주장했다는 이유로 1600년 2월 27일 로마 교황청의 지시로 화형에 처해졌던 이탈리아의 사상가. 이 밖에는 역사에 수많은 프로메테우스의 후예들이 있다.

간(肝) _ 윤동주

바닷가 햇빛 바른 바위 위에
습한 간을 펴서 말리우자.

코카서스 산중에서 도망해 온 토끼처럼
둘러리를 빙빙 돌며 간을 지키자.

내가 오래 기르던 독수리야!
와서 뜯어먹어라, 시름없이
너는 살찌고
나는 여위어야지, 그러나,

거북이야!
다시는 용궁의 유혹에 안 떨어진다.

프로메테우스 불쌍한 프로메테우스
불 도적한 죄로 목에 맷돌을 달고
끝없이 침전하는 프로메테우스

시집 《하늘과 바람과 별과 시》, 1948

    제우스는 왜 프로메테우스에게 간을 쪼아 먹히는 형벌을 내렸을까? 왜 하필이면 간인가? 간은 우리의 몸에서 결정적인 역할을 하는 장기다. 간 세포에는 1,000여 가지의 효소가 있어 탄수화물, 지방, 단백질, 핵산, 비타민, 호르몬 등을 합성하고 분해한다. 또한 몸 밖에서 들어오는 독소 물질들을 물에 녹기 쉬운 성분으로 만들어 몸 밖으로 배설한다. 간은 우리 몸의 에너지 기관이다.

거북이는 용왕의 병을 고치기 위해 육지의 토끼를 꾀어 용궁으로 데려간다. 토끼의 간이 필요했다. 토끼는 간을 육지에 두고 왔다는 잔꾀를 부려 탈출한다. 프로메테우스 신화 속의 간과 〈토끼전〉의 간의 공통점은 무엇일까?

용왕의 병을 고치는 데 토끼의 간이 필요했다는 것은, 모든 왕들은 토끼 같은 백성들의 힘으로 살아간다는 비유일 것이다. 토끼 같은 백성들이 없으면 왕은 존재할 수 없다는 의미다. 독수리에게 간을 쪼아 먹히는 프로메테우스는 힘을 쓰지 못한다. 프로메테우스의 간이 프로메테우스의 가장 중요한 에너지이듯이, 토끼의 간은 열심히 일하며 살아가는 백성들의 존재를 의미했던 것이다.

희망이 없는 것은 추락한다, 이카로스 이야기

그리스 신화 속에서 하늘을 나는 최초의 인간으로 등장하는 다이달로스와 이카로스. 이카로스는 아버지 다이달로스의 충고를 무시하고 태양을 향해 계속 날아오르다 결국 추락한다. 그는 왜 계속 날아갔을까?

과연 이카로스의 이야기는 신들의 경고일까? 신과 아버지의 말을 들어야만 한다는 교훈적인 이야기일까? 과연 비상은 늘 위험하고, 추락은 그저 깃털 몇 개와 허망한 물거품

만으로 끝나는 것일까? 비상하고자 하지 않으면 추락할 일도 없다. 배는 항구에 정박해 있을 때 가장 안전하다. 그러나 배의 임무는 항구에 있는 것이 아니다. 추락이 두려워 비상하지 않는 새를 '새'라고 할 수 있을까?

나무 위에서 살아가는 원숭이, 또는 포유류의 역사가 시작되었던 시대, 유인원의 시대, 아직 나무 아래로 내려오지

| 이카로스의 비상 |
마티스가 그린 이카로스다. 이카로스는 무슨 생각으로 태양을 향해 비상했을까? 추락과 실패를 두려워하지 않고 도전하는 사람들, 새로운 시도를 하는 사람들, 이들은 모두 이카로스의 후예들이다.

않았던 시대에 원숭이들에게 가장 치명적인 것은 나무에서 떨어지는 것이다. 나무에서 떨어지는 것은 곧 죽음을 의미했기 때문이다. 나무 아래에는 표범, 사자 등 나무 위에서 살았던 포유류 조상들, 유인원이 나무에서 떨어지기를 기다리던 맹수들이 있었다. 이처럼 진화론적 입장에서 보면, 인류는 이미 무게가 있는 것은 추락한다는 것, 곧 중력이야말로 가장 큰 삶의 제한이라는 것을 깨닫고 있었다.

인간에게는 날개가 없다. 이 날개의 결핍을 보완하기 위해 인간은 무엇을 가져야만 했을까? 시각적이고, 촉각적인 정보를 재빠르게 처리하고 조합하기 위해 인간의 뇌는 몸무게에 비해 우스꽝스러울 정도로 커졌으며, 생각하는 능력을 키웠다. 또한 쥐는 손, 멀리 보는 눈, 특수화된 귀로 날개를 대신했다. 이로써 중력이 주는 어려움을 극복하고자 했다.

호모 사피엔스[15]에게 가장 치명적인 것은 바로 '추락'이다. 추락은 악몽 속에서 가장 잘 나타나는 가장 무서운 주제다. 에덴동산의 추방과 추락, 악마는 하나님에 의해서 천국으로부터 추방되었다. 그리스의 오이디푸스[16] 신화에서 스핑크스는 자기가 제시한 수수께끼를 풀지 못하는 사람들을 절벽에서 떨어뜨리는 벌을 주었다. 이카로스의 추락. 추락한 인물이 되기를 바라는 사람은 없다. 추락은 곧 실패를 의미한다. 추락의 모든 출발은 곧 중력이다. 중력의 지배를 받는 것은 모두 추락한다.

15_ 호모 사피엔스(Homo sapiens)는 생각하는 사람, 사고 능력이 있는 사람이라는 의미다. 생물학이나 고인류학에서 인간을 분류하는 학명이다. 스웨덴의 식물학자 린네가 1785년, 생각하는 능력이 있는 사람의 의미로 현생 인류의 종에 붙였다.

16_ 그리스 신화에 등장하는 인물. 그리스의 작가 소포클레스가 지은 《오이디푸스 왕》의 작품으로 널리 알려졌다. 심리학자 프로이트에 의해 유아가 어머니를 독점하려고 하면서 아버지에 대항하고 반항하는 욕망을 '오이디푸스 콤플렉스'라 불렀다.

17_ 프리드리히 니체(Friedrich Wilhelm Nietzsche, 1844~1900). 독일의 철학자. 《자라투스트라는 이렇게 말했다》에서 '신은 죽었다'는 문장으로 유명하다.

18_ 맬컴 엑스(Malcolm X, 1925~1965). 미국의 흑인 해방 운동가. 1965년 2월 21일 뉴욕에서 인종 차별 폐지를 주장하는 연설을 하던 중 암살당했다.

니체[17]는 이렇게 말했다.

"그리고 내가 나의 악마를 보았을 때, 나는 그가 진지하고, 철저하며, 심오하고, 엄숙하다는 것을 알았다. 그것은 중력이라는 유령이다. 그를 통해 모든 것이 추락한다."

추락을 극복한 사람들의 부활과 승천은 대부분의 종교에서 신성시된다. 또한 불이 신성시되는 것은 불꽃이 위로 올라가기 때문이다. 중력의 거부, 중력의 극복은 신성시된다.

이카로스의 후예들은 누구인가? 왜 맬컴 엑스[18]를 '검은 이카로스'라고 하는가?

역사 속에서 태양을 향해 비상한 사람들은 누구인가? 이카로스가 맨 처음 하늘을 나는 도전을 했듯이, 두려움을 뚫고 맨 처음 시도했던 모든 사람들은 바로 이카로스의 후예들이다.

맨 처음 초원에 자라난 식물들을 먹어 보았던 사람들, 그들 때문에 우리는 지금 먹을 것과 먹지 말아야 할 식물을 구분할 수 있다. 우리보다 먼저 시도했던 사람들은 모두 이카로스의 의지를 가지고 있었다. 모든 지식에는 이카로스들이 있다. 우리는 그들에게 분명 빚지고 있다.

10
로마는 어떻게 제국이 되었을까?

로마는 도로를 통해 정치, 통치를 했다. 도로를 통해 정치가 흘러갔으며, 통치의 힘이 흘러갔다.

도로를 지배하는 자, 세계를 지배한다

가지 않은 길 _ 프로스트

노란 숲 속에 길이 두 갈래로 나 있었습니다.
나는 두 길을 다 가지 못하는 것을 안타깝게 생각하면서,
오랫동안 서서 한 길이 굽어 꺾여 내려간 데까지,
바라다볼 수 있는 데까지 멀리 바라다보았습니다.

그리고, 똑같이 아름다운 다른 길을 택했습니다.
그 길에는 풀이 더 있고 사람이 걸은 자취가 적어,
아마 더 걸어야 될 길이라고 나는 생각했었던 게지요.
그 길을 걸으므로, 그 길도 거의 같아질 것이지만,

그 날 아침 두 길에는
낙엽을 밟은 자취는 없었습니다.
아, 나는 다음 날을 위하여 한 길은 남겨 두었습니다.
길은 길에 연하여 끝없으므로
내가 다시 돌아올 것을 의심하면서…….

훗날에 훗날에 나는 어디선가
한숨을 쉬며 이야기할 것입니다.
숲 속에 두 갈래 길이 있었다고,

나는 사람이 적게 간 길을 택하였다고,
그리고 그것 때문에 모든 것이 달라졌다고.

걷는 자의 운명은 길을 만드는 것입니다. 모든 움직이는 것들은 길 위에 삽니다. 사람들은 맨 처음 땅 위에 길을 만들었습니다. 강에 배를 띄워 길을 만들었습니다. 몸이 갔던 길에 생각이 갈 수 있는 편지의 길을 만들었습니다. 책이 가는 길, 물건이 가는 길도 만들어졌습니다. 군대의 진격도 길을 통해서였습니다. 마침내 길, 도로가 권력을 갖게 되었습니다. 길, 도로 또한 힘 있는 자들이 지배하는 도구가 되었습니다. 땅 위의 길만이 아니라 바닷길, 하늘길, 전기와 전파가 다니는 길도 만들어졌습니다. 이제 움직이는 자들은 아무도 그물처럼 만들어진 길에서 벗어날 수 없게 되었습니다.

왜 로마는 도로의 나라가 되었나?

로마의 체제는 기원전 6세기 초에 만들어졌다. 초대 황제인 아우구스투스의 시대(기원전 63~14)에 로마의 주민은 100만 명이나 되었고 제국의 영토는 서에서 동으로 5,000킬로미터(대서양에서 카스피 해까지), 북에서 남으로 3,000킬로미터(잉글랜드에서 사하라까지)나 뻗어 있었다.

로마는 도로의 나라였다. 약 8만 킬로미터에서 15만 킬로미터의 도로를 만들었다. 보병 5명이 일렬로 행진할 수 있으며 마차가 달릴 수 있는 길이었다. 로마의 전성기에는 도시를 중심으로 약 29개의 군용 도로가 뻗어 있었다. 로마 제국은 372개의 연결 도로를 가지고 있었으며, 이 도로를 중심으로 113개 속주를 분할했다. 로마의 12표법에는 도로의 최소 폭이 직선 구간 2.45미터였으며, 곡선 구간 4.9미터로 규정되었다.

로마의 도로 건설 능력은 곧바로 건축술의 발전으로 이어졌다. 도로를 건설하기 위해서는 다리를 놓는 능력이 발전

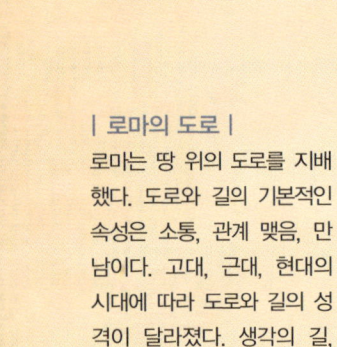

| 로마의 도로 |

로마는 땅 위의 도로를 지배했다. 도로와 길의 기본적인 속성은 소통, 관계 맺음, 만남이다. 고대, 근대, 현대의 시대에 따라 도로와 길의 성격이 달라졌다. 생각의 길, 사유의 도로를 지배할 수 있을까?

해야 한다. 돌을 쌓는 능력은 로마의 아치형 건축술로 발전했다. 로마의 건축술은 콜로세움으로 증명된다. 콜로세움은 높이 48미터의 4층짜리 건물이다. 로마 인들은 중력을 극복하고 많은 창문을 낼 수 있는 건축술을 가지고 있었으며, 돌이나 벽돌을 쌓아 올리고 시멘트를 사용함으로써 거대한 건물을 건설하는 데 성공했다. 로마는 이러한 건축술로 신전, 극장, 경기장, 개선문 등 다양한 건축물을 세웠다.

로마는 왜 이렇게 도로를 건설했을까? 도로는 어떤 역할을 했을까? 로마의 도로는 로마 권력, 로마의 지배력이 미치는 곳이라는 의미를 갖는다. 로마 군대가 갈 수 있는 곳, 즉 로마의 군대는 도로가 있을 때 그곳에 갈 수 있다는 뜻이다. 도로와 길의 끝이 곧 권력과 힘이 미치는 곳이다.

로마는 도로를 통해 정치, 통치를 했다. 그러므로 로마의 도로는 정치와 통치의 도로다. 도로를 통해 정치가 흘러갔으며, 통치의 힘이 흘러갔다. 도로는 곧 인간이 만들어 낸 강이다. 그 도로의 강을 통해 무엇이 흘러갔을까? 그 강은 로마에서 식민지로, 속주로 흘러갔을 것이다. 그 강물이 반대로도 흘렀을까? 로마에서 시작된 강물은 얼마만한 크기로 식민지를 향해 흘렀을까?

로마의 도로, 그 강을 통해 로마의 법이 강력한 힘을 가지고 식민지를 향해 밀려갔을 것이다. 그 도로를 통해 로마의 명령이 달려갔을 것이다. 그러므로 로마의 도로는 곧 지배의 도로이며, 폭력과 강제의 도로였을 것이다.

도로를 통해서 도시와 도시, 농촌과 도시가 연결된다. 도로와 길을 통해서 이곳과 저곳으로 사람과 물건들이 이동하고 옮겨 다닌다. 도로는 서로 만나게 하고 관계하게 한다. 도로가 닿지 않는 곳, 길이 없는 곳은 통하지 못한다. 도로는 시간을 통일시키고, 지식을 통일시키며, 문화와 언어를 통일시킨다. 결국은 사상과 삶을 통일시킨다.

도로는 어떤 역할을 하는가?

근대 산업 혁명 이후 철도가 놓였다. 기차가 다니는 도로가 만들어졌다. 철도역마다 시계탑이 세워졌다. 철도역, 기찻길이 열린 곳마다 시간이 통일되었다. 자연의 시간은 사라지고 인간이 만든 시간, 시계로 생활의 리듬이 통일되었다.

도로를 통해 정보와 소식이 달려간다. 하지만 도로는 폭력적인 성격도 있다. 단절, 고립에서 연결되고 소통되며 교환의 길이 되는 것처럼 보이지만 한편으로는 지역적 특수성, 독립성, 고유성은 점차 사라지고 모든 지역이 단일화되고 획일화되는 데 도로는 기여한다.

도로의 종류는 수없이 많다. 도로에는 육지길이 있고 바닷길이 있으며 하늘길도 있다. 전파가 다니는 통신의 도로가 있으며 우체국을 통해서 편지가 전해지는 문자의 길이 있다. 정보의 길, 생각의 길이 있으며, 인터넷의 도로가 있다. 이 세계는 무수한 길과 도로로 연결되어 있다. 과연 이 많은 도로는 쌍방향적인가, 아니면 일방적인가? 로마처럼 제국의 길인가? 이 길을 통해서 평화로운 관계, 행복한 만남이 이루어지는가 아니면 슬픔과 고통이 전해지는가? 왕의 폭력적인 명령이 전해지는 길, 유배를 떠나는 길, 모든 길, 도로는 사연을 담고 있다.

로마 제국은 어떻게 이루어졌나?

근대 이후 유럽 대부분의 나라들과 미국은 자신들의 국가를 상징하는 새(鳥)로 독수리를 삼았다. 독수리는 로마 군대를 상징하는 새였다. 그들은 로마 제국을 꿈꾸는 나라들이다.

유럽은 제국(帝國)이 많다. 제국이란 무엇일까? 서양에서 제국은 로마 제국의 아우구스투스 황제로부터 시작된다. 그의 이름은 '임페라토르 카이사르 디비 필리우스 아우구스투스Imperator Caesar Divi Filius Augustus'였다. '임페라토르Imperator'와 '카이사르Caesar'는 황제를 뜻하는 'Emperor'와 'Kaiser' 'Tsar'로 되었다. 비잔티움 제국, 신성 로마 제국, 영국연방 제국, 포르투갈 제국, 네덜란드 제국, 스페인 제국, 러시아 제국 등.

유럽의 여러 제국들은 모두 로마 제국을 꿈꾸었다. 그래서 유럽의 여러 나라들과 미국은 로마의 군대를 상징하는 새, 독수리를 자신들의 문장(紋章)으로 삼았다.

로마 제국의 가장 결정적인 힘은 로마 군대였다. 초기의

로마 군대는 로마의 시민으로만 구성되었다. 군인들은 칼, 갑옷 등 자신이 사용할 무기를 스스로 마련해서 군인이 되었다. 로마 인에게 병역은 시민의 의무였다. 나중엔 병사들에게 급료가 지불되기도 했다.

로마의 시민들은 왜 군인이 되었을까? 병사들이 얻을 수 있는 가장 큰 보상은 전쟁에서 이기면 얻게 되는 전리품이었다. 전쟁에 승리하면 국가는 전리품을 얻었다. 병사들에게도 전리품을 나누어 주었다. 예를 들어 아이밀리우스 파울루스가 마케도니아 왕 페르세우스를 이긴 뒤, 약 15만 명에 이르는 에페이로스 인들을 노예로 만들었다. 이 노예들은 병사들의 전리품이 되었다. 또한 군 복무 기간을 마치고 병사들이 고향에 돌아가면 땅을 나누어 주기도 했다.

로마는 가장 강력하고 조직적인 군대를 만들었다. 병사들의 훈련 과정, 군대의 편성, 전투 방법, 무기 등 군사 조직을 유지하는 체계와 시스템을 발전시켰다. 또한 전쟁에 승리할 경우 병사들에게 전리품과 보상을 보장함으로써 군인의 전투 의식을 높이는 데 성공했다.

로마 제국주의의 가장 결정적인 힘은 군사력과 폭력에서 만들어진 것이다. 전쟁을 통해 수많은 식민지가 만들어지고, 그 식민지들은 속주가 되어 로마가 정한 총독에 의해 통치되었다. 로마는 속주로부터 올라오는 세금, 노예, 전리품으로 부유한 삶과 문화를 향유했다. 그래서 로마의 풍요에는 슬픔과 고통이 묻어 있다. 화려한 제국은 늘 비명 소리로 가득했다.

수많은 식민지, 속주들이 있는 제국. 지역이 다르고 기후와 문화가 다른 다양한 인종들을 로마는 어떻게 제국으로 유지해 나갈 수 있었을까? 로마의 무기는 군대와 법이었다.

로마 제국에는 신이 많았다. 약 30만의 신이 있었다고 전해지기도 한다. 로마는 식민지와 속주의 사람들이 믿는 신을 로마 시민으로 삼았다고 한다. 자신들이 믿는 신이 로마 시민이 되었으니 그 신을 믿고 따랐던 사람들도 로마에 대항하지 않고 따랐다는 것이다.

로마에 가면 로마법에 따라야 한다

로마는 시민법, 만민법, 자연법 등 매우 발전된 법률 체계를 가지고 있었다. 시민법은 로마의 시민에게만 적용되었으며, 만민법은 로마 제국에 속한 모든 주민에게 적용되는 법이었다. 이는 다양한 문화와 인종을 식민지로 가지고 있는 제국을 유지하기 위해 발전한 것이다. 법이란 평상시에 힘을 발휘하는 합법적 폭력과 강제의 규정이다. 법을 지키지 않는 자는 처벌을 받는다. 그러므로 법은 반드시 군대, 경찰, 감옥 등 사법적 폭력을 함께 가지고 있다. 다양한 생각, 다양한 이해 관계로 구성된 사회일수록 법은 발달한다. 법은 낯선 사람들의 모임에서 힘을 발휘하는 법이다. 혈연이나 친족, 핏줄이 같은 사람들의 공동체에서 법은 힘을 발휘하지 못한다.

로마는 전쟁을 통해 굴복시킨 다양한 식민지, 특히 직접 통치가 불가능할 정도로 멀리 떨어져 있는 속주들을 통치하기 위해 여러 가지 정치적, 문화적, 이데올로기적 장치를 운영했다. 이른바 '흡수 정책'을 통해 식민지들의 문화를 배타적으로 공격하지 않았고, 로마 시민으로 포섭하는 정책을 취했다. 이러한 점 때문에 로마 제국은 기독교를 국교로 삼을 때까지 종교적으로 다신론적인 성격을 가졌다.

유럽 인들과 기독교 인들이 법의 출발로 생각하는 것이 바로 모세가 하나님으로부터 받았다고 알려진 10계명이다. 10계명은 하나님의 명령이었다. 사람들은 10계명을 지키지 않으면 신으로부터 '천벌'을 받는다고 믿었다. 이기적인 모세의 하나님은 '너희는 내 앞에서 다른 신들을 섬기지 말라.'로 첫 번째 명령을 내린다. 두 번째와 세 번째 명령도 비슷하다. '너희는 우상을 만들어 그것을 섬기지 말라.', '너희는 하나님의 이름을 함부로 부르지 말라.' 무서운 하나님이다. 네 번째 명령도 하나님에 관한 것이다. '안식일을 기억하여 그날을 거룩하게 지켜라.'라고 명령한다.

10계명의 다섯 번째부터 열 번째까지 명령은 인간의 행위, 생활에 관한 명령이다. 부모를 공경하고 살인하지 말라. 간음하지 말고, 도둑질하지 말라. 너희 이웃에 대해 거짓 증언을 하지 말라. 너희 이웃의 집을 탐내지 말라.

아마도 모세의 시대에 부모를 공경하지 않는 사람들이 많았나 보다. 또 살인, 간음, 도둑질, 거짓 증언 등이 얼마나 많았으면 하나님이 그렇게 엄하게 명령을 내렸겠는가?

함무라비법[19]은 세계 최초의 성문법으로 알려져 있다. '눈에는 눈, 이에는 이'라는 말로 유명하다. 범죄를 저지른 것과 똑같은 방법으로 처벌한다는 것이다. 성문법, 신이 아닌 인간이 법을 정했다는 것은 드디어 인간이 인간을 심판하고 벌을 내린다는 것을 의미한다.

법은 갈등과 대립에서 태어난다. 다투고 싸우고 분쟁이 발생하는 곳에 법이 등장한다. 그러므로 법은 반드시 폭력

19_ 고대 바빌로니아 왕 함무라비가 기원전 1750년경에 정한 성문법. 죄를 범한 만큼 벌을 받는다는 의미로 '눈에는 눈, 이에는 이'라는 말로 잘 알려져 있다.

| 함무라비 법전 |

법은 명령이다. 권유가 아니다. 법을 어기면 반드시 처벌을 받는다. 그러므로 법은 반드시 폭력을 가지고 있다. 이 폭력을 합법적 폭력이라 말한다. 법이 가지고 있는 폭력은 군대, 경찰, 감옥 등이다.

성(강제)을 띤다. 법에 의해 행사되는 폭력을 합법적(合法的) 폭력(暴力)이라고 한다. 군대, 경찰 등이 합법적 폭력을 행사한다. 이것이 이른바 '공권력(公權力)'이다.

로마 제국은 수많은 민족과 종족들을 정복하여 식민지로 통치했다. 다양한 사람들, 다양한 집단들, 다양한 민족과 종족들을 통치하기 위해서 법이 필요했다. 로마인들의 이익을 지키기 위해서 로마법이 만들어진 것이다. 그리고 로마법은 로마 군대의 폭력이 지켜 주었다.

11
스파르타쿠스는 왜 반란을 일으켰나?

고대 사회에서 가장 많은 수를 차지했지만 역사책에는 가장 적게 등장하는 사람들, 노예. 그들은 대부분 이름 없는 사람들, 무명(無名)씨로 불린다.

노예는 어떤 존재인가?

스파르타쿠스, 노비 만적, 쿤타킨테…….
이들은 노예다.
인류 역사 속에서 가장 많았던 사람들의 이름이며,
가장 많이 죽임을 당했던 사람들이다.
가장 많이 노동을 했던 사람들이다.
가장 많이 눈물을 흘렸던 사람들이다.
가장 많이 기도를 했던 사람들이다.
가장 많이 절망했던 사람들이다.
가장 많이 무릎을 꿇었던 사람들이다.
가장 많이 병에 걸렸던 사람들이다.
가장 많이 폭력을 당했던 사람들이다.
가장 적게 먹었던 사람들이다.
가장 적은 옷으로, 가장 작은 집에서, 가장 적게 소유하며 살았던 사람들이다.
가장 적게 말을 했던 사람들이다.

 로마는 위대한 제국이었나?

에드워드 기번의 《로마 제국의 쇠망사》는 이렇게 시작한다.
"서기 2세기에 로마 제국이 차지하고 있던 지역은 지구에서 가장 아름다운 곳이었다……. 온화하지만 강력했던 법률과 풍속은 갈수록 속주들의 연방을 공고하게 만들었다. 평화로운 주민들은 부와 사치가 준 혜택을 즐기고 남용했다."
그는 또 이렇게도 썼다.

"어떤 사람에게 인류에게 가장 큰 행복과 번영을 누린 역사 시대 하나를 꼽으라고 한다면, 그 사람은 망설이지 않고 도미티아누스가 사망한 때부터 코모두스가 즉위하기까지 (98~180)의 시기를 지목할 것이다."

과연 로마 제국은 지구에서 가장 아름다운 곳이었을까?

2세기경에 살았던 아풀레이우스는 《황금당나귀》에서 빵 굽는 일을 하는 노예의 삶을 이렇게 썼다.

"피부에는 검푸른 채찍 자국이 도처에 나 있었고, 누더기가 딱지와 함께 등에 달라붙어 있었다. 어떤 노예들은 앞치마 한 조각만 걸치고 있었고, 의복은 모두 해져 있어서 그 틈으로 몸뚱이가 다 드러나 보였다. 이마에는 낙인이 찍혀 있었고, 머리는 반쯤 밀려 있었고, 발에 매달린 쇠사슬에서 절그럭거리는 소리가 났고, 얼굴은 누렇고 추했다."

로마법에 의하면 노예는 물건이다. 노예는 사고팔 수 있었다. 로마에는 여러 종류의 노예가 있었다. 교사 노예, 의사 등 고급 기술자 노예, 상인 등 돈 버는 노예, 아기를 돌보는 보모 노예, 농업 노예, 생활 노예 등. 이중에 가장 많은 노예는 농업 노예였다.

기원전 1세기에는 노예가 약 200만 명에 이르렀다. 노예들은 "해마다 튜닉(겉옷과 속옷을 겸한 소매 없는 얇은 의상) 한 벌과 담요 한 장을 받았고, 고기는 전혀 먹지 못하는 삶"을 살아갔다. 노예들은 전쟁을 할 때마다 늘어났다. 세 번째 마케도니아 전쟁이 끝나자 15만 명의 포로가 노예로 팔렸다. 로마 제국은 수백만 명의 노예들에 의해 유지되는 노예 제국이었다.

로마 인의 가정은 노예가 없이는 성립되지 않았다. 국가 지도층인 원로원 의원의 가정을 예로 들면, 아침마다 주인의 수염을 깎아 주는 것도 노예다. 요리를 하고 식사 시중을 드는 것도 노예다. 자녀의 교육을 맡는 가정 교사도 대부분 노예다. 집안 살림을 꾸려 가는 것도 주부가 아니라 노예다. 전쟁터에서 무기를 나르는 것도 노예다. 원로원 의원에게는 체면상 허용되지 않는 장사에 이름을 빌려줄 뿐 아니라 실무까지 맡아서 처리하는 것도 노예다. 주인이 구술하는 편지를 받아 적는 것도 노예다. 국영 우편 제도가 보급되기 전에는 주인의 편지를 가지고 먼 오리엔트까지 가서 답장을 받아 오는 것도 노예다.

시오노 나나미, 《로마인 이야기》 중에서

로마 제국에는 여덟 가지 종류의 노예가 있었다. 교사 노예, 의사 등 기술자 노예, 돈을 버는 상인 노예, 아이를 키우는 보모 노예, 로마 인들의 생활을 뒷바라지하는 생활 노예, 농업 노동에 종사하는 농업 노예, 검투사 노예, 광산 노예 등이었다.

노예란 누구인가? 어떤 사람들이 노예가 되는가? 노예는

'뿌리 뽑힌 사람들'이었다. 노예는 노예가 되는 순간부터 가족이나 친척, 혹은 공동체로부터 아무런 보호와 도움을 받을 수 없는 사람이다. 오직 지배만 받는 사람이 된 것이다. 노예는 대부분 전쟁을 통해 폭력적, 강제적으로 노예가 되었다. 노예는 이렇게 '생산'되었다.

노예는 대부분 외부인이다. 노예의 대부분은 외국인 출신이다. 즉 외국에서 끌려오고 팔려 온 사람들이다. 만약 내국인이 노예가 되었다면, 그는 범죄인이거나 내국인으로서 자격이 박탈된 자이다. 노예들은 외부인이므로 국가와 공동체에 대해 아무런 권한을 갖지 못한다. 항상 떠도는 사람으로서 존재한다.

노예는 재산이다. 움직이는 재산, 즉 누군가의 소유물인 것이다. 노예는 아무것도 소유할 수 없는 사람이다. 오직 다른 사람에게 소유되거나 통제받아야만 하는 사람인 것이다. 노예는 법적으로 자기 자신을 대표할 수 없기에 재산도, 가족도 소유할 수 없었다.

위대한 건축물로 불렸던 로마의 콜로세움에서는 검투사 노예들의 경기가 열렸다. 콜로세움은 검투사 노예들이 서로 싸우고 죽고 죽이는 것을 관람했던 곳이다. 그리고 지금은 로마를 대표하는 건축물로 주목받고 있다. 검투사 노예들은 관객들의 즐거움을 위해 목숨을 걸고 칼을 휘두르며 죽고 죽여야만 했다.

스파르타쿠스는 왜 반란을 일으켰나?

로마에서는 수많은 노예들의 반란이 있었다. 기원전 138년에서 132년에 일어난 노예 반란이 시칠리아 전체를 휩쓸었다. 기원전 73년, 74명의 검투사 노예들이 스파르타쿠스를 중심으로 반란을 일으켰다. 약 3년 동안 7만에서 9만여 명의 노예들이 반란에 참여했다. 이탈리아 반도의 한쪽 끝에서 다른 쪽 끝까지 로마 군대를 물리치며 나아갔다. 그러나 결국 로마 군대에 패배했고 약 6,000명이 십자가에 못 박혀 죽었다. 반란을 진압하는 과정에서 10만 여 명의 노예들이 죽임을 당했다고 전해진다.

스파르타쿠스의 반란은 로마 몰락의 예고편이었다. 로마 제국이 커지면 커질수록 노예가 더 많이 필요했다. 그러나 더 이상 정복할 곳도 없었으며, 제국의 영토가 넓어질수록 노예를 끌고 오는 길도 길어졌다. 많은 노예들이 이동 중에 죽어 갔다. 노예들은 더 이상 늘어나지 않았으며, 로마는 생산력을 담당했던 노예들을 계속 늘려 갈 수 없었다.

노예의 힘, 노예의 노동에 의해 지탱되던 로마는 노예의 반란과 노예들의 감소, 노예의 한계에 비례해 점차 쇠락해 갔다.

| 스파르타쿠스 | 세계 역사에는 수많은 노예, 노비, 천민들의 반란이 있었다. 노예들의 반란을 대표하는 자가 바로 스파르타쿠스다.

12
한자(漢字)는 어떻게 중국을 지배했는가?

중국의 역사에서 수많은 왕조들이 세워지고 멸망했지만, 한자는 굳건히 중국의 역사를 지배했다. 한자의 힘은 과연 무엇일까?

한자를 만들었다고 전해지는 창힐은 왜 눈이 4개였을까?

창힐이라는 사람이 있었습니다. 창힐은 눈이 4개였습니다. 첫 번째 눈은 멀리 있는 것과 큰 것을 볼 수 있는 눈이었습니다.

두 번째 눈은 아주 가까운 것과 작은 것을 볼 수 있는 눈이었습니다. 세 번째 눈은 모양과 형태가 없는 것을 볼 수 있는 눈이었습니다. 예를 들면 사람의 마음을 읽을 수 있었습니다. 네 번째 눈은 빛이 없는 곳에서도 모든 것을 볼 수 있는 눈이었습니다.

창힐이 가장 안타까웠던 것은 4개의 눈으로 보았던 것들이 순간에 사라져 버리는 것이었습니다. 빛이 반짝이는 순간에 눈에 들어옵니다. 눈꺼풀이 한번 내려올 때마다 하나의 장면이 찰칵 하고 눈에 들어왔다가 눈꺼풀이 또 한 번 내려오면 그 장면은 사라져 버립니다. 다음 장면이 기다리고 있기 때문이지요. 모든 장면은 순서를 기다리고 있었습니다. 창힐은 그 모든 장면을 보관하고 싶었습니다. 자신이 보았던 아름다운 장면, 비밀스러운 광경을 보관할 수 있는 방법은 무엇일까? 창힐은 고민했습니다.

창힐이 살았던 시대에는 귀신들이 참 많았습니다. 눈을 2개밖에 가지고 있지 않았던 사람들에게 귀신은 늘 밤에만 나타났습니다. 사람들은 귀신들을 무서워했지요. 깜깜한 밤은 귀신들의 무대였습니다. 귀신들은 사람들이 볼 수 없는 어둠 속에 나타나서 사람들을 놀라게 하고, 사람들을 꼬드겨서 위험에 빠뜨리기도 했습니다. 귀신들이 살고 있는 곳은 바로 사람들의 생각 속이었습니다. 사람들이 눈으로 볼 수 있는 대낮에는 귀신들이 활동할 수가 없었습니다. 사람들의 눈이 더 이상 아무것도 볼 수 없을 때 드디어 사람들의 생각 속에 살고 있던 귀신들이 스멀스멀 생각 속에서 기어 나왔답니다. 어두운 밤에도 모든 것을 볼 수 있는 눈을 가졌던 창힐은 귀신들을 결코 무서워하지 않았습니다.

위대한 눈을 4개나 가지고 있었던 천하무적 창힐이 맨 먼저 한 일은 문자, 즉 한자를 만드는 것이었습니다. 창힐이 문자를 만들자, 하늘이 곡식을 비처럼 뿌리고 귀신이 밤새도록 울었답니다. 왜 하늘이 곡식을 비처럼 뿌리고, 귀신들은 왜 밤새도록 울었을까요?

창힐은 왜 문자를 만들었을까요? 창힐은 문자를 만들어, 그 문자로 귀신을 물리치는 부적(符籍)을 만들었습니다. 빨간 글씨로 그려진 부적은 귀신들을 두려움에 떨게 했습니다. 이제 문자는 귀신들을 사로잡아 묶을 수 있는 보따리가 되었습니다. 문자는 생각을 담고, 사로잡을 수 있는 보따리였습니다. 이제 '귀신'이라고 쓰인 글자 속에 귀신을 모두 체포해서 담아 버릴 수 있게 되었습니다. 그리고 영원히 종이 위에 가둘 수 있게 되었습니다.

이때부터 사람들은 제사를 지낼 때 조상의 신들, 조상의 귀신들을 부르고자 제사상에 자신의 조상 이름을 써서 붙였답니다. 제삿날만이라도 죽은 조상의 영혼이 와 주기를 간절히 바라면서. 창힐이 문자를 만들어서 사람들은 귀신들과 소통하고 죽은 조상들과 대화할 수 있는 방법을 알게 되었지요.

더구나 창힐은 문자를 통해 사람들이 시간을 뛰어넘어 과거의 사람들, 이미 죽어서 육신이 없는 사람들과 대화할 수 있도록 길을 열어 주었습니다.

이것이 위대한 창힐의 이야기였습니다.

한자는 어떻게 만들어졌을까?

수천 년 동안 중국의 여러 왕조가 세워지고 멸망했지만, 한자는 살아남았다. 한자는 중국 대륙을 대표하는 문화이며 문명이다. 한자는 중국, 한국, 일본, 베트남 등 동아시아의 사유 문명을 지배했다.

한자라는 말은 한족(漢族)이 사용하는 말, 즉 한어(漢語)를 기록하고 그들이 의사소통을 하는 도구로 사용하는 문자라는 뜻으로 사용했다. 또한 한나라 때에 이르러 지금 사용하고 있는 글자와 거의 같은 문자가 되었기 때문에 부르는 이름이기도 하다.

| 창힐 |

중국인들은 한자를 만들었던 창힐의 눈이 4개였다고 상상한다. 어찌 평범한 사람이 한자를 만들 수 있었겠는가? 한자가 2개의 눈으로만 볼 수 없는 세계를 밝혀 준다는 의미일 수도 있다. 문자를 읽고 쓸 수 있다는 것은 2개의 눈이 아니라 또 다른 눈을 갖는 것은 아닐까?

한자는 기원전 3,000년경, 곧 중국의 신석기 시대부터 만들어진 문자로서 지금 남아 있는 글자는 8만 6,000여 자다. 일상적으로 사용하는 한자의 수는 6,000~7,000여 자, 과거 한자로 써진 서적들에 사용된 글자의 수는 대략 1만 5,000여 자다. 1945년 중국 문자 개혁 위원회에서 한자를 정리하여 오늘날의 한자가 되었다.

중국은 56개 민족으로 이루어진 다민족 국가다. 한족이 전체 인구의 약 90퍼센트를 차지하고 그 외 55개 소수 민족이 약 10퍼센트를 이룬다. 소수 민족 중 인구가 100만 명 이상인 민족은 몽골 족, 조선 족, 티베트 족, 위구르 족, 만주 족, 후이 족 등 18개 민족이다.

다민족 국가 중국인들이 사용하는 중국어는 수많은 지방어로 구성되어 있다. 북방(北方) 방언, 상하이 어, 광둥 어

등 방언들은 서로 의사소통이 잘되지 않을 정도로 차이가 심하다. 이렇듯 매우 다양한 말을 중국은 한자로 통일시키고 있다.

하나의 중국을 묶어 주는 문자 한자. 수천 년 동안 수많은 왕조들이 세워지고 또 멸망했다. 그러나 한자는 왕조의 멸망과 상관없이 중국을 대표하는 사유 문화가 되었다. 도대체 어떻게 한자는 중국 대륙뿐만 아니라 동아시아를 지배할 수 있었을까?

한자의 탄생은 전설과 함께 시작된다. "황제의 사관(史官)인 창힐(倉頡)이 새나 짐승의 발자국을 보고 이를 분류하며 서로 다른 것끼리 구별할 수 있음을 알아차리고 처음 글자를 만들었다."고 전해진다. 창힐은 눈이 4개였다고 한다. 눈이 4개나 되었으니 창힐은 관찰력이 매우 뛰어났을 것이다. 한자는 관찰력을 가진 사람들에 의해 만들어졌다는 것을 의미한다.

한자는 어떻게 만들어졌을까? 한자의 원리는 무엇인가? 알파벳과 한자는 어떤 차이점을 가지고 있을까?
한자는 그림 문자다. 태양을 나타내는 일(日)은 하늘에 떠 있는 해의 모양을 나타낸 것이다. 산(山)은 중국 전체에 있는 산의 모양을 선으로 그린 것이다. 물이 흐르는 개울을 나타내는 천(川)은 물 흐르는 모습을 그린 것이다. 이렇듯 한자는 자연의 모양을 선으로, 도형으로 그린 것으로부터 시작되었다.

두 사람이 만나서 이야기를 나눈다. 한 사람이 산을 가리키는 모양으로 땅에 산(山)을 그렸다. 다른 사람이 이것을 산(山)으로 이해하기 위해서는 그 사람도 산을 본 적이 있어야 한다. 그림 문자, 도형 문자의 첫 번째 조건은 서로 어떤 것을 함께 오랫동안 보아 왔다는 것이다. 서로 같은 모양을 오랫동안 관찰했다는 것. 이것이 그림, 도형 문자의 필요조건이다. 서로 보아 왔던 것이 같았기에 모양을 그리면 뜻이 통하는 것이다. '서로 보았던 것을 그린다.'는 것이 한자를 만든 창힐의 눈이 '관찰력의 도사'로서 4개나 되었던 이유다. 한자는 관찰력이 필요한 문자다.

여러 사람이 오랫동안 반복해서 어떤 것을 관찰하고 본다면, 이제 그 사람들은 눈을 감고도 어디에 무엇이 있는지 알 수 있다. 비슷한 모양만 그려도 그것이 무엇을 가리키는지 알 수 있다. 서로 같은 경험을 했고, 함께 보고 들었던 것이 있으므로 그림만으로도 뜻이 통하는 것이다.

한자의 두 번째 필요조건은 한곳에 오랫동안 살아야 한다는 것이다. 한곳에 오랫동안 살면 어떤 인식이 생길까? 100명이 한 마을에 수십 년을 함께 산다고 상상해 보자. 그 100명은 똑같은 산, 똑같은 들과 개울을 매일 보며 살 것이다. 똑같은 나무를 매일 만날 것이다. 똑같은 사람을 만나고 똑같은 길을 걸을 것이다. 반복은 규칙을 낳고, 규칙은 법칙을, 법칙은 통일을, 통일은 동일한 사유와 문화를 낳는다. 결국 반복은 재생의 힘을 갖는다.

문자의 힘은 언제나 똑같이 해석되고, 똑같은 의미를 반복해서 생산할 수 있는 데서 발휘된다. 글자를 쓸 때마다 다른 의미와 다른 뜻으로 해석된다면 의사소통을 할 수 없는 암호가 될 뿐이다. 문자의 힘은 반복해서 써도 똑같은 의미를 생산하는 기계라는 점에 있다.

중국 대륙의 농업 문명은 정착 생활로부터 이루어졌다. 신석기 시대부터 시작된 정착 생활, 불의 탄생과 도자기의 생산으로 뒷받침되는 농경 정착 생활은 중국 문명의 기초이다. 수천 년 황하와 양자 강을 둘러싸고 발달한 농경 문화는, 그 오랫동안의 규칙적인 반복 속에서 자연의 형상을 그린 그림 도형 문자를 만들어 냈다. 함께 경험하고, 함께 보고, 함께 노동하는 과정에서 그 공동의 사유를 저장할 도구로 한자를 탄생시킨 것이다.

한자는 어떤 힘을 가진 문자인가?

한자는 이미지 문자다. 사람을 나타내는 인(人) 자는 사람의 모습을 머릿속에 떠오르게 한다. 산(山), 천(川), 나무(木) 등 글자를 읽으면 그 모습, 형상이 떠오르는 것이다. 뜻만이 아니라 개념만이 아니라 이미지, 느낌, 정서까지도 전달되는 문자가 바로 한자다.

한자는 문자로서 그 뜻을 전한다는 점에서는 논리적인 언어지만, 모양으로서 형상의 이미지, 분위기, 느낌까지 전달한다는 점에서 비논리적인 문자다. 즉 한자는 언어로서 논리적인 힘과 비논리적인 힘을 모두 구사하는 독특한 문자인 것이다. 야구 선수로 보면 왼손과 오른손을 모두 사용하는 스위치Switch 타자이며, 왼발 오른발을 모두 사용하는 축구 선수인 것이다. 알파벳이 왼쪽 뇌를 주로 사용하는 언어라면 한자는 오른쪽 뇌, 왼쪽 뇌를 동시에 사용하는 언어다.

한자는 매우 효율적인 문자다. 알파벳에서 산(山)은 Mountain으로 쓴다. 알파벳은 여러 개의 자음과 모음으로 이루어지지만, 한자는 단 한 글자로 표현한다. 영어의 'Mountain'은 산의 모습을 전혀 닮지 않았으나 한자의 산(山)은 산의 이미지를 담고 있다. 같은 문장의 길이에 한자는 영어보다 훨씬 더 많은 의미와 뜻을 담을 수 있다.

영어는 자음과 모음을 조합해서 새로운 낱말을 만들어 낸다. 한자는 글자들을 합쳐서 새로운 낱말을 만들어 낸다. 두

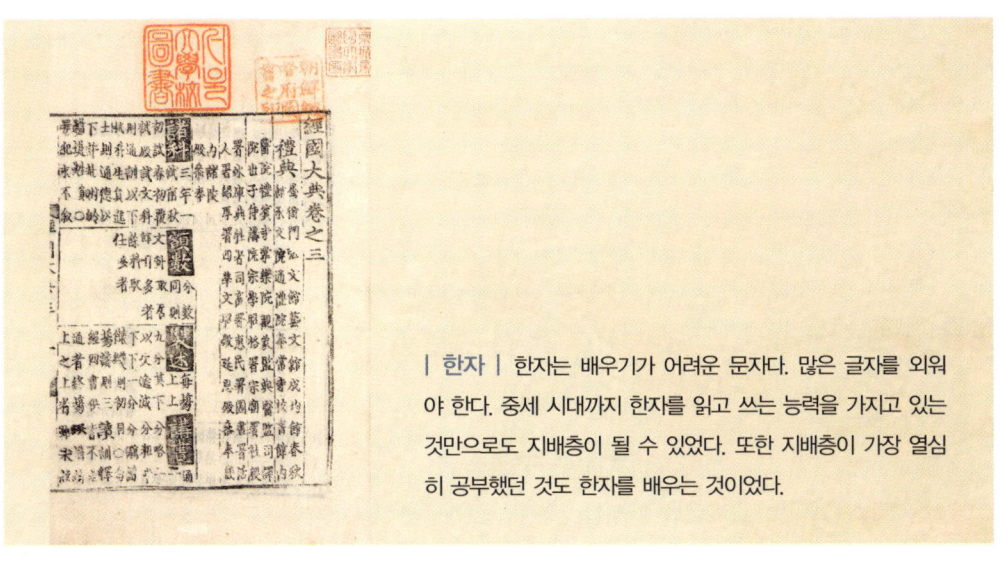

| 한자 | 한자는 배우기가 어려운 문자다. 많은 글자를 외워야 한다. 중세 시대까지 한자를 읽고 쓰는 능력을 가지고 있는 것만으로도 지배층이 될 수 있었다. 또한 지배층이 가장 열심히 공부했던 것도 한자를 배우는 것이었다.

개 이상의 글자를 합쳐서 만든 글자를 회의(會意) 문자라고 한다. 두 개 이상의 글자를 합치되 하나는 뜻을, 하나는 음을 나타내는 경우를 형성(形成) 문자라고 한다. 예를 들면 청(淸)이 형성 문자다. 마음 심(心)은 의미를, 청(靑)은 소리를 나타낸다.

한자를 대표하는 기록으로 ·갑골 문자(甲骨文字)가 있다. 갑골 문자는 중국의 두 번째 왕조로 알려진 은(殷)나라 때 만들어졌다고 한다. 거북의 뱃가죽을 불에 달구어 갈라진 금을 보고 점을 쳤다. 이 거북의 뱃가죽에 나타난 금들이 문자 모양으로 나타났다. 이것이 갑골문이다. 갑골문을 해석하여 하늘의 뜻을 읽고 점을 친 것이다.

점을 치는, 즉 미래를 예언하는 갑골문은 무엇을 의미하는가? 점을 나타내는 한자, 복(卜) 자는 '신성, 예언, 예측'의 뜻을 가졌다. 한자는 그 출발부터 신성한 모습으로 시작되었다. 거북의 뱃가죽에 나타난 금들, 원시적인 한자의 선들은 미래를 예언하고 하늘의 뜻을 알려 주는 신성한 것이었다.

이것은 왕의 출발이 점쟁이, 주술사, 제사를 담당하는 무(巫)와 사(士)였음을 의미한다. 그리고 한자는 바로 이 왕들이 자신들의 지위를 유지하고, 하늘의 뜻과 자연의 법칙을 읽는 능력을 알려 주는 신령한 도구로 한자가 사용되었음을 의미한다.

그림 문자, 도형 문자의 출발은 논리적인 것이 아니라 신비함, 영험함을 담고 있는 것이었다. 한자는 출발부터 사람들의 의사소통을 위한 것이 아니었다. 사람을 뛰어넘는, 사람들의 생각을 지배하는 힘을 가진 것이었다. 문자가 단지 글을 쓰는 도구가 아니라, 문자 자체가 힘을 가지고 있다고 믿었던 것이다.

문자는 사물과 자연을 대신하여 사람들 앞에 등장하기 시작했다. 왕을 나타내는 문자, 즉 王, 天子, 天帝, 皇帝라는 한자가 왕을 대신하기도 했다. 사람들은 문자 앞에서 절을 하고, 문자를 황제처럼 조심스럽게 다루었다. 한자는 그 글자의 모습 속에 대상이 형상화됨으로써 이러한 문자의 주술성은 더욱 강력해졌다.

집단 표상(集團表象)이란 함께 살아가는 사람들이 어떤 대상에 대하여 동일한 존경, 동일한 공포, 동일한 숭배 등의 감정을 불러일으키는 일종의 관념이며 사유다. 이것은 집단 안에서 대대로 전달되고 계승되면서 집단 안의 성원들에게 교육된다.

진시황(秦始皇)은 조서를 내려 그전까지는 1인칭 대명사로서 사용되던 '짐(朕)'이라는 낱말을 자기 자신에게만 국한하여 독점적으로 사용했다. 문자가 사람을 대신했으며, 문자 자체가 왕이 되는 시작이었다. 문자가 권력을 갖게 된 것이다.

20_ 페르디낭 드 소쉬르(Ferdinand de Saussure, 1857~1913)는 스위스의 언어학자이다.

한자는 역사 속에서 철저히 지배층에 독점된 문자였다. 중국의 지식인 집단과 지배층만이 사용하던 문자. 이러한 문자의 독점성은 한반도에서도 마찬가지였다. 과거 한반도는 오직 양반층만이 읽고 쓰기가 가능했다.

한자는 계급 언어였다. 천자와 지배층이 독점하던 문자. 조선의 양반층은 평생 동안 한자를 학습했다. 모든 과거 시험은 한자로 이루어졌다. 모든 서적은 한자로 씌어졌다. 오직 한자를 사용할 수 있는 사람만이 지배적인 권력 집단에 들어갈 수 있었다. 한자를 습득한다는 것, 한자 교육을 받을 수 있는 사람은 태어날 때부터 정해져 있었다. 다수의 평민들, 노비들은 문자를 가질 수 없었다.

문자, 언어를 독점한다는 것은 곧 사유와 관념을 독점한다는 것을 의미한다. 언어학자 소쉬르[20]는 《일반언어학 강의》에서 이렇게 썼다.

"언어를 떠나서 우리의 사고란 무정형의, 그리고 조직되지 않은 덩어리에 지나지 않는다. (……) 미리 설정된 관념이란 없으며, 언어가 나타나기 전에는 아무것도 구별되지 않는다."

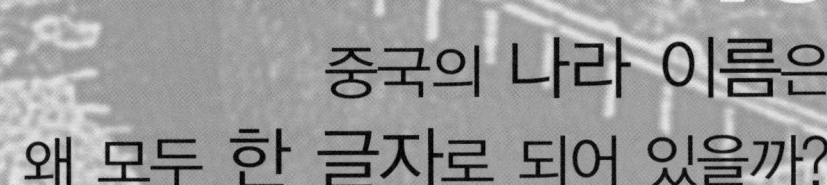

13
중국의 나라 이름은
왜 모두 한 글자로 되어 있을까?

하, 은, 주, 진, 한, 촉, 위, 오, 수, 당, 양, 요, 금, 송, 명, 청. 중국의 왕조 이름이다.
중국 왕조들은 왜 모두 한 글자로 나라 이름을 정했을까?

숫자들은 왜 서로 싸우는가?

숫자 '1'과 숫자 '2', 그리고 숫자 '3'이 함께 모였습니다. 먼저 1이 말했습니다.

"너희들은 모두 나보다 뒤에 나타난 것들이잖아. 왜 나한테 인사를 하지 않는 거야? 건방지게. 빨리 인사하지 못해?"

3이 불쾌한 표정으로 말했습니다.

"웃기고 있네. 야! 네가 나보다 힘이 세냐? 한번 붙어 볼래!"

1이 어처구니없다는 듯이 주먹을 불끈 쥐고 소리쳤습니다.

"이 자식들이 정말 겁이 없구먼. 야, 나는 황제의 숫자야. 이 세상에 황제는 한 명이야. 태양도 하나요, 달도 하나라고. 가장 우두머리의 숫자가 1이란 말이지. 이거 배우지 못한 무식한 놈들이구먼. 아버지도 한 명, 어머니도 한 명. 이 세상의 모든 것들은 하나로부터 시작된 거라고. 근본을 모르는 놈들. 어디서 2와 3 따위가 감히 1에게 대드는 거야."

2와 3이 동시에 덤벼들며 소리쳤습니다.

"무슨 소리야. 이 세상을 봐. 똑같은 게 어디 있어? 하나로 통일되어 있는 것은 단 하나도 없잖아. 사람들의 얼굴을 봐. 모두 생김새가 다르잖아. 나무, 풀, 산, 바위…… 모두가 각각이잖아. 우리들 2와 3을 닮았잖아. 아버지도 한 명, 어머니도 한 명이라고? 웃기고 있네. 아버지와 어머니가 만나서 네가 태어났잖아. 너는 2 덕분에 이 세상에 나온 거야. 2

한테 감사해야 한다고. 세상을 단 하나로, 똑같은 것으로 통일시키려고 하는 것은 바로 너, 1의 욕심일 뿐이야. 그것은 불가능해."

"그리고 1, 너는 매번 모든 것을 혼자서 하려고 하니까 외롭고 고독하잖아. 우리는 늘 둘이서, 셋이서 함께 하니까 말도 할 수 있고 행복을 나누기도 하잖아. 지금도 봐. 우리가 없으면 너는 누구하고 말을 하냐. 혼자서 눈물이나 흘리고 있을 주제에. 너는 말이야, 혼자서는 아무것도 할 수 없어. 너는 교만한 1이야."

모든 왕들은 숫자 1을 자신의 숫자로 주장했습니다. 신하들은 그들의 직책에 따라 2, 3, 4…… 숫자를 나누어 가졌습니다. 넘버 1과 넘버 2, 그리고 넘버 3…… 각각의 숫자들은 오늘도 자신들이 가장 힘이 세다고 논쟁을 하고 있습니다.

중국은 어떤 통치 시스템을 가졌는가?

진나라의 중국 통일(기원전 221)에서부터 청나라의 멸망(1912)까지 약 2,000년 동안 한족(漢族) 왕조(진, 한, 수, 당, 송, 명)와 정복 왕조(요, 금, 원, 청)가 중국 대륙과 동남아시아를 지배한다.

이들 왕조들은 중국 대륙을 지배하면서 봉건 제도와 종법 제도를 통해 통치한다. 왕조의 우두머리가 된 자는 스스로

21_ 중국의 주나라 때 만들어진 종족 규정이다. 왕권을 누가 물려받을 것인가를 중심으로 마치 부족 사회, 씨족 사회처럼 핏줄의 서열을 정해 놓은 제도다. 중국 대륙과 그 주변국들에 대해 하나의 집안으로 보고, 핏줄의 서열에 따라 권력을 분배하여 계승할 수 있도록 했다.

를 천자(天子)라 칭하고 자신의 친인척들에게 땅을 나누어 다스리게 한다. 이들을 제후(諸侯)라고 한다. 이 제후들은 스스로를 왕이라고 불렀다. 그리고 천자가 떼어 준 땅, 즉 제후들이 통치하는 땅을 봉토(封土)라고 했다. 이렇듯 천자가 중심이 되고 그의 자식들과 혈연 친척들에게 지역을 나누어서 다스리게 하는 제도를 봉건 제도(封建制度)라고 한다. 주나라부터 시작된 중국 왕조의 통치 방식이었다.

봉건 제도는 주나라 이후 중국 왕조의 국가 체제를 이룬다. 씨족, 혈연 관계를 중심으로 여러 지역의 땅을 나누어 통치하는 것이다. 워낙 땅이 넓어 천자가 직접 통치할 수 없기 때문에 만들어진 방식이다. 한반도에 적용해 보면, 서울과 경기도는 천자가 직접 다스리고, 첫째 동생은 경상도, 둘째는 전라도, 삼촌은 강원도를 통치하는 식이다. 주나라 초기에 제후국은 약 70여 개나 되었다.

봉건 제도는 종법(宗法) 제도[21]에 의해 유지되었다. 주나라는 중국 전체를 대표하는 종갓집이며 나머지 제후국은 작은 집과 같다. 명절 때 모두 큰집에 모여 조상에게 제사를 지내듯이 천자에게 충성해야만 했다. 천자의 명령에 따라 제후들은 군대를 파견하고, 세금을 냈으며, 정기적으로 신하들을 보내 천자에게 문안 인사를 올려야 했다.

이러한 종법 제도에 의해 중국 왕조는 주변국이었던 조선, 일본 등 동아시아의 여러 나라에게 조공을 바칠 것을 요구하고, 주변국들은 정기적으로 사신을 보내 천자에게 인사를 올렸다. 중국 왕조의 입장에서 보면 조선은 하나의 제후국에 불과했다.

넓고 광활한 대륙을 어떻게 통치할 것인가? 통치 시스템의 하나로 만들어진 것이 과거(科擧)를 통한 행정 관료, 국가의 공무원들을 선발하는 것이었다. 과거 제도는 6세기 후반 수나라를 거쳐 송 왕조 때 제도화되었다. 과거 제도는 관료를 선발하고, 지식인을 양성하는 제도였다. 드넓은 중국 대륙을 통치하기 위해서는 전문가 관료 집단이 반드시 필요했다.

| 중국 |

중국을 가리키는 이름은 여러 가지가 있다. 진나라로부터 유래한 '차이나(China)', '지나' 등의 명칭이 있고 거란에서 유래한 '카타이(케세이)'도 중국을 가리키는 이름이다. 중국은 세계의 중심, 동아시아 문화의 중심이라는 의미로 쓴다.

과거는 대체로 3년에 한 번씩 실시되었으며 3단계를 거쳤다. 초시는 지방에서 치러졌고, 응시자는 향촌의 사설 교육 기관에 다니며 시험을 준비했다. 시험에 응시한 수는 대략 2만 명에서 8만 명 정도였으며 합격률은 약 10퍼센트 이하였다. 합격자가 10퍼센트도 안 될 만큼 시험은 어려웠다. 2단계 시험은 왕조의 수도에서(당나라는 장안이었고 송나라는 개봉이었다.) 이루어졌다. 최종 과거에 합격한 사람은 오늘날로 말하면 마치 박사 학위를 받는 것과 같았다. 과거 시험의 내용은 대체로 고전을 암기하는 능력과 다양한 장르의 시를 짓는 능력을 평가했다.

진시황은 왜 책을 불태웠는가?

중국 최초로 황제(皇帝)라는 이름을 사용한 왕은 진시황이다. 성(姓)은 영(嬴)이며 이름은 정(政)이었다. 영정은 아버지 장양왕이 왕이 된 지 3년 만에 죽자 13세에 왕위에 올라 기원전 238년에 직접 정치를 하기 시작했다. 그는 강력한 군대를 무기로 기원전 230년에서 기원전 221년에 한, 위, 초, 연, 조, 제 나라를 차례로 격파하고 중국 대륙을 통일했다.

진시황은 중국 최초의 중앙집권적 통일 제국을 세운 전제 군주다. 중국 대륙 전체를 통치하기 위해 법령을 정비하고, 전국적으로 군현제(郡縣制)를 실시했다. 문자, 도량형, 화폐를 통일시켰으며 전국적인 도로망을 건설했다. 또한 민간의 무기 소지를 금지하여 반란의 가능성을 제거했다. 진시황은 또한 만리장성을 건설했다. 만리장성은 지금 중국을 대표하는 명물이 되었다.

　진시황은 사상 통일을 위해 분서갱유(焚書坑儒)[22]를 단행했다. 그는 "글을 배운 자들 중에는 현실에 적응을 못 하고 현 시대를 비판하기 위해 과거를 공부하는 자들이 있다. 이 무리들은 백성을 미혹에 빠뜨리고 어지럽게 하고 있다. (……) 이를 금지하는 것이 마땅하다." 하면서 금서(禁書)를 논하는 사람들은 "처형한 후 시체를 공공 장소에 방치할 것이며, 과거를 이용해 현재를 비판하는 자들은 가족과 함께 죽음에 처할 것이다."라는 말로 분서갱유를 명령한다.

　황제의 명령에 의해 진행된 모든 일들은 중국 역사에서 위대한 업적으로 기록되었다. 그러나 만리장성, 수로, 황릉, 궁전 등 중국 제국의 거대한 '기적'들은 수백만 명에 이르는 사람들의 피땀 어린 노동의 대가였다. 수많은 사람들이 고된 노동에 시달리다가 죽어 갔다. 한 사람의 명령에 의해서, 단 한 명의 기획과 디자인을 위해 수십만, 수백만 명의 삶이 동원되고 조직되며 실행되는 사회. 그 증거가 바로 만리장성이다.

　전체주의, 집단주의, 국가주의 신화가 마지막 왕조였던 청 왕조 때까지 중국 대륙을 지배했다. 수천 년 동안 전체주의, 집단주의, 국가주의가 내건 가장 큰 슬로건은 과연 무엇일까? 그것은 바로 진시황이 보여 준 '통일'이다. 하나의 사상으로 통일, 하나의 도량형으로 통일, 하나의 제도로 통일이다. 그 통일은 반드시 중심을 가지고 있으며, 그 중심이

[22] 기원전 213년, 진시황은 정치를 비판하는 행위를 금지하기 위해 실용 서적을 제외한 모든 사상 서적을 불태우게 했다. 또한 약 460여 명의 유생들을 매장했다.

바로 중국, 중화(中華) 사상이었다. 그리고 그 중심에는 천자, 황제가 있었다.

중국은 왜 비단의 나라가 되었나?

중국은 비단의 나라였다. 로마에서는 중국을 '세레스 Seres' 혹은 '세라 Sera'라고 불렀다. 이것은 비단을 의미하는 라틴어 '세리카 Serica'로부터 나온 것이다. 영어로 중국을 가리키는 '차이나 China'는 진나라에서 유래했는데, 페르시아나 인도에서 중국을 '진 Cin' 또는 '지나 Cina'로 부른 것에서 연유한다. 누에고치에서 실을 뽑아 만든 비단. 비단은 기원전 약 1500년부터 중국에서 만들어졌다고 알려져 있다. 비단은 옷뿐만 아니라 화폐로 사용될 정도로 귀중한 것이었다.

식량 다음으로 중요한 것이 바로 비단의 생산이었다. 중국은 옷으로 신분을 구분했다. 왕과 신하, 남녀 등 사람들을 계급으로 구분하는 것이 바로 옷이었다. 옷은 중국 사회의 질서를 유지하는 가장 중요한 도구였다. 자신의 신분에 맞는 옷을 입는 것이 바로 예(禮)였다.

중국의 비단은 봉건 계급 사회를 유지하는 다양한 복식 문화를 가능하게 했다. 하얀색 비단에 여러 가지 색깔로 염색을 하여 신분의 차이를 나타냈다. 황제의 옷에 쓰이는 문양이나 색깔은 신하가 사용할 수 없었고, 귀족들이 사용하는 의복을 평민들은 결코 입을 수 없었다. 옷이 곧 권력이었으며, 그것을 가능하게 하는 것이 바로 비단이었다.

비단은 옷을 만드는 것에만 사용된 것이 아니었다. 종이가 발명되기 전까지 그림을 그리거나 글을 기록하는 데 비단이 사용되었다. 바다를 항해하는 배의 돛, 신발 등 생활 도구를 만들 때도 사용되었다. 명주실은 생활의 모든 것에 사용되었다. 그러므로 명주실과 비단은 단순한 사치품이나 장식이 아니라 식량 다음으로 중요한 생활 필수품이었다.

비단은 매우 오랜 시간 동안 여러 가지 노동 과정을 통해서 만들어진다. 쉽게 만들 수 있는 것이 아니었다. 누에를 키우고 그 누에가 먹을 뽕나무를 재배해야 하고, 누에가 고치를 만들면 그 고치에서 실을 뽑아 그 실로 베를 짠다. 비단 한 필을 짜기 위해 얼마나 많은 노동을 해야 하는가? 비단은 쉽게 만들 수 없는 것이기에 화폐로 사용되었다. 또한 세금을 비단으로 내기도 했으며, 중국 황제들은 주변국으로부터 조공을 받을 때도 비단으로 받았다.

비단은 누가 만들었는가? 비단을 만드는 대부분의 과정은 여성들의 몫이었다. 아름다운 비단을 만든 여성들. 모든 아름다운 것의 뒤에는 힘든 노동의 고통이 쌓여 있다. 아름다운 음악을 연주하기 위해, 한 폭의 명화를 그리기 위해 피아니스트와 화가들은 얼마나 많은 시간을 연습하고 또 연습했겠는가? 아름다운 한 송이 꽃을 피우기 위해 식물들은 얼

23_ 아시아 대륙을 가로지르는 고대 상인들의 길. 이 길을 통해 유럽으로는 비단이 전해졌으며 불교, 이슬람교 등도 이 길을 통해 전해졌다고 알려져 있다.

마나 많은 시간 동안 에너지를 모았겠는가? 아름다운 비단 한 필이 만들어지기까지 얼마나 많은 손들이 움직였겠는가? 과연 그 아름다운 비단으로 옷을 만들어 입은 왕은, 그 비단을 만들어 준 여인들에게 고마움을 느꼈을까?

중국에서 세계 최초로 발명된 것들은 무엇인가?

비단, 종이, 화약, 나침반의 공통점은 무엇일까? 이것들은 모두 중국에서 세계 최초로 발명된 것들이다. 비단은 비단길, 즉 실크로드[23]를 따라서 유럽에 전해졌다. 종이는 페이퍼로드(종이가 전해졌던 길)를 따라서 유럽과 세계에 전파되었다. 인쇄술, 화약, 나침반 등 중국의 발명품들은 세계에 전파되어 인류의 문명과 문화를 변화, 발전시키는 결정적 도구가 되었다.

중국은 세계에서 가장 많은 인구가 하나의 국가 체제를 유지하며 살아온 제국이었다. 수많은 왕조가 권력을 잡고 망하기를 거듭했지만 그들의 언어인 한자는 유지되었다. 이것은 지식의 축적을 가능하게 했다.

또한 중국은 오랫동안 봉건 제도를 유지하면서 한 명의 황제를 중심으로 한 중앙집권적 국가 체제를 유지했다. 하나의 이념, 하나의 언어, 하나의 정치 시스템으로 수억 명의 사람들이 삶을 유지해 왔다. 물론 소수의 다양한 종족들이 고립되어 살아가기도 했지만, 대다수 중국 대륙의 사람들은

| 나침반 |
중국에서 나침반은 조상의 무덤을 만들 때 사용되었다. 명당자리를 찾기 위해 무덤의 방향과 위치를 찾았다. 나침반이 발명되기까지 방향과 위치는 하늘의 별, 태양, 달을 보며 찾았다. 나침반은 여행과 항해에서 언제 어디서든지 위치와 방향을 알려 주었다.

단일한 정치 체제와 이념 속에서 살아왔다. 이것이 중국 문명, 문화를 규정하는 중요한 요소가 되었다.

유럽은 각각의 작은 국가들이 서로 다른 언어를 가지고, 각기 다양한 이념과 문화 속에서 살았다. 그들은 서로 대립하고 교류하면서 분화하고 변화했다. 여러 가지 정치 시스템이 실험되었으며 영토 전쟁, 경제 전쟁의 과정에서 치열한 경쟁이 이루어졌다. 다양한 사상 투쟁이 이루어졌다. 특히 유럽의 나라들은 작은 국가여서 모든 물자와 자원을 자체적으로 구할 수 없었다. 그러므로 물자의 교환을 위한 교류, 무역, 상업이 발달할 수밖에 없었다. 물론 자신들에게 꼭 필요한 것을 구하기 위한 약탈과 전쟁도 끊이질 않았다.

중국은 대부분의 무역과 상업을 국가가 직접 관리했다. 비단, 종이, 화약, 나침반 등 문명과 문화의 발전에 결정적 역할을 하는 도구들을 세계 최초로 발명했지만, 그것이 사회 변화를 이끌어 내지 못했다. 대부분의 발명품은 왕조의 권력을 유지하거나 지배층의 권력을 지키는 데 사용되었다.

14

동아시아의 유교 사상, 공자가 주장한 것은 무엇일까?

공자로부터 시작된 유교는 어떻게 동아시아의 지배 사상이 되었을까?

왕의 소원은 무엇인고?

모든 사람들의 소원을 들어 주는 영험한 산신령이 있다는 소문을 듣고 왕이 신하들 몰래 산신령을 찾아왔습니다.

산신령은 왕이 찾아올 것을 미리 알았다는 듯이 왕 앞에 구름을 타고 등장했습니다.

산신령이 굵은 목소리로 묻습니다.

"너의 소원이 무엇이냐?"

왕은 산신령이 반말하는 것이 기분 나빴지만 꾹 참고 말했습니다.

"내 소원은 사사건건 반대하는 신하들과 반항하는 백성들을 모두 기계로 만드는 것이네."

산신령도 기분이 나빠졌습니다.

'이것 봐라. 왕이라고 내게 감히 반말을 하네.'

그렇지만 산신령은 산신령의 품위를 지키기 위해 더욱 낮은 목소리로 말했습니다.

"신하와 백성들을 모두 기계로 만들고 싶다고?"

"그렇소. 명령만 하면 그대로 움직이는 기계, 스위치와 버튼만 누르면 움직이는 기계, 마우스와 자판만 클릭하면 작동하는 기계가 되면 정말 좋겠소. 그렇게만 된다면 얼마나 조용하고 일사불란한 나라가 되겠소."

산신령이 조용히 들어 주자, 왕은 신이 나서 계속 자신의 생각을 이야기했습니다.

"기계들은 정해진 규칙에 따라, 주인의 명령에 따라 움직이잖소. 하루에 세끼 밥을 먹여 주지 않아도 배고파하지 않고, 더위와 추위에도 계속 일할 수 있고, 잠을 자지 않아도 되니 이 얼마나 편안하게 나라를 유지할 수 있겠소."

"그렇다면 내가 하나 물어보자."

산신령은 흥미롭다는 듯이 말했습니다.

"웃지도 못하는 기계, 울지도 못하는 기계, 노래도 부르지 못하는 기계, 말대꾸도 못하는 기계들에 둘러싸여 너는 무엇을 할 것이냐? 또 감사함과 존경스러움을 표현하지 못하는 기계, 눈물도 없고 감정도 없는 기계들과 함께 사는 너는 과연 무엇을 위해 왕 노릇을 할 것이냐? 평생 스위치만 누르면 되는 것이냐? 너의 이름은 기계왕이냐, 스위치왕이냐?"

왕은 당황했습니다. 한 번도 생각해 보지 않은 질문을 받았기 때문입니다. 역시 산신령은 내공이 높았습니다.

"돌아가거라. 너는 왕이 될 자격이 없다. 왕이란 말이다. 모든 사람들의 희망이 되는 사람이다. 왕의 소원은 모든 사람들이 행복하게 사는 것이다. 너는 네가 편하려고 신하와 백성들을 기계로 만들고 싶어 하는 자다. 너의 소원은 왕이기를 포기하는 것이다. 그동안 모든 왕들이 모두 너 같은 소원을 가지고 나를 찾아왔다. 왕들이란 왜 이렇게 모두 똑같은지……. 그리고 앞으로 내게 반말하지 마라. 건방진 놈."

24_ 중국의 기원전 8세기부터 기원전 3세기까지의 시대. 중국 대륙에서 여러 나라가 서로 전쟁을 하며 분열되었고, 수많은 사상가들이 등장했다.

25_ 춘추전국 시대에 등장하는 모든 사상가와 학파를 가리킨다. 제자란 여러 학자들이라는 뜻이고, 백가란 많은 학파를 의미한다.

공자가 주장한 것은 무엇이었나?

공자는 기원전 551년 노나라에서 태어났다. 이때 중국 대륙은 주나라가 기울고 작은 나라들로 산산이 쪼개져 있었다. 이때 중국 역사는 춘추전국(春秋戰國) 시대[24]라고 부른다. 중국 대륙이 1,000여 개의 나라로 분열되어 있던 때였다. 기원전 450년경 진, 초, 조, 제, 한, 위, 연 등 일곱 나라가 중국을 분할하여 끊임없이 전쟁을 일으켰으며 중국 각지에 도둑들이 생겨 났다.

기원전 600년과 400년 사이에 탈레스와 소크라테스가 그리스에서 생각에 잠겼고, 붓다는 인도에서, 이스라엘에서는 선지자와 예언자들이, 그리고 중국에서는 제자백가[25]들이 세상의 도리에 대해서 고민했다. 이때 중국에서 공자가 나타났다.

춘추전국 시대는 노예제 사회의 말기였다. 중국의 상왕조 시기와 중왕조 시기에는 농업 생산의 규모가 아주 컸고 수천 수만 명의 노예들이 조직되어 '정전(丁田)'에서 집단적으로 경작했다. 《시경》에는 "2,000명의 노예들이 밭을 간다.", "2만 명의 노예들이 짝을 지어 밭에서 일한다."고 기록되어 있다. 주나라 무왕은 99개 나라를 토벌하여 30만 230명이나 되는 포로를 사로잡았는데 그 포로들을 서주의 노예로 삼았다.

| 공자 |
공자는 춘추전국 시대, 즉 중국이 가장 혼란스럽고 어지러웠던 전쟁과 약탈의 시대에 살았던 사람이다. 시대가 불행하면 시인은 행복하다고 했던가. 가장 불행했던 시대의 사상가가 약 2,500년 동안 동아시아인들에게 영향을 미치고 있다.

    춘추 시기는 중국의 노예제가 붕괴되기 시작하고, 봉건제가 발생하는 사회적 대변혁이 일어난 때였다. 사회는 혼란스럽고 다양한 사상과 세력으로 분열되었다. 노예들의 반란이 곳곳에서 일어났다. 공자는 이를 '예와 악이 붕괴되고', '천하에 도(道)가 없어졌기' 때문이라고 보았다.

    공자는 사회의 혼란을 추스르고 정상화시키기 위해서 '인(仁)'과 '예(禮)'의 사상을 주장했다. 그것이 바로 군군(郡君), 신신(臣臣), 부부(父父), 자자(子子)다. 임금은 임금다워야 하고, 신하는 신하다워야 하며, 아버지는 아버지다워야 하고, 아들은 아들다워야 한다는 뜻이다.

    공자는 주나라의 예절 제도와 예절의 통치 방식을 되살려 사회 질서를 회복하고자 했다. "자신을 억제하여 예를 실천하는 것이 인(仁)이다." 극기복례(克己復禮) 위인. 이름에 걸맞은 행동과 모습, 태도를 갖추어야 한다. 이것이 바로 정명(正名) 사상이다.

　자로가 묻기를 "위나라 임금이 선생님이 오셔서 정치를 맡아 주기를 기다리고 있는데, 선생님께서는 무엇부터 먼저 하시렵니까?"라고 하니, 선생님께서 "반드시 이름을 먼저 바로잡을 것이다."라고 말씀하셨다. 자로가 다시 묻기를 "정말로 선생님은 비현실적이십니다. 어떻게 이름을 바로잡으시겠다는 것입니까?"라고 했다. 선생님께서 다시 "정말로 거칠구나. 유(由)는, 군자는 자기가 모르는 일에 대해서는 함부로 논단하지 않고 모르는 대로 비워 두는 태도가 필요하다. 이름이 바르지 못하면 말의 논리가 바르지 못하고 말의 논리가 바르지 못하면 일이 성사되지 않는다. 일이 성사되지 않으면 예악이 일어날 수 없고, 예악이 일어나지 않으면 형벌이 정당하게 적용되지 않는다. 형벌이 정당하게 적용되지 않으면 백성들이 수족을 어떻게 두어야 좋을지 모르게 되는 것이니, 그러므로 군자는 사물의 이름을 부를 때에는 반드시 말이 될 수 있게 하고, 말을 할 때에는 반드시 이를 실천할 수 있게 한다. 군자는 어떠한 말이 있어서도 구차하게 억지로 갖다 붙이지 않도록만 하면 되는 것이다."라고 말씀하셨다.

《논어》의 〈자로〉 중에서

　이름을 바로 세우는 것, 이것은 이름이 곧 정해진 신분이 되는 것이며, 이름에 따라 행동과 태도, 지켜야 할 법이 정해진다는 것을 의미했다. 사회를 구성하는 모든 계급 질서, 통치 질서, 관계의 질서가 이름에 합당한 윤리와 도덕으로 세워져야 한다는 주장이었다.

공자의 사상은 유교라는 이름으로, 주자학(朱子學), 성리학(性理學), 양명학(陽明學) 등의 이름으로 중국 왕조가 멸망할 때까지 중국 대륙을 지배하는 정치 사상, 지배 사상이 된다.

공자의 행동 강령은 무엇인가?

공자의 사상은 행위 이론이며, 관계 이론이다. 이름에 따라 지켜야 할 도리를 정하고 그것을 인(仁)과 예(禮)로써 이론화하여 충(忠)과 효(孝)로 연결시키는 정치 사상, 사회의 윤리와 도덕 사상이 되었다.

공자의 행동 강령은 이런 것들이었다.
- 왕의 부름을 받았을 때는 어리둥절한 표정을 짓다가 슬며시 무릎을 굽힌다.
- 궁궐 문을 들어설 때는 몸을 움츠린다.
- 연단에 올라설 때는 헛기침을 하고 배에 힘을 준다.
- 물러날 때는 안도감과 만족감을 나타낸다.
- 동료를 축하할 때는 오른손을 왼쪽 어깨에 얹는다. 아주 점잖게…….
- 맛있는 음식이 나왔을 때는 반색을 하며 벌떡 일어난다.

- 잠자리에서는 시체처럼 드러눕지 않는다.

《논어》의 내용 중에서

공자는 신하가 왕 앞에서 어떻게 행동해야 하며, 자식은 부모에 대해 어떻게 처신해야 하는지 자세히 가르쳤다. 신분에 따라 어떻게 행동해야 예와 인을 지킬 수 있는지에 대해 자세히 가르쳤다. 특히 관혼상제(冠婚喪祭) 등 중요한 행사에서 어떻게 처신하고 행동할 것인지를 예법(禮法)으로 정해 놓았다. 공자의 사상은 행위 이론이었던 것이다.

왕은 왕다워야 한다. 만약 왕이 왕다운 말과 행위를 하지

| 제사 |
유교의 사상에서 가장 중요한 행사가 곧 제사다. 제사는 죽은 조상에 대한 예(禮)를 갖추는 것이다. 현재 살아 있는 사람들의 삶이 죽은 조상들 때문에 가능하다는 믿음을 확인하는 것이 곧 제사다. 그러므로 유교의 제사는 조상이 살았던 과거가 절대적으로 중요하다는 신념을 의미한다.

않는다면 더 이상 왕이 아니다. 신하 또한 마찬가지이다. 신하는 신하로서 취해야 할 행동과 태도가 이미 결정되어 있다. 공자의 이름론, 정명론은 결정론이며 운명론이다. 이것은 변화될 수 없는 것이다. 철저한 신분 확립 이론인 것이다.

공자의 주장에 따르면 '이름'은 곧 저주(咀呪)가 된다. 노비는 평생 노비로서 태도와 운명, 노비의 말투와 노비로서 지켜야 할 예절을 실천하며 살아야 한다. 노비는 노비라는 이름에 갇혀서 삶을 마쳐야 한다. 노비에게 노비라는 이름은 감옥이다. 영원히 탈출할 수 없는 감옥.

공자의 사상을 이어받은 유교의 힘은 이러한 신분 확립 이론으로 나온다. 공자의 사상, 유교의 이론에 의해 교육받은 노비는 매일 자신이 노비다웠는지를 스스로에게 묻는다. 노비는 노비로서 본분을 지키고, 매일 스스로 반성하며 살아야 한다. 스스로 자신의 모습을 감독하고 검열하도록 하는 사상. 이 얼마나 효율적인 사상인가.

공자의 유교 사상은 왕, 귀족, 양반 등 지배층의 권리를 지켜 주었다. 유교 사상에 따르면 왕의 자식은 왕이, 귀족의 자식은 귀족이, 양반의 자식은 양반이 되어야만 했다. 이제 조상은 제1의 신이 되었다. 왜냐하면 조상이야말로 모든 지배층의 신분을 보장해 주는 힘이 되었기 때문이다.

공자가 죽고 난 이후에 유교 사상은 중국 왕조를 유지하는 지배 사상이 되었다. 공자가 죽은 지 약 2,000년 동안 중국 대륙을 지배했던 왕조들은 모두 공자의 유교 사상을 지배 사상으로 채택했다. 지배층의 신분과 계급을 지키는 사상적 무기로써 유교를 채택했던 것이다. 공자의 유교 사상은 중국의 정치적 지배를 받았던 조선, 일본에서도 지배 사상이 되었다. 공자의 사상은 동아시아를 지배하는 사상이 되었던 것이다.

15
불교의 창시자, 석가모니는 왜 6년 동안 고행을 했을까?

중세 시대, 동아시아의 문화를 지배했던 불교. 인도인이었던 석가모니의 사상이 어떻게 동아시아의 문화적 코드가 되었을까?

혹시 기도를 해 본 적이 있는가?

"바쁘다 바빠! 왜 이렇게 기도하는 사람들이 많은 거야? 도대체."

기도의 신들이 투덜거리며 사람들의 기도를 듣기 위해 귀를 쫑긋거렸습니다.

사람들은 매일같이 입만 열면 기도를 했습니다. 무엇인가를 기원하는 것입니다. 교회에서만 기도를 하는 것은 아니었습니다. "안녕하세요.", "건강하세요.", "남은 시간도 잘 보내세요!" 사람들은 만나기만 하면 서로 기원, 기도를 했습니다.

"인간들은 정말 한심한 족속들이야."

"바라는 것이 너무 많아."

"동물들은 아무런 기도를 하지 않잖아. 생쥐가 일용할 양식을 달라고 기도하는 거 봤어? 돼지들이 경건한 마음으로 두 발을 모으진 않잖아? 동물들이 인간보다 훨씬 똑똑한 거야. 기도를 해 봤자 이루어지지 않는다는 것을 알고 있는 거지. 인간들은 참 멍청해."

기도의 신들은 인간들의 기도를 기록하고 인간들이 눈치 채지 않도록 기술을 발휘해 보복했습니다. 인간들이 하는 모든 기도들은 체크되고 검열되었습니다. 인간들의 기도는 하나도 빠짐없이 인간들에게 되돌아갔습니다. 때로는 바람으로, 때로는 구름으로, 때로는 스쳐 지나가는 생각과 사람들로 당사자에게 영향을 미쳤습니다. 그러나 사람들은 전혀 눈치채지 못했습니다. 모든 것을 단지 우연이라고 생각할 따름이었습니다. 가끔씩 똑똑한 인간들, 예를 들면 아인슈타인 같은 피곤한 인간이 나타나 신들의 비밀을 폭로할 때면 기도의 신들은 피곤하고 귀찮은 일을 처리해야만 했습니다.

"정말 답답한 것은 인간들이 서로 싸우면서 서로 이기게 해 달라고 기도하는 거야. 정말 웃기지 않아? 전쟁을 하는 모든 군대는 자신들이 승리하게 해 달라고 빌지. 못 말리는 인간들이야. 모든 군대에는 기도를 해 주는 성직자들이 있잖아. 이들은 코미디언들이지."

인간들이 하는 기도의 절반은 저주였습니다. 돈을 벌기를 바라는 것은 다른 사람이 돈을 잃기를 바라는 것이었고, 경기에서 이기기를 바라는 것은 상대방이 패배하기를 바라는 것이었습니다. 아이들이 빨리 어른이 되기를 바라는 것은 빨리 죽기를 바라는 것이었고, 유식해지기를 기도하는 것은 고민이 많아지는 것을 바라는 것이었습니다.

"네덜란드라는 나라에서는 '공적인 자리에서 저주를 못 하도록 하는 협회'가 만들어졌대. 사람들이 얼마나 저주를 많이 하면 그런 조직이 만들어졌겠어?"

여하튼 인간만이 가지고 있는 특유의 질병은 바로 '기도와 저주'입니다. 기도의 신들은 오늘도 인간들의 기도를 기록하며 인간들을 비웃고 있습니다.

26_ 조로아스터교(Zoroastrianism). 고대 페르시아에서 발생한 종교. 예언자 조로아스터의 가르침에 따라 창시되었다. 불을 숭배하는 종교로서 배화교라 불린다.

왜 모든 종교의 창시자들은 고행을 했을까?

석가모니는 6년 동안 고행을 했다. 예수는 40일 동안 광야에서 금식을 하며 고행을 한다. 배화교(拜火敎)26)를 만든 조로아스터(자라투스트라)도 고행을 한다. 자이나교를 창시한 마하비라는 12년 동안 고행을 했다. 이슬람교를 창시한 마호메트도 동굴에서 고행을 했다. 이렇듯 종교의 창시자들은 왜 모두 고행을 했던 것일까?

고행의 종류는 다양하다. 제일 많이 하는 것은 굶기(단식, 금식), 잠자지 않기, 말하지 않기, 사람 만나지 않기, 눕지 않기다. 고행의 종류는 인간이 상상할 수 있는 모든 고통을 실험한다. 못이 박힌 평상 위에서 밤낮으로 생활하기, 왼손이나 두 손을 머리보다 높게 들고 있기(상수), 양손을 꼭 쥔 채 오랫동안 펴지 않고 있기, 사방 네 군데 불을 피우고 그 가운데 앉아 있기(오열), 한 발로 오랫동안 서 있기(일족), 한 발로 걸어 성지 순례하기, 단식, 묵언, 숯불 먹기, 칼과 못으로 몸 찌르기, 불 건너기, 목까지 물에 담그기, 산 채로 땅에 묻히기, 거꾸로 나무에 매달리기, 개처럼 엎드려 기어 다니고 웅크리고 자며 바닥에 놓인 것만 먹기 등 셀 수 없이 많다.

고행이란 스스로 고통 속으로 들어가는 것이다. 고통스런 행위를 하면서 참고 체험하는 것이다. 종교의 창시자들은 왜 이런 극단적인 고통을 자초했던 것일까?

| 석가의 고행상 |

석가모니의 가장 중요한 연구 과제는 '삶의 고통'이었다. 삶의 고통은 무엇 때문에 생기는가? 삶의 고통을 어떻게 해결할 것인가? 석가모니는 스스로 고통을 체험하면서 이 연구 과제를 풀고자 했다. 석가모니는 이 연구 성과를 바탕으로 '불교'라는 종교를 만들었다.

인간이 가장 싫어하는 것, 두려워하는 것은 고통이다. 고통으로 가득한 곳이 '지옥'이며, 모든 고통에서 해방된 곳은 '천국(극락)'이다. 지옥의 가장 무서운 벌은 1조 6,000억 년 동안 뜨거운 불과 차가운 얼음 속을 왔다 갔다 하는 것이다. 인간의 고통의 끝은 죽음이다. 그리고 죽음은 사랑하는 사람들과 이별하는 고통을 준다.

부처는 생로병사(生老病死)를 삶의 네 가지 고통으로 보았다. 또한 인간의 본능에는 다섯 가지가 있는데, 육체적인 욕망, 소유하고자 하는 욕망, 인식하고자 하는 욕망, 상황에 따라서 행위를 하고자 하는 욕망 그리고 호기심을 충족하고자 하는 욕망이다. 이러한 욕망이 인간에게 고통을 가져다 준다는 것이다.

사랑하는 사람들과 언젠가는 반드시 헤어져야 한다(愛別

離苦). 원한 가진 사람과는 반드시 만난다(怨憎會苦). 갖고 싶은 물건은 그것을 얻기가 매우 어렵다(求不得苦). 오관은 모두 좋은 것만 원한다(五蘊盛苦). 안이비설신(眼耳鼻舌身) 오온이란 눈, 귀, 코, 입, 몸의 다섯 가지를 말한다. 눈은 좋은 것, 아름다운 것, 이익 되는 것만 보려고 한다. 귀는 좋은 소리, 자신에게 유익한 소리만 들으려 한다. 입은 맛있는 음식 값비싼 것만 먹으려 한다. 몸은 편하려고만 한다.

고행의 목적은 고통을 해결하고자 하는 것이었다. 고통의 시작, 고통을 느끼는 몸(육체)을 떠나는 것이다. 몸으로 느끼는 고통은 '감각'으로 시작된다. 몸의 감각을 마비시키면 고통을 느낄 수 없다. 몸에 대한 부정이다. 몸이 가지고 있는 감각으로부터 해방되면 고통으로부터도 벗어날 수 있다. 감각을 없애 버리자. 느낄 수 없도록 하자. 한 발로 10년 동안 서 있으면 한 발은 퇴화되고 한 발은 마비되어 아무런 고통도 느낄 수 없을 것이다. 감각이 마비되면 아무런 고통도 느껴지지 않는다. 불교에서는 모든 번뇌와 고통으로부터 해방되는 것을 열반이라 한다. 이 열반은 곧 죽음을 의미한다. 죽음은 모든 몸의 감각이 멈춰지는 것이다.

몸의 아픔은 왜 필요한가? 아니, 인간은 왜 아픔을 느끼는가? 물고기는 통증, 아픔을 느끼지 못한다. 물고기의 신경 조직에 통점(痛點)이 없기 때문이다. 인간이나 포유동물에게는 압박감이나 통증을 느끼는 신경점이 있다. 팔을 날카로운 물건으로 압점과 통점이 동시에 발동하여 압박감과 아픔을 뇌에 전달, 그것으로부터 몸을 피하게 만든다. 인간의 몸에 통점은 대개 1제곱센티미터당 약 100개 정도 있으며 몸 전체에는 약 200만 개에서 400만 개가 퍼져 있어 다른 감각점에 비해 가장 많다. 압점은 약 25개, 냉점은 10~20개, 온점은 약 3개 정도 있다.

우리들 몸에 감각점, 통점이 있는 것은 다가오는 위험으로부터 몸을 보호하기 위해서다. 즉 센서다. 만약 감각점이 없다면 피부를 태우는 불이 다가와도 몸을 피하지 않을 것이다. 차가운 얼음에서도 아무것도 느끼지 못해 결국 동상에 걸릴 것이다. 날카로운 칼이 몸을 찔러도 아픔을 느끼지 못해 몸을 상하게 할 것이다. 감각점은 몸을 보호하기 위한 안테나인 것이다.

고통의 원인은 무엇인가?

많은 종교인들이 몸의 고행을 시도한 것은 결국 몸의 감각점을 무디게 하여 고통을 느끼지 못하는 상태를 경험하고자 한 것이다. 그렇다면 감각점의 원리는 무엇인가? 모든 감각은 구분하게 한다. 모든 감각은 차이를 느끼게 한다. 모든 감각은 경계를 나누게 한다. 이것과 저것, 이곳과 저곳, 차가운 것과 뜨거운 것, 무거운 것과 가벼운 것을 구분하며 경계를 짓고 차이를 나눈다.

차이가 없는 것은 느껴지지 않는다. 경계가 없는 것은 인식되지 않는다. 발견되지도 않는다. 감각점은 경계, 차이, 구분을 할 수 있는 기계다. 그러므로 고통은 경계, 차이, 구분하는 것으로부터 발생한다. 이제 고통의 원인이 밝혀졌다.

석가모니는 불이문(不二門)을 주장한다. 절의 맨 입구에 서 있는 문이 바로 불이문이다. 모든 고통은 나누는 것, 분리하는 것, 구분하는 것으로부터 나온다. 모든 것은 하나다. 이것이 불교, 부처가 주장한 가장 큰 슬로건이다. 이것이 부처가 가르쳐 준 '고통으로부터 벗어나는 비법'이다. 부처는 자신의 몸을 극한까지 몰아가는 고행을 통해 '개인적 고통'으로부터 벗어나는 깨달음을 얻었다.

석가모니가 태어난 인도에서는 4개의 계급이 엄격히 구분되어 있다. 이는 인도인의 사회적 고통의 원인이 되었다. 기원전 1300년경 아리아 인들이 인도에 쳐들어왔다. 이들은 인도의 토착민이었던 드라비다 인들을 노예로 삼고 지배

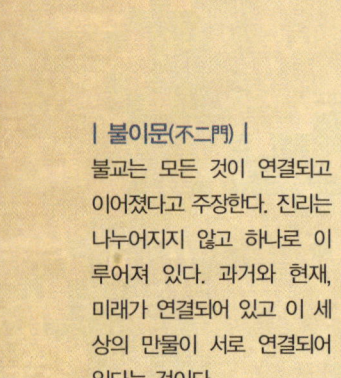

| 불이문(不二門) |
불교는 모든 것이 연결되고 이어졌다고 주장한다. 진리는 나누어지지 않고 하나로 이루어져 있다. 과거와 현재, 미래가 연결되어 있고 이 세상의 만물이 서로 연결되어 있다는 것이다.

자가 되었다. 아리아 인들은 바라문 또는 브라만(Brahman, 사제자)이 되었고 크샤트리아(Kshatriya, 무사), 바이샤(Vaisya, 농민·상인 등의 서민), 피정복민으로 이루어진 수드라(Sudra, 노예)의 네 바르나, 즉 카스트가 형성되었다. 각 카스트의 직업은 세습되었으며 카스트 상호 간의 혼인은 금지되었다.

사회적 고통은 인간을 나누고 구분하는 것으로부터 나온다. 계급 제도는 가장 결정적인 사회적 고통의 원인이었다. 이러한 인간의 계급적 차별로부터 발생하는 사회적 고통을 어떻게 해결할 것인가?

> 사월은 가장 잔인한 달
> 죽은 땅에서 라일락을 키워 내고
> 기억과 욕망을 뒤섞고
> 봄비로 잠든 뿌리를 뒤흔든다.
> 겨울은 따뜻했었다
> 대지를 망각의 눈으로 덮어 주고
> 가냘픈 목숨을 마른 구근으로 먹여 살려 주었다.
> 　　　　　　　　　T. S. 엘리엇의 〈황무지〉 중에서

태어나는 것은 왜 고통이 되는가? 4월은 왜 잔인한 달인가? 찬란한 봄날에, 아름다운 꽃들이 피어 있는 봄날인데 시인은 '잔인한 달'이라고 노래했다. 부처는 태어나는 것, 생명의 탄생을 고통이라고 보았다. 왜 귀중한 생명이 태어나는 것을 '고(苦)'라고 생각했을까?

태어나면서부터 고통을 겪어야 하는 사람들. '보릿고개'라는 말이 있었다. 추운 겨울을 지나 봄이 되면 양식이 떨어졌다. 저장해 놓은 쌀은 다 떨어지고 보리는 아직 수확하기 이른 시기, 대략 음력 4, 5월을 보릿고개라고 불렀다. 보릿고개는 굶주림이 시작되는 시기였다. 보릿고개에 태어난 아이들은 배고픔에 울어 댔다.

태어나면서부터 노예, 농노, 노비의 삶이 시작된 사람들. 카스트 제도와 계급 제도 속에서 평생 땅을 파고 일을 하지만 항상 가난과 배고픔에 시달리며 살아야 했던 대부분의 사람들에게 '태어남'은 고통의 시작이었다.

16

예수는 왜
십자가에서 죽었을까?

2,000년 동안 인류의 삶에 가장 결정적인 영향을 미쳤던 존재,
바로 예수다. 예수의 힘은 과연 무엇일까?

천사들의 긴급 회의, 무엇 때문에 열렸나?

천사들의 긴급 회의가 소집되었습니다. 수석 천사는 가브리엘 천사였습니다.

"비상사태입니다. 인간들이 기어코 일을 저지르고야 말았습니다. 예수가 십자가를 지고 지금 골고다 언덕을 오르고 있습니다. 이 사태를 어떻게 처리해야 하겠습니까? 여러분들의 의견을 듣고 싶습니다."

가브리엘 천사가 긴장된 표정으로 말문을 열었습니다.

"왜 하필 십자가를 지고 오른답니까? 죽으려면 그냥 조용히 죽지, 힘들게 그 무거운 십자가를 지고. 또 십자가에 매달려 죽는 것이 얼마나 고통스러운데……. 우선 예수의 고통을 덜어 줍시다."

루시퍼 천사가 불만스러운 목소리로 맨 먼저 의견을 말했습니다.

"가브리엘 천사. 그러니까 애초에 예수를 인간 세상에 보내지 말았어야지요. 당신이 마리아에게 가서 예수가 잉태되었다는 것을 알리지 않았나요? 당신은 그때 이미 이렇게 될 줄 알았던 것 아닙니까? 어차피 예수는 죽으러, 그것도 십자가에 매달려 극적으로 죽으려고 세상에 내려갔던 것 아닙니까? 그런데 이제 와서 비상사태라니요? 참 이상한 양반이구먼."

천사들이 고개를 끄덕이며 동의했습니다.

"그래요. 예수는 십자가에 매달려 죽은 다음엔 다시 부활하게 되어 있지 않나요? 이미 각본이 다 짜여 있어 그대로 진행되고 있잖아요. 예수는 단지 배우에 불과합니다. 그렇지 않나요? 가브리엘."

"그래요. 그런데 이제 와서 웬 호들갑입니까?"

가브리엘이 당황하면서 말했습니다.

"당신들은 오해를 하고 있군요. 예수가 세상에 내려간 것은 죽기 위해서 갔던 게 아닙니다. 더구나 죽은 다음 부활하다니요? 그 무슨 하나님을 모독하는 말입니까?"

"예수가 사람으로 태어나 세상에 내려간 것은 천국의 문을 넓히기 위한 것이었습니다. 그동안 천국의 문은 너무 좁았습니다. 아브라함과 모세가 믿었던 유대교는 오직 유대인들만 천국에 들어올 수 있었습니다. 태어날 때부터 천국에 들어올 수 있는 자격이 정해져 있었던 것입니다. 그래서 지금까지 천국이 이렇게 썰렁하잖아요? 여러분들도 할 일 없이 만날 놀고만 있고요. 이렇게 가다가는 천국은 없어지고 말 것입니다. 천국이 계속 유지되기 위해서는 어떻게 해야 하겠습니까?"

"그렇긴 하지. 차고 넘치는 지옥에 비해서 천국은 너무 썰렁해. 천국에 들어올 수 있는 사람이 거의 없거든."

가브리엘의 말을 듣고 다른 천사들도 머리를 끄덕였습니다.

"그래서 예수를 보내 천국의 문을 넓히려 했던 것입니다. 누구든지 예수를 믿으면, 즉 하나님의 존재를 믿으면 천국에 들어올 수 있도록 했던 것입니다."

"예수는 노예들, 여자들, 유대인이 아닌 모든 사람들, 병자들, 죄인들 모두에게 천국에 들어갈 수 있는 자격을 주었습니다. 여기까지는 잘했어요. 그런데 예수를 십자가에 못 박아 죽게 하는 것은 너무 심한 것이라는 게 제 생각입니다."

"천국에 올 수 있는 사람들을 늘리는 것까지는 좋았는데, 실제로 천국에 들어올 수 있는 사람이 과연 몇 명이나 될지, 그것이 답답합니다. 십자가에 못 박힐 정도로 강한 믿음을 가져야 천국에 올 수 있다고 오해할 수 있는 것입니다. 아니 인간들이 두려워서 천국에 오려고 하겠어요?"

"그렇군요. 천국이 폐쇄되지 않기 위해서는 천국에 들어올 수 있는 사람들이 많아야 할 텐데. 조금 쉽게 천국에 들어올 수 있는 방법을 인간들에게 알려 줄 방법은 없을까요?"

하늘에선 천사들이 모여 천국이 문을 닫지 않고 계속 유지될 수 있는 방안에 대해 정기적으로 토론하고 있다고 합니다.

왜 모든 종교의 주제는 죽음인가?

모든 종교는 죽음을 다룬다. 기독교에서 예수의 죽음은 가장 극적이다. 부처는 비록 병으로 죽었지만 그의 죽음은 열반(涅槃)이며, 부처는 신이 되었다. 소크라테스 또한 스스로 독배를 마시고 죽음으로써 성인이 되었다. 공자의 유교는 죽은 조상들을 최고의 신으로 모심으로써 종교로서 완성되었다.

　죽음. 인간이 가장 두려워하고 무서워하는 사건이며 피할 수 없는 운명이다. 세상의 종교는 이 죽음에 대해 어떤 해결책과 비법을 제시했을까? 죽음은 모든 종교들이 해결책을

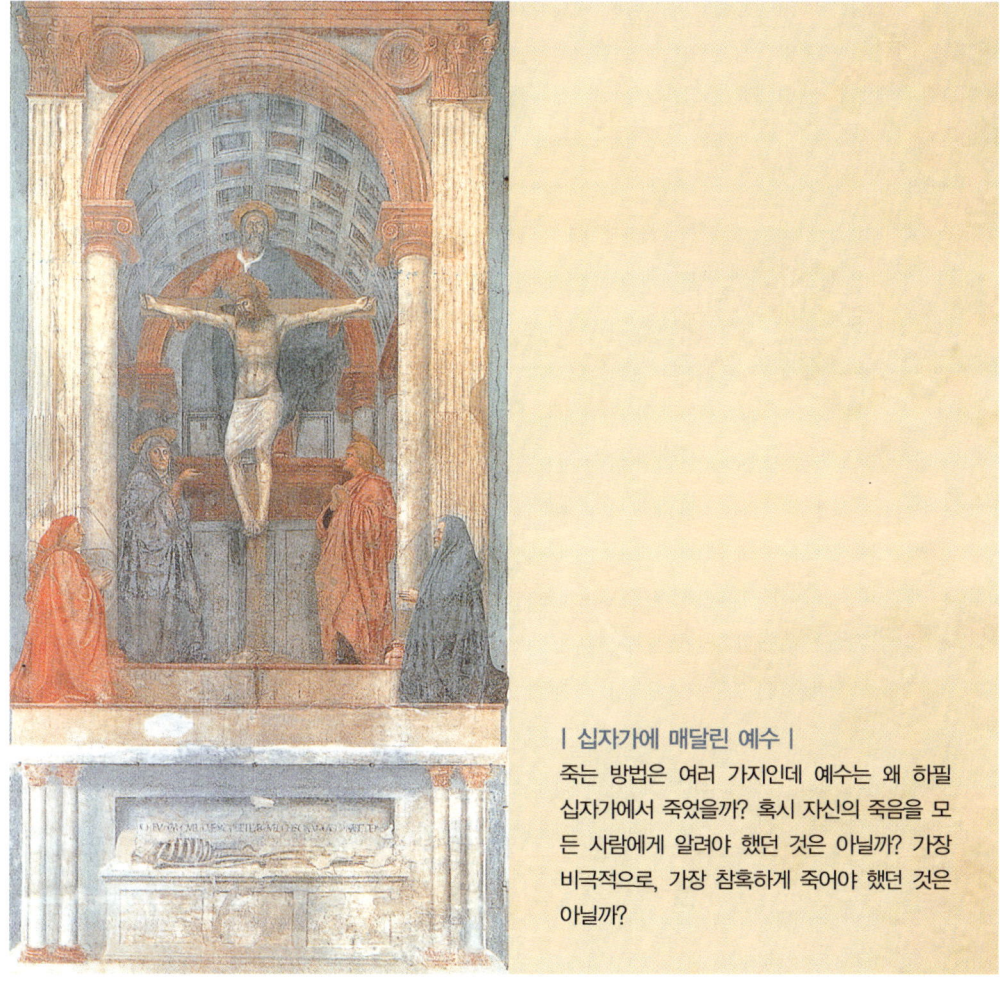

| 십자가에 매달린 예수 |
죽는 방법은 여러 가지인데 예수는 왜 하필 십자가에서 죽었을까? 혹시 자신의 죽음을 모든 사람에게 알려야 했던 것은 아닐까? 가장 비극적으로, 가장 참혹하게 죽어야 했던 것은 아닐까?

제시해야 할 정책 과제였다.

성경은 예수가 십자가에 못 박혀 죽었다고 기록하고 있다. 모든 교회에는 십자가 위에 매달려 있는, 참혹하게 죽어 가는 예수의 십자가 상을 걸어 두고 있다. 기독교인들은 매주 예배를 보면서, 예수의 십자가 상을 보면서 무슨 생각을 할까?

성경에 의하면 예수는 모든 인간을 대신해서 죽었다. 예수가 죽음으로써 인간의 원죄를 씻을 수 있는 길이 열렸다. 인간을 대신해서 죽은 예수를 믿으면 죄를 씻고 천국에 들어갈 수 있는 길이 열렸다. 《로빈슨 크루소》를 지은 대니얼 디포는 로빈슨 크루소의 노예 이름을 '프라이데이Friday', 즉 금요일이라고 짓는다. 왜 하필 금요일일까? 바로 금요일이 예수가 십자가에서 죽은 날이기 때문이다. 노예 프라이데이는 로빈슨 크루소를 만나 인간이 되었다. 예수가 십자가에 못 박혀 죽은 금요일 날, 인간은 깨끗한 인간으로 다시 태어날 수 있는 기회를 갖게 되었다는 의미다.

예수의 죽음은 인간에게 무엇을 주었는가?

그러나 예수의 죽음은 또 다른 짐을 인간에게 지운다. 결국 인간은 예수를 죽게 만든 장본인이다. 예수는 자신의 죽음으로 인간들에게 죄에서 벗어날 수 있는 기회를 주었지만, 인간의 입장에서 보면 인간들이 예수를 죽인 것이다. 인간들은 십자가에 못 박혀 죽어 가는 예수를 바라보며 자신

| 예배 |
예배당은 사람들의 희망과 바람으로 가득 찬 곳이다. 얼마나 많은 사람들이 예수와 십자가 앞에서 희망과 바람, 소망을 빌었겠는가? 그러므로 예수는 수많은 사람들의 희망과 소망으로 뭉쳐진 존재다.

들을 위해 죽은 예수에게 무한한 감사를 느낌과 동시에 죄책감을 갖게 된다. 부채 의식이다.

예수 앞에 서면 인간은 고개를 숙일 수밖에 없다. 결국 예수는 인간들을 또 다른 죄인으로 만들었다. 그렇다면 인간의 원죄를 해결하는 방안으로 꼭 예수가 죽어야만 했던 것일까? 원죄의 해결 방식이 예수의 죽음밖에 없었던 것일까? 다른 해결책은 없었을까?

예수는 메시아[27]였다. 로마의 지배에 시달리던 유대 인들에게 죄를 심판하러 올 하나님의 선지자 메시아였다. 메시아는 세상을 구원할 구원자였다. 세상은 악으로 가득 차 있

[27]_ 기독교 성경에서 구세주를 가리킨다. 헤브라이 어로 '기름 부음을 받은 사람'이라는 뜻이며, 그리스 어로 Christos, 즉 '그리스도'의 어원이다.

었고, 인간들은 고통 속에 살아갔다. 세상에 종말이 올 때 메시아가 나타나 세상을 구원할 것이다. 이것은 삶에 대한 긍정인가 부정인가?

예수의 가장 위대한 점은 하나님 앞에서 모든 인간의 평등을 주장한 것이다. 예수 이전의 유대교는 '선민(選民)'의 종교였다. 하나님의 나라엔 오직 유대 인만 들어갈 수 있었다. 유대교는 특별한 종족이었던 유대 인들만의 종교였다. 그러나 예수는 인종, 민족, 혈연, 지역을 뛰어넘어 모든 인간이 하나님 나라에 들어갈 수 있음을 선포했다. 그래서 기독교는 세계인의 종교가 되었다. 예수는 적어도 신앙, 종교에 있어서 계급적 구분, 인종적 차별을 없앴다. 하나님의 나라에 들어가는 비법도 아주 쉬웠다. 돈도, 명예도, 학식도 필요 없었다. 그냥 예수만 믿으면 천국에 들어갈 수 있었다. 예수의 이런 선언에 태어날 때부터 노예였던 사람들, 병자들, 가난한 자들, 배우지 못한 자들이 얼마나 기뻐했을지 상상할 수 있겠는가?

예수의 죽음, 예수의 구원 사상에는 현세의 삶에 대한 부정이 깔려 있다. 현실의 삶은 고통이며 어서 이 삶을 벗어나고자 하는 욕구로 가득 차 있다. 그 구원의 사다리가 바로 예수의 십자가에서 내려온 것이다.

죽음에 대한 태도에는 반드시 현실의 삶에 대한 태도와 관점이 함께 녹아 있다. 현실의 삶을 긍정하는가 아니면 부정하는가? 삶은 축복인가 아니면 저주인가? 예수에게 무엇을 기원하는가? 왜 예수를 믿는가? 이 각각의 질문은 지금 삶에 대한 태도를 묻고 있는 것이다.

예수가 살았던 시대. 그 시대의 사람들은 어떠했을까? 그들에게 과연 삶이 축복이었을까? 그들은 행복했을까? 아니면 도망치고 싶었을까? 현실의 삶에서 하루빨리 벗어나고 싶었을까?

부처, 불교는 죽음에 대해 어떤 해결책을 제시했나?

석가모니는 죽음에 대해 어떤 해결책을 제시했을까? 그는 현생의 삶에 대해 어떤 관점을 가지고 있었을까? 죽음에 대해 종교는 부활과 재생, 윤회의 사상을 제시한다. 불교에서는 생명이 있는 것은 모두 죽어도 다시 태어나 삶이 반복된다고 주장한다. 윤회(輪廻) 사상이다. 윤회하는 세계는 지옥, 아귀(餓鬼), 축생(畜生), 아수라(阿修羅), 인간, 천상(天上)의 육도(六道)가 있다고 말한다. 윤회 사상에 의하면 파리나 모기 등도 전생에는 인간이었을 수 있으며, 우리도 다음 생에 파리, 모기로 태어날 수 있다. 다음 생에 무엇으로 태어날지 결정하는 것은 무엇일까? 현재 살고 있는 현생(現生)에서 어떻게 살고 있느냐에 따라, 즉 현재 행위와 행위의 결과인 업(業)에 따라 결정된다고 한다. 선하게 살면 선의 세계에, 악하게 살면 악의 세계에 태어난다는 것이다.

모든 종교는 죽음을 역전시켰다. 사람들이 두려워했던 죽음. 기독교는 죽음 뒤에 천국이 기다리고 있다고 가르쳤다. 그리고 예수의 죽음을 통해 죽음을 성스러운 것으로 변화시켰다. 불교는 죽음을 통해 다른 사람으로, 지금보다 더 나은 삶을 살 수 있는 사람으로 다시 태어날 수 있다는 믿음을 가르쳤다. 모든 종교는 죽음을 슬픔과 절망에서 희망과 기쁨으로 가는 길로 변화시켰다. 죽음 이후에 삶이 밝고 빛날수록 현생의 삶을 참고 견디며 자신의 죄를 뉘우쳐야만 했다.

윤회 사상으로 현실의 모든 것이 설명되었다. 노비와 노예들은 전생에 죄를 지어서 노예로 태어난 것이다. 지배자들은 전생에 선하게 살아서 그렇게 태어난 것이다. 전생에 지은 죄가 많아서 현생의 고통을 받는다는 것이다. 무서운 논리다. 이제 어떻게 살아야 할까? 후생(後生), 저승에서 동물로 태어나지 않기 위해서는, 다음 생에 또 노비로 태어나지 않기 위해서는 어떻게 살아야 할까? 답은 착하게 살아야 한다는 것이다. 어떻게 사는 것이 착하게 사는 것일까?

🔺 모든 종교의 공통점은 무엇인가?

모든 종교의 공통점이 또 하나 있다. 예수는 인간을 믿지 말고 하나님과 자신을 믿으라고 했다. 석가모니는 부처를 믿으라고 했다. 공자는 조상을 믿으라고 했다. 모두들 자기 자신, 인간을 믿지 말라고 한다. 왜 인간 스스로를 신뢰하지 못하는 것일까? 왜 성인(聖人)들은 인간에 대한 불신을 가졌던 것일까?

모든 종교의 시작에는 인간의 나약함, 인간의 한계에 대한 발견이 있다. 창세기에는 아담과 이브가 에덴동산에서 쫓겨나는 사건이 기록되어 있다. 이른바 원죄(原罪)다. 하나님의 명령을 어기고 '하나님처럼 된다'는 뱀의 유혹에 넘어가 선악과를 따먹은 교만의 죄다. 이 원죄 때문에 예수는 모든 인간을 대신하여 십자가에 못 박혀 죽었다고 성경은 전한다. 과연 그토록 참혹한 죽임을 당해야만 하는 죄였을까?

　여하튼 인간은 교만함, 호기심, 그리고 여러 가지 욕망을 가지고 있다. 이것이 인간의 모든 죄의 출발점이다. 인간의 완벽하지 못함, 능력의 부족, 자신의 욕망과 감정을 조절하지 못함 등 인간의 한계와 나약함으로부터 고통이 생산된다.

　모든 종교는 인간의 문제를 다루고 인간의 의문에 대해 답을 준다. 인간의 희망과 고통이 종교의 소재이며 주제다. 그렇다면 만약 우주에서 인간과 다른 외계인이 발견된다면, 이 지구의 종교는 어떻게 되는 것일까?

왜 종교를 창시한 여성은 없는가?

　인류의 역사 속에서 출현한 종교는 철저히 지구의 종교다. 아니 지구만의 종교다. 태양계는 우주의 유일한 은하계가 아니다. 우주에는 인간과 다른 생명체가 살고 있는 행성이 있을 것이다. 지금 없다 하더라도 지구가 만들어진 것처럼 또 다른 지구가 만들어질 수 있을 것이다. 그들의 종교는 무엇일까? 지구의 종교가 그들의 종교가 될 수 있을까? 지구의 종교는 '지구'라는 지역의 신앙일 뿐이다. 지구의 종교는 철저히 인간 종족에게 초점이 맞추어져 있으며, 인간 중심적이고 지구 중심적이다. 역사 속에서 출현한 지구의 모든 종교는 남성 중심적 종교다. 종교의 교주가 여성인 종교는 없다. 종교를 창시한 여성은 없었다.

종교는 인간이 처한 현실에 대한 해석이다. 모든 인간의 나약함과 한계에 대한 질문의 답이다. 그리고 대부분의 종교는 2,000년 넘게 인류에게 하나의 지침으로 작용하고 있다. 과연 그 해결책은 아직까지 유효한 것일까? 혹시 이미 낡은 것은 아닐까? 해결책으로 제시한 방법들이 또 다른 고통을 재생산하고 있는 것은 아닐까? 이런 질문이 자연스럽게 제기되는 이유는 종교의 이름으로, 신앙의 이름으로 너무나 많은 전쟁이 치러졌고, 너무나 많은 사람들이 죽어 갔기 때문이다.

17
이슬람은 아랍 민족을 어떻게 변화시켰을까?

이슬람의 전파와 확산은 이슬람 공동체를 탄생시켰고, 아랍 민족에게 공통된 역사를 만들어 주었다.

알리바바와 40인의 도둑, 왜 하필 40명이었을까?

가난한 나무꾼 알리바바가 우연한 기회에 도둑들이 보물을 숨겨 둔 동굴에 들어가 보물의 일부를 가져옵니다. 동굴에 들어갈 수 있는 주문은 '열려라 참깨'였습니다. 알리바바의 돈 많은 형 카심이 그 비밀을 알고 동굴에 들어가지만 주문을 잊었기 때문에 밖으로 나오지 못하고 도둑들에게 죽임을 당합니다. 40인의 도둑은 알리바바까지 죽이려고 하지만, 카심의 여종이었던 어질고 착한 마르자나의 지혜로 도둑을 물리칠 수 있었습니다.

"오, 내 딸 마르자나야, 너를 보내 주신 알라를 나는 칭송할 뿐이란다. 다만 한 가지 더 바랄 것이 있다면, 나를 더욱 행복하게 해 주기 위해서 여기 있는 내 아들과 결혼해서 정말로 우리 집 사람이 되어 주었으면 하는 것뿐이란다."

그러자 마르자나는 기쁨에 미소를 짓는 얼굴로 알리바바의 손에 입을 맞춥니다. 마르자나는 자유의 몸이 되어 알리바바의 아들과 결혼합니다.

이 이야기에서 왜 하필 40인의 도둑일까요?

40이라는 숫자는 어떤 의미를 가지고 있을까요?

'40'이라는 숫자는 기독교의 성경에서 중대한 사건을 앞두고 준비하는 기간을 상징하며 몸과 마음을 정화하는 데 걸리는 시간을 의미합니다. 모세가 하느님께 계명을 받기 전에 40일 밤낮으로 엄하게 재를 지켰고, 예언자 엘리야가 하나님의 산 호렙에 가기 위해 40일 밤낮을 걸었습니다. 예수는 40일을 광야에 머물면서 악마의 유혹을 받습니다. 예수는 부활하여 40일 동안 이 세상에 있다가 승천했다고 합니다. 40이란 숫자는 유대 인에게 특별한 의미가 있습니다. 노아 시대의 홍수는 40일 동안 계속되었고, 모세는 파라오 왕궁의 40년, 미디안 광야의 40년, 그리고 시나이 광야의 40년이라는 삶을 살았습니다. 그러므로 40명의 도둑이란 꼭 40명이 아니라 강한 힘을 가진 도둑들이라는 의미, 또는 굉장히 많은 도둑 떼들이라는 뜻으로 사용되었습니다.

알리바바와 40인의 도둑에서 또 유명한 것이 바로 '열려라 참깨!'라는 주문(呪文)입니다. 알리바바의 형은 이 주문을 잊어버려서 고생을 하고 목숨까지 잃게 됩니다. 왜 주문을 외워야 하는 것일까요? '열려라 참깨'를 외면 금은보화의 문을 열 수 있습니다. 우리는 평소에 어떤 주문을 외우며 살고 있을까요? 호명하면 자신이 원하는 문을 열 수 있습니다. 마치 아이가 엄마를 부르면 엄마가 달려와서 자신의 문제를 해결해 주듯이. '열려라 참깨'의 주문은 자기 최면일까요? 자기 강화일까요? 자신이 원하는 것을 날마다 외우고 날마다 부르면 그렇게 현실로 이루어지는 것일까요? 열려라 참깨는 '호명 의식'을 보여 주는 것입니다.

'열려라 참깨'는 요즘으로 말하면 패스워드입니다. 음성 인식 장치인 것입니다. 무엇을 이루기 위해서, 그것을 자신의 것으로 확인하기 위해서, 그것이 자신에게 속한다는 것을 증명하기 위해서 패스워드는 필요합니다. 그리고 열쇠란 무엇에 이르기 위한 과정입니다. 즉 테스트이며 통과 과정인 것입니다. 알리바바의 형 카심은 이 통과 과정을 제대로 밟지 못하여 죽음에 이른 것입니다. 오늘날의 사회에서 우리는 얼마나 많은 '열려라 참깨'를 외우고, 기억하고, 통과해야만 할까요? 내가 갖고 있는 패스워드, 자격증은 과연 무엇일까요?

마호메트는 왜 이슬람교를 만들었을까요?

올해는 서기력으로 2010년이다. 그러나 이슬람의 세계에서는 1388년이다. 이슬람[28]은 서기 622년을 원년으로 삼았기 때문이다. 2008년 교황청에서는 이슬람교가 가톨릭을 앞서 세계 최대 종교가 되었다고 발표했다. 2006년을 기준으로 이슬람교 신자가 전 세계 인구의 약 19.2퍼센트로, 17.4퍼센트인 가톨릭을 앞질렀다는 것이다. 2009년 현재 이슬람교인은 전 세계적으로 약 17억 명에 이를 것으로 추산된다. 약 17억 명의 사람들이 서기력이 아닌 마호메트력으로 살아가고 있다.

서기 610년 메카(사우디아라비아의 히자즈 지방에 있는 도시, 아랍 어로는 마카) 부근의 히라라는 작은 동굴에서 무하마

---

[28]_ 이슬람(Islam)은 '신에 대한 순종'을 의미한다. 이슬람의 신자를 '무슬림'이라 부른다.

| 이슬람 사원 | 이슬람과 기독교는 형제 같은 종교다. 유대교로부터 전해 오는 구약성경의 내용을 함께 사용하고 있기 때문이다. 오늘도 기독교 세력과 이슬람 세력은 전쟁 중이다. 인류 역사 속 대부분의 전쟁에는 종교 세력이 개입되어 있었다. 사랑과 평화를 주장하는 종교들이 전쟁을 일으킨다.

드(영어식 이름은 마호메트)는 기도를 하고 있었다. 이때 가브리엘의 목소리가 들렸다. "만물을 창조하신 주님, 핏덩어리로 인간을 창조하신 주님의 이름으로 암송하라. 그대의 주님은 한없이 자비로우시며, 펜으로 가르치시고, 인간에게 모르는 것을 가르치신 분이로다." 무하마드는 모든 가르침을 글로 기록했다. 이 기록들이 훗날 이슬람의 경전 〈코란〉이 되었다. 이렇게 이슬람의 역사는 시작되었다.

무하마드는 570년경 아라비아의 사막 지역, 메카에서 태어났다. 당시 이 지역은 다신교를 믿는 베두인족이 다수를 차지하고 있었다. 메카의 신전에는 약 300개가 넘는 신들의 우상을 숭배하며 많은 순례자들이 모여들었다. '아랍 Arab(혹은 Ereb)'이라는 말은 구약성경에서 유목민을 의미한다. 아랍 인들은 사막의 유목민들이었다. 가장 큰 부족들이 약 600여 명 정도로 가족, 씨족, 그리고 부족 공동체를 이루며 살고 있었다.

무하마드는 이러한 다신교의 사회에서 "신은 단 하나"라고 선언했다. 아라비아 지역에 '일신교'가 탄생한 것이다. 무하마드가 설교하는 새로운 종교는 이미 전파되고 있었던 유대교, 기독교와 비슷했다. 이슬람의 경전인 코란에는 '요셉, 마리아, 예언자들, 인간, 부활' 등 구약성경이 복음서들과 내용이 비슷하다. 마리아는 기독교에서와 마찬가지로 예수의 어머니이자 동정녀였다.

그러나 근본적인 차이가 있었다. 코란에서 예수는 기적의 능력을 가진 위대한 예언자이지만 신의 아들은 아니었으며, 십자가에서 죽지도 않았다. 무하마드는 예수 다음에 온 예언자였다.

무하마드는 다신교 사회였던 자신의 고향에서 왜 유일신 알라만이 가장 위대한 신이라고 주장했을까? 왜 핍박과 박해가 예상되었음에도 불구하고, 그는 정치와 종교의 일치를

주장했던 것일까?

부족 단위로 분열되어 있는 아랍 인들. 그들은 각기 다른 신들을 믿고 있어 통일될 수 없었다. 메카의 신전에만 300여 명의 신들이 모여 있었다. 민족 의식도 없었다. 단일한 왕조도, 국가 체계도 없었다. 그러므로 부족 단위, 혈연 집단끼리 서로 분열하고 싸우며 살고 있었다. 아랍 민족을 통일시킬 수 있는 방법은 종교, 신앙, 믿음, 생각을 통일시키는 것이었다. 그것이 바로 '알라'였다. 그리고 알라 신은 새로운 신이 아니라 오랫동안 예루살렘과 메소포타미아 지역에서 전해 오던 아브라함의 신앙을 이어받은 것이었다. 무하마드는 아브라함의 신앙을 이어받은 최후의 예언자로서 아브라함의 하나님을 아랍 언어로 '알라'라고 불렀다.

무하마드의 이슬람 세력은 어떻게 아라비아 지역을 정복했을까?

무하마드는 유일한 신 알라에게 절대 복종할 것을 주장했다. 그러나 메카의 부족들은 무하마드의 주장에 반발하며 무하마드를 박해했다. 622년, 무하마드는 자신의 신자들과 '메디나'라는 오아시스로 도망쳤다. 이 사건을 이슬람의 시작이라고 여겨 '헤지라'라고 부르며 이슬람 역사의 시작으로 삼았다. 그래서 서기 622년이 이슬람력으로 일 년이 된다. 무하마드는 이때부터 성전(聖戰), 즉 '지하드'라 부르며 메카를 공격하기 시작한다. 8년 동안의 싸움 끝에 무하마드는 메카로 돌아온다. 이후 아라비아 반도는 점차 이슬람 세

| 아라비아 |

아라비아 지역은 유럽과 아시아를 잇는 교역로였다. 무하마드가 태어난 메카는 인도양과 지중해 연안, 메소포타미아와 홍해 연안을 연결하는 지역이다. 여러 문명과 사상, 문화가 만나고 혼합되는 지역이었다.

력에 의해 정복되었다.

632년, 무하마드가 죽은 뒤 그로부터 직접 가르침을 받은 4명의 칼리프(계승장)들이 661년까지 통치한다. 이들은 시리아, 예루살렘, 이라크, 이란, 이집트, 북아프리카 등의 지역으로 끊임없이 정복 전쟁을 떠난다.

4명의 칼리프 시대가 끝나고 661년부터 무하마드의 출신지인 메카 쿠라이시 부족의 우마이야 가문 출신이 새로운 칼리프가 되었다. 이 시대를 우마이야조(661~750)라고 부른다. 이때 아랍 어가 이슬람 제국의 언어로 정해졌다. 그리고 이슬람 제국 내의 우편 제도가 정비되었으며 아랍 민족이라는 의식이 형성되었다. 메카, 메디나 등 이슬람의 성지가 있는 사우디아라비아는 17세기에 리야드에서 번창한 호족 사우드 가문의 이름을 딴 것이다. 1932년, 국가 통일을 이루었을 때, 사우드 가문의 이름과 아라비아(사막의 백성)가 합쳐져 사우디아라비아가 되었다.

아랍 지역은 6~7세기에 부족 연맹 사회였다. 아라비아 반도를 중심으로 한 아랍 지역은 건조한 기후와 사막이라는 자연 환경 때문에 사람이 살아가는 데 꼭 필요한 물이 부족하고 식량의 자급이 어려웠다. 그러나 6세기 이후 동서 교역로로서 주목을 받기 시작했다. 이슬람의 창시자 무하마드가 태어난 메카의 경우, 인도양과 지중해 연안 및 메소포타미아와 홍해 연안으로 통하는 교역로였다. 낙타를 타고 사막을 가로지르는 대상들의 활동이 활발해짐에 따라 아라비아 반도의 변화는 시작되었다.

아랍 지역의 사람들은 부족 중심으로 뿔뿔이 흩어져 살고 있다. 그리고 이들은 부족들마다 다른 신들을 믿고 있었다. 수많은 신들이 숭배되고, 사막에서 다른 부족들을 약탈하며, 전쟁 속에서 살아가는 삶.

이슬람교는 아랍 민족을 어떻게 변화시켰나?

이슬람은 아랍 민족들의 언어를 통일시켰다. 이슬람의 경전인 코란이 아랍 어로 써지고 아랍 어로만 읽혀졌다. 모든 이슬람교인들, 무슬림들은 아랍 어를 배워야 했다. 아랍 어는 원래 메카를 중심으로 한 아라비아 반도의 중서부 지대에서 사용된 지방 언어였다. 이슬람 세력이 확장되어 가는 지역은 모두 아랍 어로 통일되었다. 아랍 어의 통일을 통해 아랍 민족이라는 민족의식이 형성된 것이다.

이슬람의 전파와 확산은 이슬람 공동체를 탄생시켰다. 이슬람 세력이 정복한 지역에는 다양한 인종들이 있었다. 그러나 하나의 신앙, 하나의 종교로 통일되면서 아랍 민족이라는 하나의 공동체를 형성했다. 이슬람교는 혈연과 인종에 집착하지 않고 신앙을 가장 중요한 것으로 여기며, 결혼 또한 무슬림 내에서 이루어졌다. 즉 이슬람을 믿지 않는 사람과는 혼인을 금지했다. 이러한 이슬람의 혼인관은 이슬람의 깃발 아래 여러 혈족과 인종 집단을 단결시키고 공동체를 형성하는 데 기여했다.

이슬람은 아랍 민족에게 공통된 역사를 만들어 주었다. 무하마드에 의해 이슬람이 창시된 이후 '무하마드-4대 칼리프-우마위야조-압바스조'로 이어지는 국가 권력의 역사가 만들어진 것이다. 이슬람은 아랍 지역에 부족 연맹체를 뛰어넘어 하나의 단일한 국가, 왕조 체제를 세우게 했던 것이다.

중세 사람들은 왜 가난했을까?

중세를 부르는 여러 가지 이름이 있다. 암흑의 시대, 믿음과 신앙의 시대, 자급자족의 시대 등. 중세는 어떤 시대였을까?

백설공주와 일곱 난쟁이, 왜 하필 일곱 난쟁이였을까?

일곱 살이 된 백설공주는 자신을 죽이려는 왕비를 피해 숲 속으로 도망갑니다. 그리고 숲 속에서 조그만 집을 발견했습니다.

방 안에는 일곱 개의 접시에 음식이 차려져 있는 탁자가 있었습니다. 일곱 개의 칼과 포크, 일곱 개의 잔이 놓여 있었습니다. 일곱 개의 침대도 있었습니다. 백설공주가 침대에서 잠이 들자, 드디어 일곱 명의 난쟁이들이 집에 돌아와 일곱 개의 불을 켰습니다.

여왕이 사는 곳과 난쟁이들이 사는 곳 사이에는 일곱 산이 가로 놓여 있었습니다. 백설공주는 일곱 산을 넘어서 일곱 난쟁이들의 집에 도착했던 것입니다.

백설공주와 일곱 난쟁이는 '7'이라는 숫자를 숭배하는 사람들이었나 봅니다. 7은 라틴 어로 '헵타드Heptad'라고 합니다. 태양의 빛은 빨주노초파남보의 일곱 색깔로 표현합니다. 중세 유럽에서는 일곱 가지 '교양 과목'(문법, 수사학, 논리학, 산술, 기하학, 음악, 천문학)을 가르쳤습니다. 월요일부터 일요일까지 7일을 주기로 살아갑니다. 음악에서는 7음계(도-레-미-파-솔-라-시-도)가 사용됩니다. 인간의 성장 주기는 0-7-14-21-28-35-42를 구분되기도 합니다. 그래서 아이들은 대부분 7세 때 학교에 입학합니다.

7이라는 숫자는 기독교에서 매우 중요한 숫자입니다. 하하님이 6일 동안 세상을 창조하고 나머지 7일째 되는 날 쉬었다고 합니다. 7은 기독교가 지배하던 중세 유럽을 상징하는 숫자였습니다.

백설공주 이야기에 등장하는 일곱 난쟁이는 바로 중세에 살았던 사람들을 대표합니다. 그들은 비록 작은 사람들이지만 깨끗한 삶을 살고 있었습니다. 난쟁이들은 낯선 백설공주를 처음 보고서 놀라워하면서도 기뻐합니다. 못된 왕비처럼 질투하거나 미워하지 않고 반갑게 맞이합니다. 남을 배려할 줄 아는 마음을 가지고 있는 순수한 영혼의 사람들로 그려집니다.

일곱 난쟁이들은 산으로 광석을 캐러 다닙니다. 광석은 빛나는 돌입니다. 백설공주는 원래 '눈처럼 새하얗게 빛나는 아이'라는 뜻입니다. 영어를 쓰는 사람들은 백설공주를 '스노 화이트Snow white' 또는 '리틀 스노 화이트'라고 부른답니다. 백설공주의 이름 속에는 '새로운 시대, 새로운 삶, 밝고 희망찬 세상'을 바라는 소망이 담겨 있습니다. 바로 일곱 난쟁이들의 소망이었겠지요. 이 소망을 이루기 위해 백설공주는 일곱 살이 된 때에 집을 떠나 일곱 난쟁이들을 만나게 되었던 것입니다. 일곱 살, 새로운 삶이 시작되는 때입니다.

중세 시대의 사람들은 어떻게 살았을까?

조선 시대에 부산에서 서울까지 걸어서 간다면 며칠이나 걸어야 할까? 조선 시대 과거를 보러 가는 선비들은 약 한 달 간의 기간을 잡고 짚신을 여러 켤레 준비하여 길을 떠났다. 부산→밀양→청도→경산→대구→칠곡→구미→상주→문경→수안보→충주→장호원→이천→광주→성남→서울. 성인 남자가 1시간 동안 걸을 수 있는 거리는 약 4~5킬로미터, 아침 7시부터 저녁 8시까지 2시간의 휴식 시간을 빼고 약 11시간을 걷는다면 하루에 약 40~50킬로미터를 갈 수 있다. 서울

| 농경지 |
중세는 땅, 토지의 시대였다. 논과 밭으로부터 모든 부가 생산되었다. 땅을 많이 가지고 있는 사람이 권력자였다. 식량을 생산하는 농사야말로 중세 사람들의 운명을 결정했다.

까지 15일 정도를 꼬박 걸어야 간다.

지금, 부산에서 서울까지 비행기로는 약 1시간이 걸린다. 고속버스로는 약 4시간 30분, KTX 기차로는 약 2시간 40분이 걸린다. 무엇을 타고 가든지 반나절이면 갈 수 있다. 중세에는 두 발로 걸어서 다녔다. 현대는 자동차로, 비행기로 이동한다. 엄청난 속도의 차이다. 만약 현대인이 중세 인들의 삶을 본다면 마치 달팽이처럼 느리게 느껴질 것이다.

중세의 시대. 유럽이나 한반도의 대부분의 사람들은 어디든 두 발로 걸어서 다녔다. 소수의 귀족, 왕족들만이 말이나 가마를 타고 다녔을 뿐. 아니 대부분의 사람들은 아예 자신의 고향, 마을을 평생 벗어나지 못했다. 태어나서 자라고, 농부로서 일하고 그곳에서 죽음을 맞이했던 삶. 땅에 묶여 살았던 삶이다. 중세의 유럽, 대부분의 사람들이 살았던 곳을 장원(莊園)이라 부른다.(영국의 매너Manor, 프랑스의 세너리Seigneurie, 독일의 그룬트헤어샤프트Grundherrschaft 등)

장원은 자급자족의 마을이다. 이 장원의 우두머리는 영주(領主). 중세 사회는 기도하는 사람들(교회의 사제, 주교, 성직자, 수도사), 싸워서 지켜 주는 사람들(귀족들과 기사), 일하는 사람들(농노) 등 3계급으로 나누어져 있었다. 장원은 사람들이 사는 집, 그리고 사람들이 일하는 땅으로 이루어져 있었다. 경작지, 목초지, 황무지, 숲, 방목지가 마을 주위에 펼쳐져 있었다.

중세 사람들은 왜 가난했을까?

중세의 사람들은 가난했다. 가난했던 첫 번째 이유는 농사를 지어서 생산되는 곡물이 적었다. 밀은 겨우 1.7배, 보리는 1.6배 정도 생산될 뿐이었다. 12세기에 가서야 2.5배에서 4배까지 생산되었다. 밀 한 알을 심으면 두 알이 얻어지는 수준이었다. 왜 그랬을까? 7세기에 가서야 쟁기가 발명되었다. 6세기에 물레방아가 만들어졌으며 8세기에 윤작(輪作, 작물을 일정한 순서에 따라서 주기적으로 교대하여 재배하는 방법)이 시작되었다. 9세기에 말에 채우는 편자와 마구가 등장했다. 농업 생산력이 낮아서 근본적으로 가난할 수밖에 없었다.

땅에 밀을 심으면 밀은 땅속 영양분을 먹고 자란다. 다 자란 밀을 수확한 후 다시 같은 땅에 밀을 심으면 어떻게 될까? 같은 작물을 해마다 같은 장소에 심으면 열매가 맺지 않는다. 영양분을 모두 흡수해 버렸기 때문이다. 그래서 처음엔 지난해 농사를 지었던 땅에는 아무것도 심지 않았다. 그러다가 다른 작물을 심으면 된다는 것을 알게 되었다. 2포제의 등장이다. 2포제는 나중에 3포제로 발전한다. 어떤 해에는 밀이나 호밀을 경작지 1에 심고, 보리를 경작지 2에 심고, 경작지 3은 일 년 동안 휴식을 위해 휴경지로 놀렸다. 이것이 삼포식 농법이다. 11세기까지 땅의 힘을 높이는 방법을 알지 못했다. 비료법이 등장하기까지 휴경(休耕) 농법은 계속되었다.

더욱 가난하게 되었던 두 번째 이유는 세금이었다. 장원에서 농사를 짓고 살았던 중세 농민들의 대다수는 농노(農奴)29)였다. 농노에게는 거주 이전의 자유가 없었다. 결혼을 하여 가족을 이루고 살 수 있었지만 영주의 허락 없이는 소속된 장원을 벗어날 수 없었다. 농노가 경작하는 토지는 세습되었으나 영주의 소유였으므로 세금을 내야 했다.

농노는 1주일에 3~4일간 영주의 직영지에서 일을 해야만 했다. 일주일에 3일 정도는 자신의 땅에서 일했다. 부역과 공납 외에도 농노는 인두세를 바쳤다. 소작지에 대해 일정한 금액을 소작료로 바쳤고, 가옥세, 가축세로 곡물, 포도주, 가축, 사냥에서 잡은 것들을 바쳤다. 또한 영주 소유의 농기계, 제분소, 제빵소, 양조장 같은 시설을 사용할 때 사용료를 냈으며, 영주의 성년식 비용과 영주가 마을 순회할 때 숙박비 및 연회비 등도 부담했다. 모든 사람들은 교회에 10분의 1의 세금을 내야 했다. 농노는 신체와 거주 이전의 자유가 없었고, 딸을 결혼시킬 때도 결혼세를 내야 했다.

중세의 사람들에게는 돈이 필요 없었다. 돈이 필요하지 않던 이유는 돈으로 살 수 있는 물건이 없었기 때문이다. 사람들에게 필요했던 모든 물품은 대부분 장원에서 얻었다. 중세 봉건 사회 초기의 경제 생활에서는 자급자족으로 해결되었다. 중세 사람들은 필요한 물건들을 자신이 직접 만들어서 사용했다. 장원의 우두머리인 영주는 필요한 물건을 만들 수 있는 기술을 가지고 있는 농노들을 자기 집에 살게 했다. 필요한 물건을 직접 만들게 하기 위해서였다.

29_ 노예는 물건처럼 취급되었지만 농노는 가족을 이룰 수 있었다. 하지만 거주 이전의 자유가 없었으며, 자신의 주인을 위해 일하고, 자신이 생산한 농산물을 현물로 바쳐야 했다.

자신들이 만들 수 없는 물건이 필요할 때는 어떻게 했을까? 그래서 자신이 생산한 물건과 바꾸는 물물 교환이 이루어졌다. 물물 교환을 위해 조그마한 시장이 열렸다.

상업은 발달할 수 없었다. 모든 지역은 장원을 중심으로 영주들이 통치하고 있었다. 영주들은 자신의 지역을 영토처럼 지배했다. 각 지역을 연결하는 도로는 좁고 험하고 진흙투성이여서 걸어 다니기에도 힘들었다. 또한 영주들은 자신이 지배하는 지역의 도로에서 통행세를 받았다. 화폐는 모자랐고 지역마다 사용하는 화폐가 달랐다. 도량형도 지역마다 달랐다. 이러한 조건에서 상품을 팔기 위해 장거리를 운반하는 것은 불편하고 위험했으며 도로마다 통행세를 내야 했기 때문에 비용이 많이 들었다. 이러한 조건 때문에 물물 교환의 시대, 자급자족의 시대가 10세기까지 지속되었다.
중세 사람들은 숲을 무서워했다. 그곳에는 뱀, 늑대, 곰과 같은 위험한 동물들이 들끓었고 악마, 귀신들이 있다고 믿었다. 숲을 두려워하는 생각은 숲을 개간하기 시작한 11세기 말까지 계속되었다.

아직 기계가 등장하지 않았던 시대. 모든 것을 사람의 손으로 직접 만들었던 시대. 그리고 대부분의 사람들이 평생 자신이 태어난 곳에서 자라고 살았던 시대. 이것이 중세의 풍경이다.

19

교황은 어떻게
유럽을 지배할 수 있었을까?

중세 유럽의 최고 권력은 교황과 교회 세력에서 나왔다.
교황의 힘은 어디에서 생겼을까?

19

수도사들은 왜 아리스토텔레스의 희극을 읽고 죽어야만 했을까?

1327년 11월 말, 이탈리아 북부에 있는 한 수도원에서 아델모 신부를 시작으로 여러 명의 수도사들이 의문의 죽음을 당합니다.

이 죽음을 이상하게 생각한 윌리엄 신부는 제자 아드소와 함께 아델모 신부의 죽음을 추적하기 시작합니다. 윌리엄과 아드소는 호르헤 신부의 방해에도 불구하고 결국 죽음의 원인을 알아냅니다. 죽은 수도사들은 모두 아리스토텔레스의 《시학》 중 '희극론'을 다루고 있는 2권을 읽은 사람들이었습니다. 그 책에 극약인 비소가 묻어 있어 손으로 책장을 넘기면 비소를 먹고 죽었던 것입니다. 왜 살인자는 아리스토텔레스의 희극론을 읽지 못하게 하려고 했던 걸까요?

윌리엄과 호르헤는 다음과 같은 논쟁을 합니다.

윌리엄 : 원숭이는 웃지 않는다. 웃는 것은 만물의 영장인 인간뿐이다.

호르헤 : '공허한 말, 웃음을 유발하는 언사를 입에 올리지 말지어다.' 베네딕트 회칙 제4장에 나오는 말입니다. '그리스도는 웃지 않으셨답니다.'

윌리엄 : 나는 웃음이라는 것은 좋은 약일 수 있다고 생각하는 사람입니다. 웃음은 목욕과 같은 것이지요. 웃음은 사

람의 기분을 바꾸어 주고, 육체에 낀 안개를 걷어 줍니다. 우울증의 특효약이라고 하면 어떨까요?

    호르헤 : 목욕은 흐트러진 기분을 올곧게 세워 줍니다. 다만 웃음이란 육체를 뒤흔들고 얼굴의 형상을 일그러뜨리게 함으로써 인간을 잔나비로 격하시키는 것일 뿐입니다. 웃는 자는, 자기가 웃는 대상을 믿지도 않고 미워하지도 않습니다. 따라서 악한 것을 보고 웃는다는 것은, 악한 것과 싸울 준비가 되어 있지 않다는 뜻이요, 선한 것을 보고 웃는다는 것은, 선으로 말미암아 스스로를 드러내는 선의 권능을 부인한다는 것입니다. 그래서 회칙에 어리석은 자는 웃음 속에서 제 목청을 높인다는 말이 있듯, '인간이 지닌 열 번째 미덕은 웃음이 헤프지 않은 것이다.'라고 적혀 있는 것입니다.

  웃음이라고 하는 것은 허약함, 부패, 육신의 어리석음을 드러내는 것에 지나지 않아요. 웃음이란 농부의 여흥, 주정뱅이에게나 가당한 것이오. 지혜롭고 신성한 교회도 잔치나 축제 때는 이 일상의 부정을 용납하여 기분을 풀게 하고 다른 야망과 욕망을 환기시키는 것을 용납하고 있기는 하오. 허나 웃음이 원래 천박한 것, 범용한 자들의 제 진심을 얼버무리는 수단, 평민을 비천하게 만드는 것임에는 변함이 없어요.

                움베르토 에코의 《장미의 이름》 중에서

왜 호르헤는 웃음을 다루고 있는 아리스토텔레스의 책을 읽지 못하게 지키고자 했을까요? 수도사들은 웃지 않아야 했습니다. 웃음은 인간의 욕망, 인간의 기쁨, 인간의 행복이 느껴졌을 때 터져 나옵니다. 인간의 웃음이 부정되는 시대, 인간의 욕망과 기쁨이 죄가 되는 시대, 그래서 엄숙주의와 경건주의가 지배했던 시대였습니다.

교황은 어떤 사람들을 대표하는가?

325년 로마 황제 콘스탄티누스 1세가 세계 교회 회의를 소집했다. 니케아 공회의가 열린 것이다. 이 회의에서 예수 그리스도는 신(神)으로 인정되었고, 기독교의 교리는 하나로 통일되었다.

476년 서로마 제국이 망하자 유럽의 정치 체제는 분열되었다. 단일하고 강력한 중앙 집권 국가는 사라졌으며 지방, 지역을 근거로 한 영주와, 유력한 가문의 대표로서 왕들이 자신의 땅을 지배했다.

이때 가장 강력한 힘을 발휘한 세력은 바로 가톨릭 세력이었다. 그리고 그 가톨릭 세력의 대장은 교황이었다. 로마의 정치 체제를 이어받은 교황은 교회 조직을 통해 전 유럽을 통치했다. 개별 교회는 주교가 관할하는 교구였다. 교구가 모여 대주교가 관할하는 대교구를 이루고, 대교구가 모여 수도 대주교의 지휘를 받았다. 수도 대주교를 통치하는 것은 로마, 콘스탄티노플, 안티오크, 알렉산드리아, 예루살렘의 총주교였다. 그리고 그 위에 교황이 있었다.

7세기, 그레고리우스 교황은 모든 교회의 네트워크를 완성한다. 교회와 주교들 사이를 연결하는 소식 전달망, 통신망을 확립한 것이다. 이것이 가능했던 것은 사제들이 읽기와 쓰기를 할 수 있었기 때문이다. 문자를 해독할 수 있었던 유일한 집단이었던 수도사 공동체와 주교 조직을 통해 교회와 교황은 문맹 세계를 통제할 수 있었다. 지식은 소수의 사람들이 독점했고, 그 지식은 오로지 종교적인 목적에만 사용되었다. 읽고 쓸 수 있는 능력과 학습이 필요한 사회 생활의 모

| 교황 |
교황은 예수의 대리자로서, 지구에 있는 가톨릭교회의 수장이다. 신을 대신하는 인간이 바로 교황이다. 유럽의 모든 지역에 교회가 있었다. 모든 왕들과 영주들 또한 교회의 신자들이었다. 교황은 왕과 영주들까지 지배했다.

든 영역에 대한 독점적 통제권이 교황과 교회로 넘어갔다.

북아프리카 히포 출신 아우구스티누스 주교는 《신국(神國)》이라는 책에서 수도원의 영적인 삶으로 도피할 것을 제안했다. 《신국》은 삶에 필요한 규칙을 담고 있었으며, 그 후 1,000년 동안 기독교 사상에 영향을 미쳤다. 아우구스티누스는, 로마가 망한 것은 교회가 이교도의 세속적인 권위에 복종했기 때문이라고 주장했다.

왜 수도사가 되는가?

유럽의 그리스도교 세계는 수도사들의 업적으로 이루어진 세계다. 수도사, 즉 그리스 어로 '은둔자Einsiedler'는 세상을 등진 사람들이었다. 이들은 모두 '세상의 종말'을 믿었다. 로마 제국의 멸망은 세상의 종말이 다가왔음을 나타내는 징표로 받아들여졌다. 사람들은 두려움에 휩싸였고 교회에 가입하는 사람들이 늘어났다.

세상의 종말을 기다리는 삶에서는 현실 세계로부터 도피해야만 한다. 아우구스티누스는 다가오는 종말에 대처하는 방안을 《신국》에서 제안한다. '암흑과 죽음을 피할 길 없어 보이는 사람들'에게 도피 수단을 제공한다. 오직 신만을 생각하며, 신의 나라에 들어가기 위해 참회하고 신의 세계만을 위해 사는 곳. 그곳이 곧 수도원이었다.

아우구스티누스는 그리스 철학자 플라톤의 이론을 적극

적으로 받아들였다. 그는 신플라톤주의[30]를 주장했다. 그는 실재와 현상을 구분하고, 일상의 감각 세계는 단순한 믿음의 산물로서 실재의 그림자에 불과하다고 했다. 참된 지식은 정신 속에 있으며, 순수하고 이데아적인 형상, 즉 눈에 보이는 사물들의 '이데아Idea'들로 구성되어 있다. 인간의 육체도 그림자에 불과하다. 오직 영혼만이 실재하는 것이고, 죽음은 육신이라는 일시적이고 부적절한 감옥에서 탈출하여 영혼이 원래 생겨났던 곳인 하늘, 즉 이데아 세계로 돌아가는 것이다.

모든 것들에는 숨겨진 의미가 있었다. 신이 자연의 진실된 의미를 눈에 보이지 않도록 만들었기 때문에 눈에 보이는 것이 그대로 사물의 진리는 아니었다. '자연이라는 책'은 하나의 암호문이고, 그 암호는 신앙에 의해서만 풀릴 수 있었다. 모든 것에는 이중적인 의미가 있었다. 지금의 세계는 신의 나라의 그림자에 불과하고 참된 세계는 오직 다가오는 신의 나라밖에 없음을 주장했다.

수도원의 숫자는 특히 1050년에서 1150년 사이에 폭발적으로 늘어났다. 잉글랜드의 경우 1066년부터 1154년까지 수녀원을 제외한 남성 수도원의 수는 50개 미만에서 약 500여 개로 늘어난다.

✠ 수도사들은 수도원에서 무엇을 하는가?

수도원은 도시에 대학이 세워졌던 12세기까지 중세 유럽

30_ 서기 2세기부터 서기 6세기까지 유럽에 등장했던 사상. 고대 그리스의 플라톤 사상을 가톨릭 사상과 결합, 재해석했다.

| 수도원 |

수도원은 세상의 종말을 준비하는 곳이었다. 인간의 욕망, 인간적인 것을 철저히 부정하는 곳이었다. 인간적인 것을 상징하는 것이 바로 웃음이다. 수도원은 웃음을 조심하고 침묵이 존중되는 곳이었다.

을 대표하는 지식 계급인 수도사들이 사는 곳이었다. 수도사들은 가정 교사가 되어 라틴 어와 교양을 가르치기도 했고, 학교 교사가 되어 영주의 자식들을 가르치기도 했다.

수도원은 지식을 보존하기 위해 노력했다. 인쇄 기술이 없었던 당시에는 귀중한 책들을 모아 도서관을 만들고, 번역하고, 손으로 일일이 베낀 사본을 만들어 보존했다.

수도원은 기도하는 장소이며, 학예의 전당이며, 지식의

보관 장소인 도서관이었다. 수도원 생활의 규칙은 크게 다섯 가지였다. 신을 충실히 섬기며 기도를 드릴 것, 세속을 떠날 것, 고행의 일환으로 금욕할 것, 생활에 필요한 것을 자급자족하기 위해 일할 것, 그리고 수도원의 정해진 규칙에 따를 것. 수도사가 되기 위해서는 청빈, 정숙(정결), 순종(복종)의 서원을 해야 한다. 이 수도사들의 서원이 중세 유럽인들의 슬로건이 되었다.

모든 장원의 촌락에는 교회가 세워졌다. 교회와 수도원의 종소리는 시계였다. 삶의 리듬은 교회의 종소리에 맞추어 돌아갔다. 교회의 종소리가 멈춘 밤에만 자연의 리듬이 작용했다.

카롤링거 왕조의 피핀과 카를 대제는 모든 사람은(종교상의 직책을 가진 자 등 교황으로부터 면제받은 사람을 제외한) 수입의 10분의 1을 자신이 세례받은 지역의 교회에 바쳐야 한다고 명령했다. 유럽 역사상 최초의 보편 세금(모든 교인들에게 세금을 거둠)을 받음으로써 교황과 교회는 경제적인 힘을 갖게 되었다.

1215년 라테란 회의에서 모든 사람은 일 년에 한 차례씩 교구 사제에게 고백을 해야 한다고 선언한다. 고해(고백) 성사는 아일랜드 켈트 수도원의 참회 행위에서 비롯되었다고 알려져 있는데, 그 수도원에서는 수도사나 은자가 자신이 지은 죄를 자신의 영혼 친구에게 고백했다. 이러한 고백 행위를 모든 교회, 모든 사람에게 확대하여, 12세기가 되면 사제에게 개인적으로 교회의 원리에 어긋나는 행동이나 위반 사항을 털어놓아야만 했다. 그렇지 않으면 처벌을 받고 심한 경우에는 영원히 파문을 당해 세속법이나 교회법상 모든 법적 보호권을 박탈당했다.

교회는 봉건 시대 최대의 지주였다. 서유럽 토지 전체의 약 3분의 1에서 2분의 1가량을 교회가 소유했다. 죽기 전에 자신의 죄를 뉘우치고 회개하여 천국에 들어가기 위해 사람들은 교회에 땅을 바쳤다. 귀족들과 왕들은 전쟁에서 승리한 기념으로 적의 영토를 점령할 때마다 토지의 일부를 교회에 바쳤다. 교회가 병든 사람과 가난한 사람을 돌보는 일을 하기를 원하는 사람들도 교회에 토지를 바쳤다. 이렇게 교회는 유럽 최대의 지주가 되었다.

20

중세의 끝, 돈키호테는 왜 풍차를 향해 돌진했을까?

풍차와 물레방아는 무엇을 가능하게 했으며, 또 무엇을 상징하는 것일까?

풍차와 물레방아는 무엇을 가능하게 했을까?

풍차는 거대한 팔을 벌려 바람을 잡았습니다. 바람은 늘 자신의 모습을 보여 주지 않았습니다. 바람은 항상 다른 것들에 기대어 자신의 모습을 드러냈습니다.

바람은 풀들을 눕게 하고 구름을 움직였습니다. 바람은 세상 어디에든 있었습니다. 바람의 운명은 움직이는 것이었습니다. 바람은 잠시도 머무는 것을 견디지 못했습니다. 풍차는 무심히 지나가는 바람을 잡았습니다. 작은 바람, 큰 바람, 가냘픈 바람과 거센 바람 그리고 비와 함께 오는 바람, 맛있는 냄새를 풍기는 봄바람 등 수많은 바람들이 풍차를 찾아왔습니다. 풍차와 바람은 서로 포옹했습니다. 풍차는 늘 한곳에 머물러 있었기에 움직이는 바람을 그리워했습니다. 바람들은 외로워하는 풍차를 위로하듯, 풍차의 팔을 잡고 한 번씩 돌아 주었습니다.

물레방아는 흐르는 물을 자신의 몸 안으로 초대했습니다. 한 방울의 물로 시작된 물들의 행진은 가파르게 흘렀습니다. 선두에 선 물이 두리번거리며 길을 만들었습니다. 가끔은 옆으로 튕겨 나가는 물들도 있었지만 대부분의 물들은 대열을 이탈하지 않고 열심히 길을 재촉했습니다. 따뜻한 햇볕의 유혹에 이끌린 물들이 때때로 하늘로 올라가기도 했습니다. 보이지 않는 물방울들이 되어 하늘로 하늘로 올라갔습니다. 그들은 언젠가 비가 되어 다시 땅으로 돌아올 것입니다. 물들은 동료들의 변신에 동요하지 않고 물레방아를 향하여 나아갔습니다. 물레방아는 물들을 시원스럽게 맞아들였습니다. 마치 오랜 친구가 찾아온 것처럼.

물레방아는 늘 한곳에 머물러 있었으므로 움직이는 물들을 부러워했습니다. 물들은 길을 내어 외로워하는 물레방아를 위로하기 위해 물레방아를 한 바퀴 돈 다음 자신의 갈 길을 재촉했습니다.

움직이는 것들은 움직이지 않는 것들을 만나 새로운 움직임을 만들어 냈습니다. 풍차와 바람의 만남, 물레방아와 물의 만남은 또 다른 힘과 움직임을 만들어 냈습니다. 그들의 만남 때문에 사람들은 수많은 일들을 할 수 있게 되었습니다. 수백 명이 할 일을 풍차 하나가 해내었습니다. 여러 날 동안 해야 할 일을 물레방아가 순식간에 해치웠습니다. 움직이는 것과 움직이지 않는 것이 만나면 큰 힘이 만들어집니다. 풍차와 물레방아는 큰 힘을 가진 거인입니다. 그래서 돈키호테는 풍차를 향해 돌진했던 것입니다.

돈키호테는 왜 풍차를 향해 돌진했을까?

풍차는 11세기경부터 유럽에 전해졌으며, 바다보다 땅이 낮았던 네덜란드에서 물을 퍼내는 데 사용되었다. 바람을 이용한 동력 기관 풍차는 오늘날로 보면 자동 기계였다. 풍차가 바람을 이용한 기계라면 물을 이용한 기계는 물레방아였다. 1086년 잉글랜드에는 3,000개 마을에 5,624개의 물레방아가 있었다고 한다.

물레방아와 풍차는 유럽 사회를 변화시켰다. 수백 명의 사람들이 해야 할 일을 물레방아와 풍차가 대신했다. 생산 능력이 변화한 것이다. 1050년까지 서유럽의 농민들은 호미도 없이 농사를 지었다. 1050년에서 1200년 사이에 무거운 쟁기가 사용되기 시작했다. 무거운 쟁기로 단단한 땅도 갈 수 있게 되었으며 밭고랑을 깊게 갈아엎음으로써 땅의 힘을 키웠다. 방아의 사용으로 농업 기술은 크게 발전했다. 1050년부터 북유럽에서 물레방아가 사용되었으며, 1170년에 드디어 유럽 최초의 풍차가 건설되었다.

방아는 곡식을 빻는 일을 했다. 물레방아와 풍차는 곡식을 빻는 일만 하는 것이 아니라 나무를 자르고, 베를 짜는 일, 펄프 제조 등 다양한 용도로 사용되기 시작했다. 더불어 모든 농기구들이 철제로 만들어지기 시작했다.

물레방아 하나는 많은 사람들이 해야 할 일을 해냈다. 11세기에 들어서면서 유럽은 농사 도구의 발전, 삼포제 등의 도입으로 농업 혁명이 일어났다.

이러한 농업 혁명을 상징하는 것이 바로 풍차였다. 웅장한 소리를 내면서 거대한 날개를 돌려 많은 사람들이 해야 할 일을 묵묵히 해내는 풍차. 농업 생산력이 늘어나자 사람들의 평균 수명도 늘었다. 카롤링거 왕조 시대 유럽 빈민들

| 풍차 |
현대의 풍차는 전기를 만들어 낸다. 바람의 힘을 이용하여 에너지를 생산하는 것이다. 바람, 물 등 모든 자연은 에너지를 갖고 있다는 것을 풍차와 물레방아가 알려 주었다.

의 평균 수명은 고작 30세에 불과했으나, 중세 전성기에는 40세에서 50세로 연장되었다. 사람들의 건강이 좋아지자 인구가 늘어났다. 1050년과 1300년 사이의 서유럽 인구는 약 3배로 증가했다. 세상이 변하고 있었다. 풍차는 이러한 사회 변화를 상징하는 기계였다.

변화가 꼭 좋은 것만은 아니다. 변화란 한편으로는 기존의 질서, 기존의 관계를 파괴한다. 변화 때문에 행복한 사람도 있지만, 불행한 사람도 있다. 중국으로부터 화약이 들어와 총이 만들어지자 칼을 사용했던 기사 계급은 힘을 잃기 시작했다. 새로운 도구가 출현하면 과거의 도구를 사용하던 사람들은 그 역할을 잃고 사라진다.

풍차는 유럽 최초의 기계였다. 수십 명의 할 일을 풍차와 물레방아가 대신했다. 수십 명의 사람을 대신하는 기계, 풍차는 거인이었다. 기계는 생산력을 높여 주지만 한편으로 사람들의 할 일을 빼앗아 간다. 기계 때문에 불행한 사람들이 등장한다. 19세기 초 영국에서 풍차에 돌진하던 돈키호테의 후예들이 등장한다. 러다이트 운동Luddite Movement. 일명 '기계 파괴 운동'이다.

1811년에서 1817년 동안 영국 중부와 북부의 직물 공업 지대에서 영국의 노동자(실업자)들이 기계를 파괴한다. 수공업에서 공장제 공업으로 변화하면서 기계가 사람들이 하던 일을 대신한다. 사람들은 일을 잃고 실업자가 된다. 자신들이 실업자가 된 이유를 기계 때문이라고 생각한 사람들은 밤마다 가면을 쓰고 기계들을 부수기 시작했다. 결국 이 운동을 주도했던 네드 러드는 교수형을 당했다.

돈키호테는 무엇에 반대했던 것일까? 무엇을 꿈꾸었던 것일까? 급격하게 변화하고 있는 사회에 적응하지 못하고 낡은 과거에 얽매여서 새로운 변화를 주도하고 있는 것들에 대해 분노하고 저주한 것일까? 그래서 풍차에 돌진했던 것일까?

중세의 끝, 무엇이 사라지고 무엇이 등장했을까?

1347년, 유럽에 흑사병(페스트)이 몰아친다. 1347년에서 1350년 사이에 유럽 전 지역에 걸쳐 창궐했으며, 이후 100년 동안 몇 차례에 걸쳐 반복적으로 유럽을 덮쳤다. 1450년까지 유럽의 인구 절반 이상이 병에 걸려 죽어 갔다. 죽음과 혼란, 그리고 공포의 시기였다. 중세 유럽의 위기였다. 전염병과 자연재해 때문에 너무나 살기 힘든 세월이었다. 1300년경에서 1450년경 사이에 유럽의 지방과 도시에서 하층민, 평민들의 반란이 일어난다. 이 시기 유럽의 역사에서 가장 많은 반란이 일어났다.

왜 민중들의 반란이 일어났을까? 귀족과 영주들은 흑사병으로 어려워진 경제적 위기를 농민들에게서 더욱더 많은 세금을 거두어 해결하려고 했다. 또한 귀족 계급의 사치는 계속되었다. 기근과 질병에 하층민들이 죽어 감에도 불구하고 귀족들은 화려한 옷, 사치스러운 연회를 즐기고 있었다. 영주와 귀족 계급들을 지켜 주던 기사들도 계속 늘어 갔다. 귀족 계급의 사치를 위해서 농민들은 더욱더 많은 세금을 내야만 했다. 농민들의 봉기는 당연한 것이었다. 중세 유럽은 그야말로 혼란의 시기였다.

반란과 전쟁의 와중에서 유럽에서 최초로 대포와 총이 발명된다. 총과 대포는 모두 14세기 초에 처음 만들어졌다. 대포는 돌로 쌓은 성 안에 숨어서 방어하는 것을 불가능하게 만들었다. 그러므로 대포는 작은 영토를 가지고 있던 군소 귀족 세력을 사라지게 만들었다. 대포를 가지고 있는 대군주의 탄생이 예고되고 있었다.

총은 무엇을 사라지게 했을까? 칼과 말을 가지고 권력을 발휘했던 기사 계급은 총이 등장하자 위기에 몰렸다. 이제 더 이상 칼싸움만으로는 이길 수 없었다. 또한 창을 든 기병대가 전투에서 힘을 발휘할 수 없었다. 총을 대규모로 생산할 수 있는 능력을 가진 군주가 군소 영주들의 반란을 제압하고 국가를 통일할 수 있는 힘을 가졌다.

1300년 직전에 기계식 시계가 유럽에서 발명되었다. 시계는 매우 빠른 속도로 유럽 여러 도시의 공공건물에 설치되었다. 기계식 시계의 등장은 교회의 종소리를 사라지게 만들었다. 그동안 시간을 알려 준 것은 바로 교회의 종소리였다. 시계는 풍차, 물레방아와 더불어 유럽에 등장한 신기한 기계였다. 이 기계는 매우 정확했다.

시계가 유럽 인들의 삶을 바꾸기 시작했다. 시계가 등장하기까지 시간은 정확하지 않았다. 해와 달, 계절의 순환에 따라 시간은 달라졌다. 여름과 겨울은 하루의 길이가 달랐다. 이제 기계식 시계가 등장하자 시간은 엄격해졌다. 일을 시작하는 시간과 끝나는 시간이 명확해졌다. 느슨했던 생활이 시계 때문에 긴장되는 생활로 변했다. 시계는 사람들의 삶을 규칙적으로 만들었고 보다 정확하고 엄격하게 만들었다.

돈키호테가 꿈꾸는 '황금시대', 중세는 황금시대였을까?

행복한 시절, 행복했던 수세기를 **황금시대**[31]라고 이름 붙였던 이유는 오늘날 이 철기 시대에 높이 평가되는 황금이 복된 그 시기에 쉽게 구할 수 있어서가 아니라 그 시절의 사람들은 '네 것, 내 것'이라는 두 단어를 모르고 살았기 때문이었소. 저 성스러운 시대에는 모든 것을 공동으로 소유했지요. 그 누구라도 일용할 양식을 얻기 위해서는 달콤하게 익은 열매를 아낌없이 주는, 잎이 무성한 떡갈나무에 손만 뻗으면 되었소이다. 맑은 샘물과 흐르는 강물은 사람들에게 맛 좋고 투명한 물을 충분히 제공해 주었지요. 바위 틈새와 움푹 파인 나무 구멍에는 부지런하고 분별력 있는 꿀벌들이 그들의 공화국을 건설하고 가장 달콤한 노동의 풍요한 수확을 아무런 대가 없이 누구에게나 제공했소……. 황금시대에는 모두가 평화로웠고, 우애가 넘쳤으며 조화로웠지요. 아직 밭 가는 쟁기를 가지고 자연의 자애로운 땅속을 열어 보거나 건드릴 엄두도 내지 못했소. 대지는 강압에 의해서가 아니라 스스로 그 비옥하고 넓은 대지 곳곳에서 그 당시 땅을 소유하고 있던 인간들을 실컷 먹이고, 영양분을 주고 즐겁게 할 수 있는 것을 제공했다오……. 사랑을 나눌 때도 인위적인 언어의 현란함을 추구하지 않고, 자신이 느끼는 그대로 단순하고 소박하게 표현했지요. 진실과 소탈함 속에는 사기와 속임수, 악이 끼어들지 않았다, 이겁니다……. 법관의 머릿속에 성문법의 개념도 존재하지 않았는데, 그 이유는 재판할 일도 재판받을 사람도 없었기 때문이었소.

《돈키호테》 중에서

31_ 최고의 시기, 가장 행복했던 시기를 가리키는 말. 황금기라고도 한다. 고대 그리스 인들이 인류의 역사를 금, 은, 청동, 철의 네 시대로 나누었다. 황금시대는 가장 이상적인 시대를 의미한다.

돈키호테는 중세를 황금시대라고 말한다. 중세는 과연 누구에게 황금시대였을까? 유럽의 중세 시대를 특징짓는 것은 무엇일까? 중세의 가장 큰 특징은 무엇보다도 자연의 흐름,

자연의 순환, 자연의 리듬에 맞춘 삶을 살았다는 것이다. 아직 기계가 등장하기 전, 아직 시계가 없는 시대에 사람들의 삶은 훨씬 더 여유로웠을 것이다.

소유할 것이 많지 않았던 시대, 혼자 할 수 있는 것이 많지 않았던 시대, 그러므로 여러 사람이 함께 노동해야만 했던 시대에 공동체적 삶은 어쩌면 운명이었을 것이다. 중세의 사람들은 과연 우울병을 가지고 있었을까? 그들의 대표적인 질병은 무엇이었을까? 시대가 바뀌면 질병도 변하는 법, 과연 그들은 현대인들이 가지고 있는 정신병을 가지고 있었을까? 비만이 존재할 수 없었던 시대.(어쩌면 유일하게 왕이 비만에 걸렸을지도 모르겠지만.)

돈키호테는 중세의 사라져 가는 것들에 대한 강한 애정, 그리고 중세에 빛났던 것들을 지키고자 했던 것은 아닐까?

21 구텐베르크의 인쇄술은 유럽을 어떻게 변화시켰나?

한 사람의 생각을 수천만 명의 사람들에게 전파할 수 있는 방법,
인쇄술은 사유의 혁명을 가져왔다.

21 이 세상에 단 하나밖에 없는 것은 무엇일까?

옛날에 한 왕이 있었습니다. 그 왕이 젊었을 때, 전쟁이 일어나 도망을 가야만 했습니다.

왕은 밤낮을 가리지 않고 도망을 쳐 길을 잃고 배고픔과 피로에 지쳐 어느 숲 속에 이르렀습니다. 그때 어두컴컴한 숲 속에서 조그만 오두막을 발견했습니다.

그 오두막에는 한 노파가 살고 있었는데, 노파는 왕을 반기면서 산딸기 오믈렛을 만들어 주었습니다. 왕은 허겁지겁 오믈렛을 먹었습니다. 그 오믈렛을 먹자 기적처럼 힘이 되살아나는 것 같았고, 새로운 희망이 샘솟는 것 같았습니다.

왕은 다시 자신의 왕국으로 돌아왔고, 그때 노파가 만들어 준 산딸기 오믈렛의 맛을 못 잊어 전국을 뒤져 노파를 찾아보려 했지만 찾을 수 없었습니다. 또한 자신이 먹었던 산딸기 오믈렛과 똑같은 맛의 오믈렛을 요리할 수 있는 사람을 찾아보았지만 찾을 수 없었습니다.

왕은 자신의 궁정 요리사를 불렀습니다.

"그대가 만약 그 노파가 만들어 주었던 산딸기 오믈렛과 똑같은 맛의 요리를 해 준다면, 그대를 나의 사위로 삼고 이 제국의 후계자로 만들 것이다. 그러나 만약 나의 기대를 만족시켜 주지 못하면 그대는 죽을 것이다."

궁정 요리사는 다음과 같이 대답했습니다.

"폐하! 저는 죽을 수밖에 없습니다. 저는 최고의 요리사입니다. 그러나 폐하께서 원하시는 산딸기 오믈렛을 만들 수 없습니다. 왜냐하면 폐하께서 그 당시 드셨던 모든 재료를 제가 어떻게 마련하겠습니까? 전쟁의 위험, 쫓기는 자의 마음, 부엌의 따뜻한 온기, 뛰어나오면서 반겨 주는 노파의 온정, 어찌 될지도 모르는 현재의 시간과 어두운 미래 등 노파가 산딸기 오믈렛을 만들었던 당시의 분위기, 폐하께서 산딸기 오믈렛을 드셨던 당시의 상황과 분위기를 저는 도저히 마련하지 못하겠습니다."

왕은 한참 동안 아무런 말이 없다가, 궁정 요리사에게 선물을 주고 그를 직책에서 파면시켰다고 전해진다.

발터 벤야민의 《산딸기 오믈렛》 중에서

산딸기 오믈렛의 아우라Aura. 오직 이 세상에 한 번만 존재하는 맛, 결코 복제하거나 똑같이 반복될 수 없는 유일한 그 분위기와 느낌. 인쇄는 복제입니다. 똑같은 것이 무수히 만들어지는 시대. 원본과 복제본의 차이가 없는 시대. 아우라가 사라지는 시대가 된 것입니다.

인쇄는 한 사람의 생각을 대량으로 복제하는 시대를 열었습니다. 마치 판도라의 상자처럼 책이 대량 생산되자 다른 물건들도 대량 생산되기 시작했습니다.

32_ 요하네스 구텐베르크(Johannes Gutenberg, 1398~1468). 독일의 인쇄업자. 인쇄술의 창시자이며 근대 활판 인쇄술의 발명자로 알려져 있다.

구텐베르크는 왜 인쇄기를 만들었을까?

1455년, 구텐베르크[32]는 금속 활자로 성경을 인쇄한다. 1455년 유럽에는 인쇄된 책이 없었으나, 1500년경에는 약 200만 권의 책이 있었다. 1455년 구텐베르크의 인쇄기가 유럽에서는 유일한 인쇄기였으나 1500년경에는 유럽의 145개 도시에 인쇄기가 있었다. 드디어 유럽에서 책의 시대가 시작되었다.

금속 활자로 인쇄된 책. 하나의 생각, 주장, 사상이 수십만, 수백만 권의 책으로 전파된다. 사상과 생각의 독점을 일시에 무너뜨리는 통쾌한 역사적 전환이다. 이제는 아무도 생각과 사유를 독점할 수 없다. 누구의 생각을 듣기 위해 직접 찾아갈 필요도 없다. 대량으로 인쇄된 책, 성경은 유럽의 모든 곳으로 퍼져 나갔다. 드디어 사상과 생각, 주장 들이 사람들을 향해 달려갈 수 있는 길이 뚫린 것이다.

인쇄술은 세계 최초로 기계에 의해 대량 생산된 상품, 즉 책이라는 상품을 탄생시켰다. 인쇄업자들은 모든 대학 도시와 상업 중심지에 인쇄기를 설치하여 1500년에서 1600년 사이에 약 2억 권에 이르는 인쇄물을 찍어 냈다. 복제 능력이었다. 한꺼번에 똑같은 것을 대량으로 생산할 수 있는 기계. 그 기계가 최초로 만들어 낸 상품이 생각을 담고 있는 책이었다는 것은 인류 역사에서 매우 의미 있는 사건이다.

똑같은 책을 수십만 권씩 찍어 낼 수 있는 인쇄기의 출현

| 구텐베르크 |

구텐베르크가 만들어 낸 인쇄기와 인쇄술은 한 권의 책이 수만 권의 책으로 변신하는 마법을 부렸다. 똑같은 것이 수천만 개로 만들어질 수 있다는, 상상에서만 가능했던 일이 현실로 이루어진 것이다.

은 사람들에게 반복의 힘, 복제의 능력이 이제 인간의 힘으로 가능하다는 것을 보여 주었다. 복제하는 기계, 똑같은 것을 생산할 수 있는 기계의 출현은 상품을 생산하는 방식에 대한 사람들의 상상력의 한계를 깨뜨렸다. 이제 사람의 손으로 만들어 냈던 수공업적 방식은 낡은 것이 되었다.

인쇄기가 만들어 낸 책은 유럽 전역으로 팔려 나갔다. 이제 누구나 책을 읽을 수 있었다. 그러나 책을 읽기 위해서는 문자를 알아야 했다. 문자를 알지 못하는 사람에게 책은 쓸

모없는 종이에 불과하다. 배우기 어려운 라틴 어로 책을 인쇄한다면 책을 읽을 수 있는 사람은 소수에 불과하다. 책은 팔리지 않을 것이다. 그래서 인쇄업자, 출판업자들은 그때까지만 해도 지방 언어, 사투리에 불과했던 프랑스 어, 독일 어, 이탈리아 어 등으로 책을 출판했다. 특히 1471년 이탈리아 언어로 번역된 성경이 베네치아에서 출판되어 판매되었고, 1477년에는 네덜란드 어 성경이 출판되는 등 1500년까지 6개 언어로 약 30여 종의 성경이 출판되었다.

인쇄술이 만들어 낸 사건들은 무엇이었나?

두 가지 일이 벌어졌다. 하나는 이탈리아, 독일, 프랑스, 네덜란드 등 지역 언어가 점차 표준어가 되었다. 아직 국가 형태를 갖추지 못했던 유럽은 이제 같은 언어를 쓰는 지역과 사람들이 하나의 의식, 문화를 형성하기 시작한 것이다. 이러한 현상은 이후 민족 국가의 탄생에 영향을 준다. 즉 민족의 자격에 같은 언어를 쓰는 사람, 그리고 국가의 경계를 언어의 사용 범위로 정하는 계기가 된 것이다.

1478년에서 1571년 사이에 에스토니아, 리투아니아, 핀란드, 아일랜드, 웨일스, 라트비아, 바스크, 카탈루냐 등에서 자신들의 언어로 성경이 출판되었다. 이들은 자신들의 언어로 번역된 성경을 통해 민족적 일체감을 유지하고 키워 갔다. 그러나 성경으로 인쇄되지 않은 언어를 쓰는 집단들은 정치적, 경제적으로 약화되었으며 그들의 언어는 사투리나 방언으로 전락했다. 성경이 없었던 시칠리아의 언어는 이탈리아 언어에 흡수되었고 시칠리아 또한 정치적으로 이탈리아에 흡수 통합되었다. 프로방스와 브르타뉴는 프랑스에, 콘월은 잉글랜드에, 프로이센은 독일에, 라에티아는 오스트리아에, 프리슬란트는 네덜란드 등에 각각 흡수되었다. 성경 인쇄는 이렇게 정치적인 영향까지 미쳤다.

또 하나의 현상은 성경의 독점을 깨 버렸다는 것이다. 그동안 성경은 라틴 어로만 쓰였기 때문에 라틴 어를 읽고 쓸 수 있는 소수의 성직자들, 지식인들이 독점했다. 특히 라틴 어와 성경은 로마 교황청의 권력과 권위를 유지해 주는 독점적 무기였다. 그런데 각 지역의 언어로 성경이 번역되어 출판되고, 그 성경을 일반 사람들이 읽기 시작하자 로마 교황청과 사제들의 성경 독점은 일시에 무너졌다. 마치 비밀처럼 사제들만이 알고 있어야 할 성경의 내용이 너무나 쉽게 공개되어 버린 것이다.

성경의 어디에도 면죄부[33]에 대한 기록은 없었다. 그동안 성경을 이용하여 천국에 갈 수 있다는 면죄부를 팔고 자신의 권위와 권력을 유지하던 성직자들의 거짓말이 들통나기 시작했다. 거짓말쟁이 교황과 성직자들에 대한 공격이 시작됐다. 독일의 신학자 마르틴 루터는, 1517년 10월 31일, 면죄부를 판매하는 로마 교황청을 공격하는 95개 논제를 비텐베르크 성(城) 교회의 문에 붙였다. 불과 2주일 만에 루터의 글은 독일 전 지역에 퍼졌으며, 한 달도 못 되어 유럽 전 지

33_ 가톨릭 교회에서 신자들의 죄를 없애 주는 증명서를 돈을 받고 발급해 주었다. 베드로 성당 등을 건설하기 위해 속죄 증명서를 팔기 시작하면서 종교 개혁의 실마리가 되었다.

역으로 퍼져 나갔다. 인쇄의 힘이었다. 루터는 독일어로 성경을 번역하여 출판했으며, 독일어의 어휘와 철자를 표준화하기 위해 1525년 독일어 문법책이 나왔다.

소리 내지 않고 책을 읽는 사람이 탄생하다

책 읽는 사람의 탄생. 인쇄술은 독자(讀者)를 탄생시켰다. 중세까지 독서란 음독(音讀)이었다. 책은 소리 내어 읽는 것이었다. 중세에 성직자의 개인 독서실은 노래방과 같은 가창실이었다.

"오늘은 무서운 것을 보았다. 서재에 들어서니 조카가 소리를 내지 않고 책을 읽고 있었다."(성 에마뉘엘의 일기 중에서)

묵독(默讀)은 중세에서 악마의 소행으로 여겨졌다. 묵독은 책을 읽는 사람이 무슨 생각을 하는지 알 수 없었기 때문이다.

유럽에서 묵독이 일반화된 것은 12, 13세기다. 또한 중세에는 '저자'가 없었다. 서양에서 12세기 초에 드디어 저자가 등장한다. 인쇄술은 수도사의 독서에서 학구자의 독서로, 공동체의 독서에서 개인의 독서로 이행하게 만들었다. 홀로 책 읽는 사람이 만들어진 것이다. 혼자 책 읽는 사람. 소리 내지 않고 묵독하며 혼자서 책을 읽고 생각하는 개인의 탄생이다. 서구의 역사에서 '자아'와 '개인'이란 말은 12세기에 발견되었다. 인쇄술, 종이 위에 찍힌 사상이 인간의 마음을 해방시킨 것이다.

인쇄술은 유럽 사회를 어떻게 변화시켰나?

인쇄술은 유럽의 사유, 사상, 지식의 세계를 송두리째 변화시켰다. 이제 새로운 지식을 얻기 위해 누군가를 직접 만나지 않아도 되었다. 자신이 직접 경험하지 않아도 책을 통해서 새로운 지식을 접할 수 있게 되었다. 더욱 결정적인 것은 개인의 사유, 개인의 해석, 개인의 은밀한 상상과 사유가 가능해졌다는 것이다. 사유의 독점, 지식의 독점, 정신의 독점은 이제 불가능해졌다.

인쇄술은 문서를 탄생시켰다. 관료들의 업무에 문서가 도입되기 시작했다. 모든 법령, 계약서, 재산의 행사가 문서로 이루어졌다. 성문(成文) 문화가 본격화된 것이다. 이제 인쇄된 문서가 사람의 약속을 보증했다. 말로 한 약속과 계약은 믿을 수 없다. 특히 인쇄된 문서는 새로운 민족 국가의 탄생에 기여했다. 인쇄된 여권, 안전통행권, 영장, 초대장, 법적 통지문 등 온갖 종류의 국가 행정에 관련된 문서들이 새로운 국가의 영토 안에서 이루어졌다. 국가 단위로 표준화된 문서가 등장하기 시작한 것이다.

인쇄술은 삶의 표준화를 가속화시켰다. 달력이 인쇄되어 팔리기 시작했다. 인쇄된 달력은 사람들의 삶의 리듬, 삶의 주기를 표준화시켰다. 선원들을 위한 달과 태양과 조수의 움직임, 농부들을 위한 농사와 가축 사육 자료, 예언과 점성술 달력, 상인과 독실한 가톨릭 신자를 위한 달력, 산파를 위한 자료, 무역업자를 위한 상업 계산과 상품 가격, 일기 예보 등 많은 정보를 계절별로 편집한 달력이 출판되어 팔렸다.

1600년경 영국의 달력이 표준화되어 역법과 법률 자료, 의학과 농사 메모 등 계절별 자료를 담고 있었다. 17세기 초에 유럽에서는 달력들이 매년 약 40만 부씩 인쇄되어 팔렸다. 어부의 달력, 베 짜는 이의 달력, 경찰의 달력, 농부의 달력 등 제작된 달력들은 각 분야에서 전문적인 지식들을 표준화했고, 그 일을 하는 데 필요한 행동과 규율들을 제도화하는 데 도움을 주었다. 달력은 사람들의 행동과 생활 리듬을 통일시키는 역할을 했다.

인쇄는 종이 위에 글자를 찍는 것이다. 금속 활자에 잉크를 묻혀서 찍는다. 현대의 인쇄는 활자로 찍는 것이 아니고 종이 위에 잉크를 분사한다. 인쇄의 원리는 글자를 종이 위에 각인(刻印)하며 정지시키는 것이다. 움직이지 못하도록 고정시키는 것이다. 눈으로 볼 수 있도록 글자를 줄 세우는 것이다. 그러므로 인쇄는 사람의 생각을 귀로 들었던 시대에서 눈으로 보는 시대로 이동시켰다.

귀는 한꺼번에 듣지만 눈은 순서대로 본다. 소리는 사방에서 들려오지만 글자는 오직 한곳에서만 보인다. 귀는 뒤에서 들려오는 소리도 듣지만 눈은 뒤를 볼 수 없다. 그러므로 눈은 편향(偏向)적이다.

찍혀 있는 것은 모두 인쇄된 것이다. 인쇄의 마력은 정지,

고정시키는 것이며, 그래서 다시 불러올 수 있다. 즉 인쇄는 종이 위에 생각을 녹음한 것이다. 언제든 다시 볼 수 있다. 다른 사람이 보아도 똑같은 내용을 다시 읽을 수 있다. 말은 듣는 사람에 따라 그 느낌이 달라진다.

구텐베르크의 인쇄술로써 유럽의 문명에 사상, 지식, 생각을 찍어 내는 일이 가능해졌다. 마치 몸에 찍은 문신처럼, 책은 사람들의 뇌에 생각을 찍어 내기 시작했다. 똑같은 내용의 책이 수십만, 수백만 권씩 사람들에게 옮겨졌다. 생각의 바이러스가 지식이라는 이름으로 사람들의 머릿속에 스며들기 시작했다. 드디어 모든 사람들이 각자 다르게 생각할 수 있는 '바벨탑의 문'이 열린 것이다. 과연 이 인쇄술의 바벨탑은 어떤 결과를 가져왔을까?

책의 대중화, 책의 민주주의, 지식과 사상의 민주주의는 무엇을 깨웠을까? 읽을 수 있는 사람은 스스로, 혼자 힘으로 자신의 사유 세계, 정신세계를 구성할 수 있게 되었다. 나의 정신세계의 차림표는 내가 읽었던 책에 비례한다. 이제 내가 경험하고 체험하면서 배우는 세계보다 다른 사람이 썼던 책을 통해서 더 많은, 더 넓은 지식의 세계를 접할 수 있다. 사람마다 읽는 책의 종류와 권수가 다르다. 따라서 사람마다 만들어 낸 사유의 세계가 다르다. 나는 누구인가? 나는 어떤 생각과 믿음을 가지고 있는가에 대한 답이 다르다.

발터 벤야민의 말처럼 대량 복제는 아우라를 사라지게 한다. 인쇄술이 지배하는 사회에서는 이제 이 세상에 단 하나 뿐인 책은 만들어지지 않는다. 고유한 느낌, 특별하고 독특한 사연과 감정은 대량 복제된 상품에서는 찾아볼 수 없다. 누가 만들었는지 알지 못하고 관심도 갖지 않는다. 책을 쓴 사람은 자신의 책을 누가 읽었는지 알지 못한다. 그러므로 대량 복제, 대량으로 인쇄된 사회에서 특별한 인간관계를 맺는 것은 매우 어려워진다.

인쇄술로 시작된 대량 복제, 대량 생산은 현대로 오면서 모든 물건과 상품으로 확대되었다. 현대인들은 물건을 통해서, 상품을 통해서 특별한 관계를 맺지 못한다. 중세 시대처럼 오직 한 사람을 위해서 특별한 물건을 만들던 시대는 지나갔다. 이렇듯 인쇄술은 인간관계를 변화시키는 계기가 되었던 것이다.

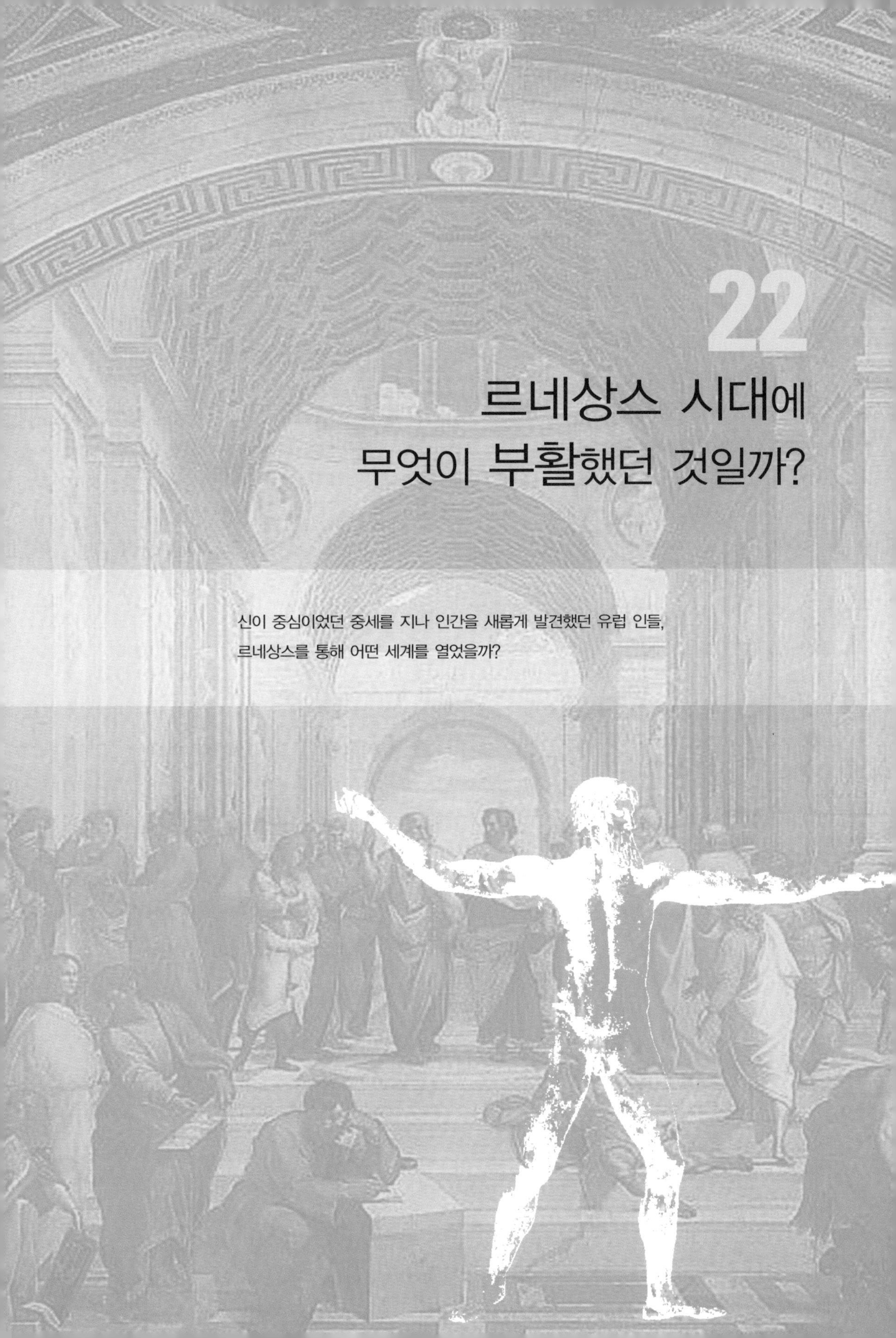

22

르네상스 시대에
무엇이 부활했던 것일까?

신이 중심이었던 중세를 지나 인간을 새롭게 발견했던 유럽 인들,
르네상스를 통해 어떤 세계를 열었을까?

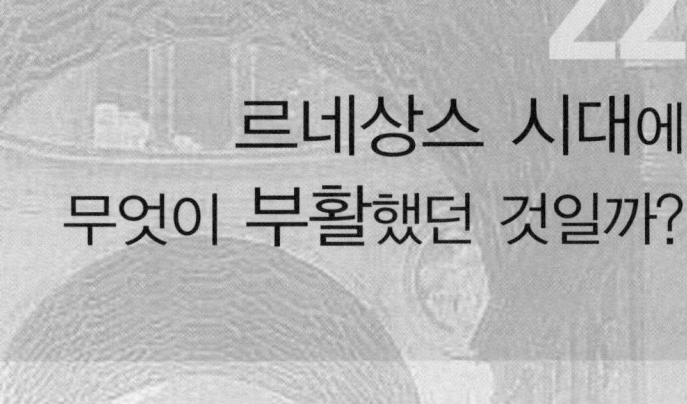

과연 몇 개의 세계가 존재하는가?

호랑나비는 빛의 종류 중 자외선을 느낄 수 있습니다. 인간은 호랑나비가 느끼는 세계를 알지 못합니다. 인간은 빨간색에서 보라색까지 볼 수 있습니다. 곤충들은 빨간색을 보지 못하고, 노란색에서 자외선까지 봅니다.

사람의 코에는 500만 개의 후각 세포가 있지만, 개의 코에는 약 1억 2,500만에서 약 3억 개의 후각 세포가 있습니다. 개의 세계와 인간의 세계는 전혀 다른 세계입니다.

방울뱀은 눈 바로 아래에 약 15만 개가 넘는 온점을 가지고 있습니다. 이 온점으로 방울뱀은 섭씨 1도를 수십 개로 나눠 그 미세한 차이를 구분할 수 있습니다. 뱀들은 가시광선의 붉은색 바깥쪽 파장 영역인 적외선을 감지하는 눈을 가지고 있습니다. 적외선은 열을 발산합니다. 만약 뒤에 있는 물체가 앞에 있는 물체보다 많은 열을 발산한다면, 뱀은 뒤에 있는 물체를 우선적으로 보게 될 것입니다. 그래서 뱀은 뒤에 있는 물체도 볼 수 있습니다.

올빼미는 캄캄한 밤에서 먹이를 잡을 수 있습니다. 올빼미는 귀에 들려오는 소리를 통해 먹이의 위치를 정확히 파악할 수 있습니다. 개구리는 움직이지 않는 것은 볼 수 없습니다. 개구리는 움직이는 것만 볼 수 있습니다.

새들은 하늘에서 내려다보는 눈을 가지고 있습니다. 땅 위에서 사는 동물들은 결코 하늘에서 내려다볼 수 없습니다. 하늘에서 내려다보는 새들의 눈에 나무들은 어떤 모습으로 보일까요?

뱀들, 올빼미, 개, 개구리, 인간…… 모든 생명들이 똑같은 자연 속에서 살아가지만 각자가 보는 세계, 만나는 세계, 구성하는 세계는 모두 다릅니다.

보는 각도, 시선, 기준에 따라 세상은 다르게 보입니다. 이 세상에 존재하는 모든 것들은 나름의 척도를 가지고 있습니다. 그리고 그 척도에 따라 삶은 달라집니다. 척도, 기준이 달라지면 세계도 변합니다.

다빈치는 왜 인체도를 그렸을까?

레오나르도 다빈치는 1490년, 비트루비우스의 인체 비례를 그렸다. 다빈치는 왜 이 그림을 그렸을까? 다빈치는 그림 속에 "이처럼 자연이 만들어 낸 인체의 중심은 배꼽이다. 등을 대고 누워서 팔 다리를 뻗은 다음 컴퍼스 중심을 배꼽에 맞추고 원을 돌리면 두 팔의 손가락 끝과 두 발의 발가락 끝이 원에 붙는다……. 정사각형으로도 된다. 사람 키를 발바닥에서 정수리까지 잰 길이는 두 팔을 가로로 벌린 너비와 같기 때문이다."라는 비트루비우스의 말을 써 넣었다.

다빈치는 이 그림뿐만 아니라 남녀노소 약 30구의 시신을 해부하고, 정밀한 인체 해부도 1,750장을 그렸다.

그림의 제목에 등장하는 마르쿠스 비트루비우스 폴리오

Marcus Vitruvius Pollio는 기원전 1세기경 로마에서 활동했던 건축가였다. 그는 "인체는 비례의 모범형이다. 왜냐하면 팔과 다리를 뻗음으로써 완벽한 기하 형태인 정방형과 원에 딱 들어맞기 때문이다."라고 말했다.

비트루비우스와 다빈치가 사람의 몸에서 찾고자 했던 것은 무엇이었을까? 그것은 바로 가장 아름다운 비례, 즉 황금 비율을 찾는 것이었다. 황금 분할Golden section 혹은 황금 비율Golden ratio은 무엇일까?

가장 아름다운 비율. 신용 카드의 가로세로 크기가 세계

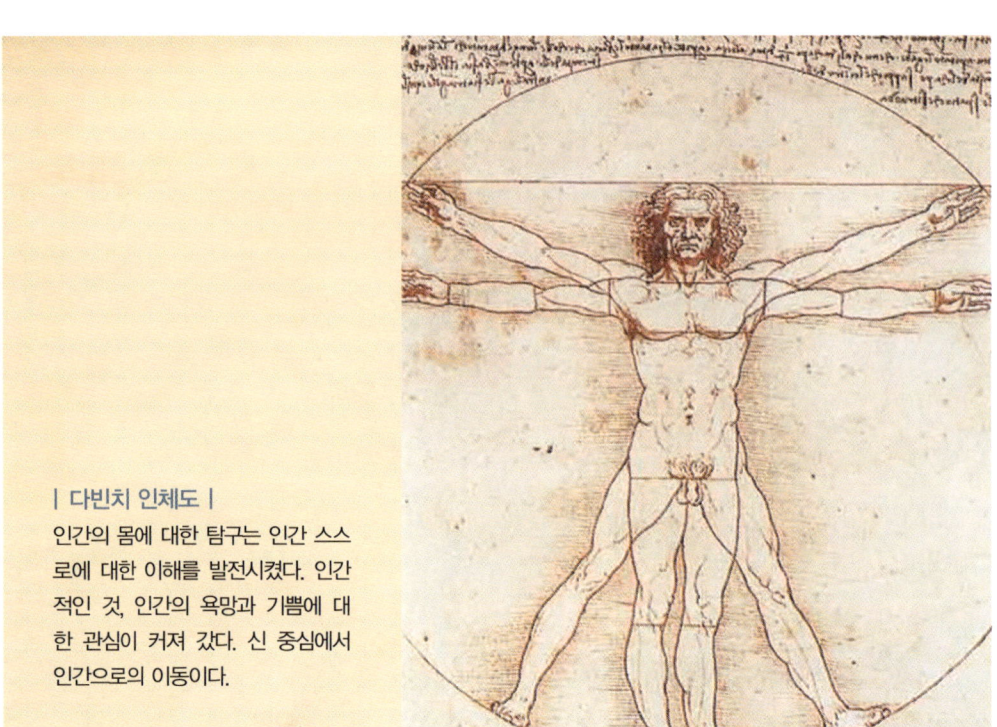

| 다빈치 인체도 |
인간의 몸에 대한 탐구는 인간 스스로에 대한 이해를 발전시켰다. 인간적인 것, 인간의 욕망과 기쁨에 대한 관심이 커져 갔다. 신 중심에서 인간으로의 이동이다.

적으로 똑같은 이유는 무엇일까? 엽서 크기의 비율은 어떤 기준으로 정해진 것일까? 건축가들이 건물을 설계할 때 사용하는 가로세로, 면적의 기준은 무엇일까? 조각가들이 인체를 조각할 때 팔과 다리, 목과 가슴의 비율은 무엇으로 정하는 것일까? 가장 아름다운 비율을 찾기 위한 메시지가 바로 다빈치가 그린 비트루비우스의 인체도다.

고대 그리스에서는 파이(∅, 1.6781)가 황금 분할이나 황금 비율에 해당된다고 생각했다. 피타고라스는 정오각형에서 한 변의 길이와 대각선의 길이가 황금 비율이라고 주장했다. 기하학에서는 선이나 공간을 분할할 때 약 1.618:1의 비율이 아름답고 조화로운 비율이라고 생각했다. 이러한 비율은 고사리의 잎, 고동의 돌기의 비율 등 자연의 기하학적 비율 속에서 찾아낸 것이었다.

모든 공간은 비율을 갖고 있다. 가로와 세로 거리의 비율, 높이와 면적의 비례 등에 의해 공간은 만들어진다. 공간은 비례에 따라 그 느낌이 달라진다. 모양도 달라진다.

형태, 모양, 크기, 부피를 갖는 것은 모두 비율을 가지고 있다. 즉 존재하는 모든 것은 비율을 가지고 있다. 가장 이상적이며 아름다운 비율은 무엇일까? 정신적인 안정감과 균형미를 주는 비율은 얼마일까? 과연 황금 비율의 기준이 되는 것은 무엇일까? 어디서 황금 비율의 표준을 배울 수 있을까?

다빈치는 인간의 몸, 배꼽이 중심이 되는 인간의 몸이 바로 황금 분할의 비율을 가지고 있다고 주장한다. 손가락 마디의 비율, 팔과 다리의 비율 등 인간의 몸이 가장 아름다운 황금 비율을 담고 있다는 것이다.

1:1.618, 황금 비율이다. 인간의 몸과 자연 속에서 찾아낸 이 비율은 그림, 건축, 조각, 공예, 음악 등 모든 분야에서 사용되고 있다. 명함의 크기, 책, 엽서, 신용 카드, 텔레비전 및 모니터의 크기 등에 적용되고 있다. 황금 비율은 공간의 이상적 분할로 사람들에게 미적 쾌감을 주는 기하학적 비례다. 바다에서 밀물과 썰물이 밀려오고 밀려가는 시간 간격의 비례와 같이 규칙적이며 비율적인 미적 공간, 시간 분할이다.

다빈치는 비트루비우스의 인체 비례를 통해서, 이제 모든 척도의 기준이 인간의 몸이 되었음을 주장한다. 그리스의 철학자 프로타고라스는 "인간은 만물의 척도"라고 주장했다. '비트루비우스의 인체 비례'는 인간의 몸이 척도로서 다시 재생(르네상스, Renaissance)되었음을 의미한다. 그리스 로마의 척도를 다시 불러온 것이다.

인간이 만물의 척도가 된다는 것은 무엇을 의미하는가?

프로타고라스가 "인간은 만물의 척도"라고 말한 것은 인간마다 기준이 다를 수 있다는 의미였다. 인간마다 척도가 다를 수 있다니.

척도(尺度)란 무엇인가? 척도는 기준이며 이 세상을 재는 자Scale가 된다. 건축가는 집을 설계하기 위해 자를 이용하여 거리, 무게, 넓이를 계산해야 한다. 모든 계산에는 척도가 사용된다. 물건을 사고파는 상인들도 척도가 있어야 한다. 소비자와 판매자의 척도가 같아야 교환이 된다.

가장 기본적인 척도는 거리, 길이, 무게, 넓이, 높이, 개수, 시간, 온도를 재는 기준이다. 다음으로 소리의 크기, 빛의 크기 등을 나타내는 것이다. 이러한 척도는 물리적이며 숫자로 나타낼 수 있다.

사회적인 척도가 있다. 신분 척도다. 세계 역사는 계급과 신분의 척도를 가지고 있었다. 양반과 상민, 노예, 중인과 천민, 그리고 영주와 농노, 노예 등 신분을 나타내는 척도는 어느 나라에나 있었다. 이러한 신분 척도는 무엇을 기준으로 정했던 것일까? 태어나면서 정해진 신분이 있었다. 근대 이전의 신분과 계급을 나누는 척도는 운명적인 것이었다. 핏줄에 의해서, 부모에 의해서 결정된 신분이었다.

모든 기계에, 모든 상품에, 모든 사회적 관계에 척도는 작동한다. 그러므로 무엇이 척도의 기준이 되는가는 그 사회의 작동 원리에 결정적인 역할을 한다.

왜 그리스 로마가 부활하는가?

르네상스. 무엇이 부활하고 무엇이 재생되었단 말인가? 네상스Naissance, 즉 새로운 탄생이 아니라 과거에 이미 있었던 것이 다시 살아났다는 것이다. 부활은 오직 신에게만 해당되었던 낱말이다. 예수는 부활함으로써 신이 되었다. 한번 죽으면 영원히 사라지는 인간의 세계에서 다빈치는 비트루비우스를 빌려서 인간의 몸을 다시 부활시켰다.

라파엘로는 1511년 교황의 집무실에 아테네 학당을 그렸다. 이 그림에는 총 54명의 인물이 등장한다. 이 그림 속에 등장하는 사람들은 누구일까? 그리스 시대를 대표하던 철학자, 천문학자, 수학자들이다. 플라톤, 소크라테스, 아리스

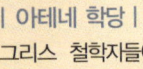
| 아테네 학당 |
그리스 철학자들이 모두 모였다. 인간의 사유 방법을 연구했던 그리스 철학자들. 르네상스는 인간의 욕망을 상상력으로 담아냈던 그리스 신화와 고전 작품들을 다시 불러냈다.

토텔레스, 디오게네스, 헤라클레이토스, 피타고라스, 유클리드, 프톨레마이오스 등 그리스 인들이 그려졌다. 의문이 생긴다. 가톨릭의 왕이 교황의 집무실에 왜 그리스 인들로 가득 찬 그림을 그렸을까?

레오나르도 다빈치는 모나리자Mona Lisa를 그렸다. 주인공은 여성이다. 그 여성은 왕비도 아니었고 공주도 아니었다. 모나리자의 모나는 이탈리아 어로 유부녀에 대한 경칭이다. 리자는 피렌체의 부유한 상인 조콘다의 부인으로 알려져 있다. 중세의 시대에 여성이 주인공으로 그려지는 경우는 흔치 않았다. 그것도 왕족이나 신화 속의 여성이 아니라 신분이 낮은 상인의 부인을 단독으로 그렸다는 것은 매우 특별한 일이다. 다빈치는 왜 유부녀의 초상화를 그렸을까?

중세가 끝나고 새로운 시대가 오고 있었다. 그 새로운 시대를 대표하는 것이 바로 그림, 조각 등 예술이었다. 레오나르도 다빈치, 라파엘로, 미켈란젤로 등 르네상스를 대표하는 화가, 조각가들을 통해 그리스의 문화가 부활하고 있었다. 유럽 인들에게 그리스의 부활, 그것이 바로 르네상스였다. 라파엘로가 교황의 집무실에 그렸던 아테네 학당. 그리스의 철학과 학문, 문화를 다시 불러왔다.

유럽의 중세는 신의 척도, 신의 기준, 성경의 말씀이 모든 척도가 되었다. 신의 이름으로 구축되었던 세계는 이제 인간의 눈으로, 인간의 관점으로, 인간의 척도와 기준으로 새롭게 해석되기 시작했다.

인간의 몸으로 알 수 있는 척도는 어떤 것들이 있는가?

인간의 몸은 무엇의 기준이 되는가? 어떤 척도들이 숨겨져 있는가? 먼저 시각의 척도. 눈의 본능은 구분하는 것이다, 비교하는 것이다. 눈은 차이를 발견하고 불규칙한 것에 예민하다. 무엇을 기준으로 보는가? 풍경을 바라보는 척도는 사람마다 다르다. 빛깔을 기준으로 보는가? 형태와 모양으로 보는가? 거리를 중심으로 보는가? 사람을 중심으로 보는가? 자연을 중심으로 보는가? 어떤 사람은 그 풍경 속에 담긴 역사를 기준으로 볼 수도 있다.

시각은 약 150미터 정도의 거리에서 사람이 움직이는 동작을 구분할 수 있다. 어떤 정보를 정확하게 인식할 수 있는 거리는 약 100미터다. 얼굴을 알아볼 수 있는 거리는 약 36미터 이내이며 사람들의 표정을 알 수 있는 거리는 약 12미터다. 그러므로 12미터는 사람들의 관계에서 중요한 거리다.

귀에 의한 청각 척도는 어떠한가? 시계의 똑딱거리는 소리를 듣고 시간의 흐름을 알 수 있다. 사람들의 목소리를 듣고서 어린이, 청소년, 성인을 구분할 수 있다. 소리가 나는 것은 살아 있거나 움직이는 것이다. 죽은 것, 움직이지 않는 것은 소리를 내지 않는다. 소리를 듣고서 멀리 있는 것과 가까이 있는 것을 알아차릴 수 있다. 모든 움직이는 것은 소리를 낸다. 소리를 듣고서 그것이 무엇인지 알 수 있다. 피아노 소리, 바이올린 소리, 풍경 소리, 북소리 등 음악과 악기의 소리는 아름다움과 조화의 정도를 느끼게 한다. 소리의 크기는 데시벨(db)로 나타내는데 40db이 넘으면 집중력이 떨어진다. 60db이 넘으면 잠을 잘 수 없으며 80db이 넘으면 위장 장애를 일으킨다고 한다.

발에 의한 보행 척도가 있다. 발은 걷기를 욕망한다. 보통 성인 남자가 1시간에 약 4킬로미터를 걷는다. 산을 오를 때는 1시간에 약 400미터를 걷는다. 인간이 기분 좋게 걸을 수 있는 거리는 약 300미터 정도로 알려져 있다. 차를 타고 싶은 거리는 500미터가 넘을 때다.

감성 척도가 있다. 연인들, 어머니와 자식 간의 거리는 약 46센티미터다. 신체 접촉이 가능하며 냄새를 느낄 수 있는 거리다. 또 체온을 느낄 수 있으며 속삭일 수 있는 거리다. 30센티미터에서 1.2미터 사이의 거리를 유지하는 것이 개인의 공간 거리다. 사람들의 얼굴과 대상들을 식별할 수 있으며 한쪽 팔을 펼치면 서로 닿을 수 있는 거리다. 이 거리는 보통 사람들의 신체적 영역의 한계 거리다. 1.2미터에서 3.6미터는 함께 일을 하거나 사회 생활을 하는 사람들의 일반적 거리다. 3.6미터에서 7.5미터는 공중 거리다. 공식적 담화, 공식적 교제가 이루어지는 거리다.

인간에 대한 무한한 신뢰, 휴머니즘으로서의 르네상스

르네상스가 재생시킨 것은 그리스 로마의 인간이었다. 신의 모든 창조물 가운데 천사 다음으로 뛰어난 존재로서 인간에 대한 존중이 강조되었다. 인간의 몸에서 아름다움의 기준을 발견하고, 오직 인간만이 지구상에서 신에 대해 알 수 있는 고귀한 존재라는 주장들이 생겨났다.

르네상스는 인간의 욕망과 욕구, 그리고 인간이 꿈꾸는 행복과 기쁨에 대해 가치를 부여했다. 이것은 중세의 분위기와는 전혀 다른 것이었다. 인간을 죄인으로 취급했던 시대에서, 삶을 기도하는 마음으로 살아가야 했던 시대에서, 그리고 인간의 욕구와 욕망은 자제하고 금욕해야 했던 시대에서 인간의 행복을 추구하는 시대로 변화하고 있었던 것이다.

이러한 르네상스적 분위기는 당연히 도시 중심으로 이루어졌다. 인간의 욕구와 욕망은 삶의 문화를 변화시켰다. 도시에서의 성공, 그리고 행복과 기쁨을 추구하는 삶으로 욕망을 부추기고 있었다. 베네치아, 피렌체, 플로렌스 등이 르네상스적 분위기로 출렁거렸던 이탈리아의 도시들이다.

23

1492년, 콜럼버스를 통해 유럽이 발견한 것은 무엇이었을까?

좁은 유럽을 벗어나 새로운 곳을 찾아 항해를 떠났던 유럽 인들이
새롭게 발견한 것은 무엇이었을까?

왜 식물과 동물들은 인간들을 피해 도망치는 것일까?

"발견되면 끝장이다. 어서 빨리 숨자. 인간들에게 발견되면 그날로 노예가 되는 거야."

식물과 동물들이 숲 속에서 속삭이고 있었습니다.

"인간들에게 발견되면 맨 먼저 '이름'을 얻게 돼. 처음엔 이름이 숫자로 붙여졌다가 다음엔 인간들끼리만 알아들을 수 있는 '낱말'로 붙여지거든. 그러고 나서 인간들의 노트에 기록되면 그날로 인간들의 노예가 되는 거야."

"아 글쎄, 어제 '감자'가 인간들에게 발각되었다는 거야."

"그래? 그래서 어떻게 되었는데?"

"감자는 발견 즉시 '감자'라고 이름 붙여졌대. 처음엔 그냥 인간의 입으로 들어갔는데, 인간의 위로 들어가지 못하자 뜨거운 물에 삶아졌나 봐."

"아이구, 저걸 어째. 얼마나 뜨거웠을까?"

"뜨거운 물에 삶아져서는 그 즉시 인간의 위로 들어갔나 봐."

"아니, 인간들은 눈도 좋아. 어떻게 땅속에서만 자라는 감자를 발견했을까?"

"이젠 감자들을 한곳에 모아서 도망치지 못하게 하고, 인간들이 정해 놓은 땅속에서만 살도록 한다는 거야. 감자들을 집단으로 살게 하는 감자 수용소가 만들어졌어. 감자들은 좁은 땅속에서 서로 몸을 부딪히며 살고 있는 거야. 그리고 인간들이 나타나서 하나씩 잡아다 먹는다는 거야."

식물들은 몸을 떨면서 서로 감자처럼 되지 말자고 눈빛을 주고받았습니다.

인간의 발견은 곧 사냥으로 이어졌습니다. 인간의 발견은 식물이나 동물들에게는 사형선고와 마찬가지였습니다. 인간에게 새로운 것을 발견하는 것은 축복으로 여겨졌으나, 식물이나 동물에게는 저주였습니다.

인간들은 자신들이 발견한 것에 '이름'을 붙였습니다. '이름'은 인간의 소유임을 나타내는 증거가 되었습니다. 인간들은 '이름'을 통해서 그것을 뇌에 넣고, 무게도 없는 언어로 서로 교환했습니다. 그리고 또 '이름'을 노트에 적어서 오랫동안 보관, 저장했습니다. 식물과 동물들은 인간들의 이런 재주를 당해 낼 수가 없었습니다.

콜럼버스가 발견한 것이 과연 신대륙이었을까?

작곡가 드보르자크는 1892년 아메리카 발견 400주년을 기념해 〈신세계 교향곡〉를 작곡했다. 《국부론》을 쓴 영국의 유명한 경제학자 애덤 스미스(1723~1790)는 "아메리카 발견은, 또 동인도로 가는 길을 발견한 것은 인류사에 기록된 가장 위대하고 중요한 일이다."라고 말했다. 1492년은 콜럼버스(원래 이름은 크리스토포로 콜롬보, 1451~1506)가 아메리카에 도착한 해였다. 유럽 인들은 이 사건을 '신대륙의 발견'이라고 말한다.

　유럽 인들과 미국인들은 왜 콜럼버스가 1492년 아메리카에 도착한 일을 '신대륙의 발견'이라고 하는 것일까? 콜럼버스가 도착한 아메리카에는 엄연히 수많은 사람들이 살고 있었는데도 말이다. 아메리카의 원주민들이 수천 년 살고 있던 아메리카가 과연 '신대륙'이 될 수 있는 것일까?

| 콜럼버스의 아메리카 도착 |
콜럼버스와 아메리카 원주민의 만남은 잘못된 만남이었다. 이 만남은 세계 역사에서 가장 비극적인 만남으로 기억될 것이다.

'신대륙의 발견'이라는 표현에는 아메리카가 '주인 없는 땅'이라는 의미가 있다. 유럽 인들은 콜럼버스가 주인 없는 땅을 발견했고, 그래서 그것을 먼저 발견한 유럽 인들에게 소유권이 있다고 주장한다. 아메리카의 원주민들에게서 강제로 뺏은 것이 아니라는 주장을 할 수 있기 위해서는 주인 없는 땅을 발견해야만 된다.

콜럼버스가 아메리카에 도착할 당시 아메리카의 멕시코 지역에 아스텍 제국이 있었고, 남미의 페루 지역에는 잉카 제국이 있었다. 그리고 중남미와 북미 지역에도 수많은 원주민 종족들이 살고 있었다.

1521년, 스페인의 코르테스가 이끄는 500여 명의 군대가 아스텍 제국을 멸망시켰다. 1532년, 프란시스코 피사로가 이끄는 180여 명의 군대가 잉카 제국을 멸망시켰다. 어떻게 수천만의 인구가 있던 아메리카 제국들이 고작 수백 명밖에 안 되는 스페인 군대에게 무너질 수 있었을까?

이유는 스페인 군대가 몸에 지니고 갔던 천연두, 홍역, 티푸스 등 유럽의 질병 때문이었다. 질병에 대한 아무런 면역력을 갖고 있지 않았던 아메리카 원주민들은 유럽의 병균들에 의해 죽어 갔다. 코르테스의 군대가 멕시코 해안에 상륙하면서 유럽의 전염병은 각 지역으로 빠르게 퍼져 갔다. 전염병은 군대의 진군 속도보다 더 빠르게 퍼져 나갔으며, 스페인 군대는 싸우지도 않고 아스텍 제국을 정복할 수 있었던 것이다.

콜럼버스의 항해는 유럽과 아메리카에 어떤 영향을 미쳤는가?

유럽 인들이 아메리카에 도착한 것은 아메리카 원주민들에게는 재앙이었다. 1492년의 아메리카 인구는 약 1억 명 정도로 추정된다. 이는 당시 유럽의 인구와 비슷한 숫자다. 이 가운데 약 4분의 3이 16세기 한 세기 동안 죽었다. 17세기 중반에 이르면 약 90퍼센트가 사라진다. 그 후 미국인들에게 죽어 간 인디언들이 약 2,000만 명으로 알려져 있다. 유럽 인들에 의한 신대륙의 발견은 아메리카 원주민, 인디언들에게는 '대재앙'이었던 것이다.

유럽 인들은 아메리카를 정복한 후 식민지로 삼았다. 식민지 아메리카로부터 많은 것들이 유럽으로 옮겨졌다. 콜럼버스는 앵무새와 아메리카 원주민을 데려갔다. 옥수수, 감자, 고구마, 고추, 토마토, 담배 등 유럽에 없었던 농작물들이 유럽으로 갔다.

감자, 옥수수 등 새로운 작물들은 유럽 인들의 식량 문제를 해결해 주었다. 18세기 이후 유럽 인들의 인구 증가에는 아메리카로부터 들어온 새로운 작물이 기여한 바가 크다. 아메리카에서 들어온 금, 은 등 귀금속으로 유럽 인들은 아시아로부터 여러 가지 상품을 사들일 수 있었다. 1800년경까지 유럽에 들어온 은의 양은 모두 약 10만 톤에 이른다. 1503년에서 1650년 사이에 아메리카에서 유럽으로 들어온 금은 약 181톤이고 은 1만 6,886톤에 이른다. 아메리카, 아프리카 등 유럽 인들에 의해 정복된 식민지들은 유럽 인들을 부자로 만들어 주었다. 유럽 인들에게 아메리카와 아프리카는 축복의 땅이었다.

1492년은 아메리카의 원주민들의 운명을 바꾼 해였다. 또한 유럽 인들의 삶도 달라지기 시작했다. 드디어 유럽이 세계를 지배하게 된 출발점이 바로 1492년 콜럼버스의 아메리카 도착이었다.

'신대륙의 발견'이라는 표현에는 아메리카가 '주인 없는 땅'이었다는 주장이 담겨 있으며, 유럽 인들에 의해 자행된 아메리카 원주민들에 대한 정복을 정당화시키는 논리가 숨어 있다. 아메리카를 발견한 자신들이 아메리카의 주인이라는 것이다.

유럽 인들은 무엇을 얻었는가?

1492년을 시작으로 유럽의 국가들은 아메리카, 아프리카, 아시아 등 세계 여러 지역을 식민지로 지배하게 된다. 스페인은 브라질을 제외한 남아메리카의 모든 지역을 식민지로 삼았다. 네덜란드는 인도네시아를, 영국은 약 70여 개 나라를 식민지로 삼았다. '영국은 해가 지지 않는다.'라는 말이 나올 정도로 세계의 4분의 1이 영국의 식민지가 되었다.

1620년 102명의 영국 청교도들이 '5월의 꽃'이라는 뜻의 메이플라워호를 타고 대서양을 건너 북아메리카의 동해안 플리머스에 도착한다. 1630년에 매사추세츠 식민지가 세워

34_ 샤를 루이 드 세콩다 몽테스키외(Charles Louis de Secondat, Baron de La Bréde et de Montesquieu. 1689~1755). 계몽주의 시대에 활동한 프랑스의 정치사상가. 《법의 정신》을 썼다.

졌으며 버지니아, 메릴랜드, 로드아일랜드 등 영국의 아메리카 식민지가 차례로 만들어졌다. 1732년경에는 총 13개의 영국 식민지가 아메리카에 세워졌다.

1492년 콜럼버스가 아메리카에 도착한 사건은 세계 역사를 바꾸는 결정적 계기가 되었다. 세계는 유럽 중심으로 재편되었다. 세계의 대부분은 유럽의 식민지가 되었다. 노예 무역, 노예 제도, 노예 노동이 세계적으로 전개되었다.

노예 노동을 정당화하기 위해 '인종 차별주의'가 개발되었다. 17세기 프랑스의 계몽 사상가라고 알려진 볼테르는 "흑인종은 사냥개와 똥개가 다른 것처럼 우리와는 다른 종류의 사람들이다. 만일 그들의 지력(知力)이 우리들과는 다른 종류의 것이라면 그것은 매우 열등한 것이 분명하다."라고 주장했다. 몽테스키외[34]는 "어느 누구도 지극히 지혜로운 존재이신 신께서 영혼을, 그것도 선량한 영혼을 완전히 새까만 그들의 몸뚱어리에 불어 넣어 주었을 것이라고는 생각하지 않을 것이다. 사탕수수가 이들 노예들에 의해 경작되지 않으면 설탕은 지나치게 비싸지게 될 것이다."라며 흑인 노예제를 옹호했다.

열등한 인종, 미개인이 탄생했다. 콜럼버스가 아메리카에서 보내온 최초의 소식은 '순진무구한 상태에서 살고 있는 벌거벗고 평화로운 사람들, 즉 철도 무쇠도 무기도 없고, 가질 필요도 없는 사람들'에 관한 것이었다. 이제 아메리카 원주민, 아프리카 원주민들은 미개인, 야만인, 열등한 인종으로 다시 태어났다. 분류학자로 유명한 린네는 "각 대륙에 하나씩 네 개의 거대한 인간 집단이 있다."고 말하면서 "유럽 인들은 법에 의해 지배되고, 아메리카 인들은 관습에 의해, 그리고 아시아 인들은 견해에 의해 각각 지배되며, 아프리카 인들은 제멋대로 행동한다."고 주장했다.

아프리카는 왜 가난한 대륙이 되었나?

1959년 인류학자 리키 부부는 남아프리카의 올두바이 계곡, 라에톨리라는 곳에서 두 발로 걸었던 원시 인류의 발자국을 발견했다. 150센티미터의 어른 둘과 90센티미터 정도의 아이 발자국이었다. 약 175만 년 전에 만들어진 발자국이었다. 이 발자국은 아프리카야말로 인류가 시작된 '인류의 고향'임을 알려 준다. 탄자니아의 올두바이 계곡에서는 300만 년에서 500만 년 전의 인류의 화석이 많이 발견되었다.

아프리카에 살았던 인류의 조상들은 약 180만 년 전, 아프리카를 떠나 유럽, 동남아시아, 중국 등 세계로 이동을 시작했다. 세계 곳곳에서는 약 50만 년 전에 사람들이 산 흔적

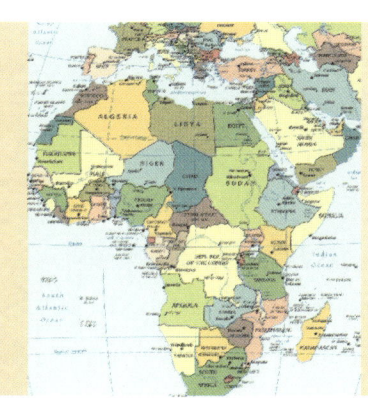

| 아프리카 |
아프리카의 국경선은 대부분 직선이다. 강이나 산 등 자연에 의해 국경이 정해진 것이 아니라 유럽 인들이 책상 위에서 자를 대고 국경을 나누었기 때문이다. 아프리카는 대부분 유럽 국가들의 식민지였다.

들이 발견되고 있다. 아프리카는 지구에서 가장 오래된 땅이다. 아프리카 대륙에는 1만여 그룹의 종족들이 살고 있었다. 아프리카는 가장 많은, 다양한 종족이 살고 있었으며 가장 많은 언어가 사용되었고, 가장 많은 지하자원을 갖고 있었다.

현재 아프리카 대륙은 가장 가난한 대륙이 되었다. 이유는 무엇일까? 1인당 국민소득으로 따질 때 20세기 후반에, 세계에서 가장 가난한 나라 12개국 가운데 10개국이 아프리카에 있다.

아프리카 대륙에 있는 국가들의 국경선은 대부분 직선으로 이루어져 있다. 자연적인 국경선이 아닌 것이다. 아프리카 국가들의 국경선은 왜 직선으로 이루어져 있을까? 흑인은 노예의 대명사다. 왜 노예를 생각하면 흑인이 떠오르는 것일까? 왜 흑인들, 아프리카 인들은 노예가 되어야만 했을까? 그 노예들의 주인은 과연 누구였을까? 아프리카는 의문의 역사를 가지고 있다.

1534년부터 노예 무역이 본격적으로 시작된다. 세네갈과 가나, 앙골라, 모잠비크와 아프리카 동부 해안까지 확장된다. 약 350년 동안 노예 무역을 통해 약 1,200만 명에서 2,500만 명의 아프리카 인들이 노예로 잡혀 유럽과 아메리카 대륙으로 보내졌다. 그중에서 약 85퍼센트 정도가 험난한 항해 과정을 이겨 내고 살아남았다. 15퍼센트는 항해 과정에서 죽어 바다에 버려졌고, 살아남은 노예 중 약 40퍼센트는 브라질로 갔고, 약 40퍼센트는 카리브 해로, 나머지는 아메리카로 팔려 갔다. 1820년대에는 아메리카 대륙에는 아프리카 인들이 유럽 인보다 약 다섯 배가 더 많아진다.

유럽 인들에 의해 자행된 노예 무역보다 이슬람 상인들에 의한 아프리카 노예 무역이 1,200년 동안 이루어져 왔다. 이슬람 상인들에 의해 약 1,400만 명에서 1,500만 명 정도의 아프리카 인들이 노예로 팔렸다. 또한 아프리카 대륙에서 다른 대륙으로 팔려 나간 수만큼 많은 아프리카 인들이 아프리카 내부에서 노예가 되었다.

1492년 콜럼버스의 항해는 세계의 운명을 바꾸는 사건이 되었다. 아메리카와 아프리카 원주민들의 삶이 달라졌다. 유럽 인들의 폭력이 전 세계로 전개되는 신호탄이 되었다.

인류 역사 속에서 수많은 문명의 교류가 있었다. 유럽과 아시아 문명의 만남, 오리엔트와 유럽의 만남, 유목민과 농경민족의 만남 등. 이러한 교류와 만남 중에서 가장 비극적인 만남이 바로 유럽의 콜럼버스와 아메리카 원주민의 만남일 것이다.

이 비극적인 만남으로 아메리카의 잉카와 마야 문명의 수많은 사람들은 죽어 갔다. 유럽 인들과 아프리카 인들의 만남 또한 비극적인 역사를 만들었다. 아프리카 인들은 노예로 잡혀 세계 곳곳으로 팔려 갔다. 절망을 만들어 낸 만남이었다.

민족과 민족의 만남, 문명과 문명의 만남이란 늘 역사의 변화를 가져 왔다. 모든 만남은 희망과 발전의 만남으로 변화인가, 아니면 절망과 통곡의 변화인가를 묻게 한다. 세계 역사는 모두가 기쁘고 희망에 찬 만남보다는 한쪽은 희망으로 또 다른 한쪽은 절망으로 변한 만남이었음을 보여 준다.

24
프로테스탄트의 모범생, 로빈슨 크루소

16세기에 시작된 유럽의 종교 개혁은 무너져 가던 로마 교황청의 가톨릭 세력으로부터 프로테스탄트라는 새로운 종교 세력을 만들어 냈다.

나에게는 어떤 영토들이 있을까?

로빈슨 크루소는 무인도라는 영토를 얻습니다. 그는 그 섬을 자신의 왕국으로 만들어 갑니다.

로빈슨 크루소가 무인도라는 영토를 얻었다면, 나의 영토는 어디일까요? 맨 처음 나에게 운명적으로 주어지는 영토는 '나의 몸'입니다. 나의 몸은 신비로운 영토입니다. 뇌, 얼굴, 몸통, 다리와 팔, 그리고 손과 심장……. 나의 몸은 연약하지만 위대합니다. 내 몸은 스스로 숨 쉬며 살아 움직입니다. 내 몸은 셀 수 없이 많은 세포로 이루어져 있습니다. 내 몸의 제1의 주인은 바로 나입니다. 나의 몸을 어떻게 가꾸고 지휘할 것인지가 내 삶을 이룹니다.

나의 두 번째 영토는 바로 나의 사유의 영토입니다. 마음, 의식, 느낌, 경험, 기억, 지식으로 가득 채워진 영토. 이 영토의 국경과 경계는 정해져 있지 않습니다. 어디가 시작인지, 어디가 끝인지 알 수 없습니다. 사유의 영토는 몸을 움직이지 않고도 운영됩니다. 사유의 영토는 언어의 옷을 입고 나의 몸 밖으로 출현합니다.

나의 영토는 너무나 다양합니다. 두 발이 딛고 서 있는 조그마한 땅, 그리고 나의 집, 내가 살고 있는 이 지구가 바로 나의 지리적, 물리적 영토입니다. 우리는 두 발로 걸어서, 자동차와 비행기를 타고 영토를 여행합니다.

나에겐 사회적 영토가 주어집니다. 가족 관계, 친구들, 그리고 삶 속에서 만나는 수많은 사람들이 바로 나의 사회적 관계의 영토입니다. 내가 태어난 이후 만난 사람들은 과연 몇 명이나 될까요? 책과 지식을 통해서 만난 과거의 사람들, 직접 만나지 못했지만 내가 알고 있는 사람들이 바로 나의 사회적 영토에 함께 살고 있는 사람들입니다.

나에겐 시간의 영토가 있습니다. 태어나면서부터 주어진 시간. 물리적인 시간은 나이로 측정됩니다. 그러나 시간은 때로 길어지기도 하고 짧아지기도 합니다.

이렇듯 나에겐 여러 가지 영토가 있습니다. 과연 나는 어떤 영토에 더 많은 에너지를 쏟으며 살아가는 것일까요? 나는 한 가지 삶만이 아니라 여러 겹의 삶을 살아가고 있습니다. 여러 겹의 삶의 영토가 주어져 있으니까요.

아담의 노동관으로부터 자유로운 로빈슨 크루소

로빈슨 크루소는 배가 난파되어 무인도에 표류한다. 아무도 살지 않는 섬. 로빈슨 크루소에게 영토가 주어진 것이다. 국가도 없고, 땅 주인도 없으며 그 누구도 로빈슨 크루소에게 간섭하거나 시비를 걸지 않는다. 심지어 돌봐야 할 가족도 없다. 새로운 땅, 영토가 주어졌다!

이제 내 섬에는 사람들이 살게 되었고, 나는 신하가 많다

35_ 프로테스탄트(Protestant). '항의하는 사람들'이란 의미다. 16세기 루터, 칼뱅 등이 주도한 종교 개혁으로 형성된 기독교를 가리킨다. 프로테스탄트 교회의 등장으로 가톨릭은 구교(舊敎)로, 프로테스탄트 교회는 신교(新敎)로 불리게 되었다.

는 생각이 들었다. 그래서 내가 자못 왕처럼 보일 것이라고 자주 생각하는 것이 즐거운 일이었다. 무엇보다 첫째로 이 섬 전부는 나의 재산이며, 따라서 나는 의심할 여지가 없는 지배권을 갖고 있다. 둘째로 식구들은 완전히 내게 예속해 있다. 나는 절대군주이자 입법자였다. 그들의 생명은 모두 내 것이며, 그럴 사정에 이르면 모두 나를 위해 목숨을 바칠 각오가 되어 있다. 또한 신하는 모두 세 명에 불과하지만 제각기 다른 종교를 갖고 있다는 것도 주목할 만하다. 하인인 프라이데이는 프로테스탄트[35]였고, 그의 아버지는 이교도이자 식인종이며, 스페인 사람은 가톨릭 교도였다. 그러나 나는 내 모든 영토에서는 양심의 자유를 보장했다.

대니엘 디포 《로빈슨 크루소》 중에서

로빈슨 크루소가 도착한 섬은 콜럼버스가 발견했다고 주장한 아메리카와 같은 땅으로 취급된다. 로빈슨의 섬과 신대륙이 차이가 있다면 신대륙에는 사람이 살고 있었다는 것이다. 그러나 유럽 인들은 아메리카를 마치 아무도 살고 있지 않았던 땅처럼 자신들의 영토로 여기고 식민지로 만

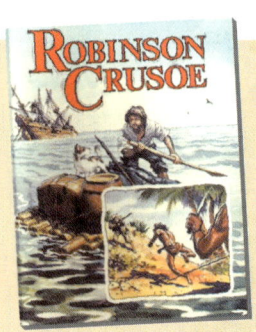

| 로빈슨 크루소 |
대니엘 디포가 소설 속의 인물로 창작한 로빈슨 크루소는 유럽의 프로테스탄트(청교도)를 대표하는 인물이다. 프로테스탄트의 사상과 생활 태도, 관점으로 무장한 사람이다.

들었다.
    정복자들의 눈에 원주민들은 단지 야만인들일 뿐이었다.

    로빈슨은 자신에게 주어진 영토를 개척해 갔다. 자신의 계획대로 집을 짓고, 농장을 만들고 그 섬의 주인으로서 행세했다. 앵무새와 개, 그리고 이후에 만나는 야만인 프라이데이를 구원하면서 마치 신처럼 자유를 누린다.

    로빈슨은 혼자서 살아간다. 홀로 일하고 홀로 생각하며 혼자서 판단한다. 아무도 감시하거나 강제하지 않지만 열심히, 게으름을 피우지 않고 노동한다. 노동하는 개인의 모습이다. 로빈슨은 왜 그렇게 열심히 일을 했던 것일까?

    성경에 의하면 노동은 신이 아담에게 내린 벌이었다. 이것이 아담의 노동관이다. 이른바 노동징벌설(勞動懲罰說)이다. 그러므로 죄 있는 사람은 모두 일을 해야만 했다. 죄로부터 자유로운 사람들, 죄 사함을 받은 사람들은 일을 하지 않아도 되었다. 귀족들, 영주들, 기사들이 일하지 않아도 되는 이유였다. 지배자들은 자신들이 이미 신으로부터 죄 사함을 받았다는 믿음과 명분을 가지고 있었다. 누구나 자신의 지위와 역할에 대한 정당성을 스스로 갖는 법이다. 일하는 농부와 노예들은 운명적으로 노동하도록 정해져 있었다. 아담의 노동관은 중세까지 이어졌다. 그렇다면 로빈슨은 아담의 노동관으로부터 벗어났던 것일까?
    노동은 힘든 것이다. 때로는 고통스럽기까지 하다. 때문에 일, 노동은 천한 신분의 사람들이 담당하는 것이었다. 왕들, 귀족들, 지배자들은 일하지 않았다. 그들은 명령하고, 관리하며, 지휘하는 일만 했다. 일하지 않는 자가 존경받았고, 신은 일하지 않는 자들을 더욱 축복하는 것 같았다.

대부분의 종교는 물질적 풍요에 대해 부정적이었다. 불교에서 석가모니는 제자들에게 생산 활동에 종사하는 것을 금지했다. 출가 수행자들에게 탁발(托鉢, 다른 사람들에게 먹을 것을 얻어먹는 것)해서 살아가도록 했다. 중세의 수도원에서 수도사들은 금욕적인 생활을 했다. "부자가 천당에 가는 것은 낙타가 바늘귀를 통과하는 것만큼 어렵다."(마태복음 19:24) 부자는 천국에 들어갈 수 없었다. 물질적인 풍요, 경제적으로 부자가 되기 위한 생산 활동은 인간의 욕망을 충족하기 위한 것이므로 신의 뜻이 아니었다.

프로테스탄트는 어떤 노동관을 가졌나?

16세기에 등장한 프로테스탄트는 아담의 노동관, 노동징벌설에 일대 전환을 가져왔다. 프로테스탄트Protestant는 1592년 2월 21일에 열린 독일의 '제국 의회'에서 황제 카를 5세의 가톨릭 세력에 대한 억압 정책에 항의하는 영주들에게 붙여졌던 별명이다. 이후 가톨릭 교회와 동방 정교회를 제외한 기독교인들을 가리키는 말이 되었다. 오늘날에는 대체로 루터 교회, 장로회(칼뱅파), 성공회, 감리교, 침례교 등 6대 교파의 기독교인들을 프로테스탄트라고 부른다.

프로테스탄트의 중심에는 칼뱅이 있었다. 칼뱅은 노동을

| 메이플라워호 |
1620년 영국 청교도 102명이 북아메리카까지 타고 갔던 배. 오늘날 미국의 역사는 바로 이 영국에서 이민 간 청교도들에 의해 본격적으로 시작된다.

은총의 상징이자 구원의 수단이라고 주장했다. 부의 축적은 신에게 선택받은 사람이라는 증표이며, 게으름과 가난은 신에게 선택받지 못했음을 증명하는 것이었다. 가톨릭은 세속적인 욕망으로부터 벗어나 수도사들의 탈세속적 소명에 각별한 종교적 가치를 부여했지만, 칼뱅주의는 평범한 개인의 일상적인 삶 속에서 행해야 할 세속적 소명을 종교의 중심에 놓았다.

칼뱅주의자들은 세속적 노동을 통해 자신이 구원받았다고 믿었다. 평생 동안 자신이 수행해야 할 노동, 그것은 이미 신의 뜻에 의해 예정되어 있는 것이다. 그것은 바로 하늘이 내린 역할로서 직업, 천직(天職)이라는 개념이었다.

천직 개념은 프로테스탄트가 삶 속에서 실천하는 금욕주의의 뿌리다. 천직 개념을 믿는 개인은 자신의 직업 속에서 실천하는 노동이 최고의 도덕적 의무라고 생각한다. **벤저민 프랭클린**[36]은 근면을 행운의 어머니라고 생각했다. 신이 인간을 판단하는 기준도 근면성이라고 주장했다. 그래서 그는

36_ 벤저민 프랭클린(Benjamin Franklin, 1706~1790)은 미국 건국의 아버지로 불리는 정치인이다.

신이 근면한 자에게는 모든 것을 내려주지만, 게으름뱅이는 행운 따위를 넘보지도 말아야 한다고 생각했다. 게으름은 신의 뜻에 어긋나는 행동이었다.

칼뱅, 프로테스탄트에 의해 이제 부자도 천국에 들어갈 수 있는 길이 열렸다. 돈을 벌기 위해 활동했던 상인들, 세속적인 삶 속에서 인간의 욕망을 해결하기 위해 살았던 사람들에게도 신의 뜻에 따라 살 수 있는 길이 열렸다. 가톨릭 교회에서는 상인을 '이익욕'이라는 죄를 짓는 자라고 의심했다. 그러나 칼뱅은 "사업으로 얻는 소득이 토지 소유로 얻는 소득보다 많아서는 안 되는 이유가 무엇인가? 상인의 이윤이 자신의 근면과 부지런함에서 오는 것이 아니라면 대체 어디에서 오는 것이란 말인가?" 하며 상인의 이익을 옹호했다.

이러한 신앙, 종교관에 의해 형성된 세력을 신교, 개신교, 기독교라고 부른다. 가톨릭에서는 신부들이 예배를 진행하지만, 기독교에서는 목사가 그것을 대신한다. 신부들은 결혼할 수 없지만 목사들은 결혼한다. 인간의 욕망, 인간적인 것, 세속적인 것에 대해 어떻게 대처할 것인가에 대한 차이다.

프로테스탄트 교파의 하나인 감리교의 창시자 존 웨슬리는 "사람들이 근면하고 검소해지는 것을 막아서는 안 된다. 우리는 기독교인들이 얻을 수 있는 모든 이익을 얻고 저축

할 수 있는 모든 것을 저축하도록 권장해야 한다. 이것은 사실상 부자가 되는 것이다."라고 주장했다.

로빈슨 크루소는 프로테스탄트로서 모범생의 모습을 보여 준다. 근면하고 성실하며, 매일 성경을 읽고 자신을 반성하며 고독하게 살아가는 청교도적인 신앙인.

16세기에 시작된 유럽의 종교 개혁은, 무너져 가던 로마 교황청의 가톨릭 세력으로부터 프로테스탄트라는 새로운 종교 세력을 만들어 냈다. 칼뱅을 중심으로 한 프로테스탄트 세력이 선택한 것은 이렇다. 첫째 세속적인 것, 인간적인 것, 그동안 가톨릭 교리에서 사탄에 속하는 것으로 여겨졌던 것들을 선한 것, 신의 뜻과 은총으로 변화시켰다. 그중에서 가장 중요한 것이 결혼과 직업이었다. 인간의 욕망을 도리어 신의 은총으로 합리화한 것이다. 둘째, 부자가 되는 것, 많은 돈을 가지고 있는 것도 신의 은총이었다. 이것은 매우 혁신적인 상상력이었다. 사업가, 상인, 경제적인 부를 위한 모든 행위와 활동이 신의 축복과 은총으로 이루어질 수 있었다. 이제 상인들, 부르주아들은 아무런 두려움 없이, 당당하게 자신들의 사업을 신의 축복으로 여기며 진행해 갈 수 있게 되었다.

로빈슨 크루소는 왜 하필 프라이데이를 만났을까?

로빈슨 크루소는 한 야만인을 만난다. 크루소는 그와 만난 날이 금요일이라 하여 그의 이름을 '프라이데이'라고 지어 준다. 크루소는 프라이데이에게 영어를 가르친다. 맨 처음 가르치는 낱말이 '주인님Sir'과 '예Yes'이다. 크루소와 프라이데이는 첫 만남에서부터 이미 주인과 노예로서 만났던 것이다.

왜 하필 금요일이었을까? 금요일은 기독교에서 예수가 십자가에 못 박힌 날이다. 그리스도의 수난일. 그래서 가톨릭에서는 성금요일이라 하여 기념한다. 성금요일은 인간의 죄를 용서받기 위해 인간 대신 십자가에 못 박힌 예수의 죽음을 묵상하는 날이다. 이날은 단식과 금욕으로 지내며 모든 성사가 금지된다.

금요일, 예수가 죽은 날. 예수를 믿고 따르는 모든 기독교인들에게는 슬픈 날이다. 그러나 예수가 죽은 것은 인간의 죄를 용서받기 위해서였다. 예수가 죽음으로써 인간은 원죄에서 해방된 것이다. 예수의 죽음은 곧 인간에게 축복이며 선물이었다. 만약 예수가 십자가에서 죽지 않았다면 인간은 결코 원죄를 용서받을 수 없었다. 금요일은 예수가 죽은 날이기에 슬픈 날이지만 인간의 입장에서 보면 기쁜 날이기도 했다.

프라이데이. 야만인이 로빈슨 크루소를 만나서 문명인이 되었다. 그리고 그날이 바로 금요일이었다. 금요일에 죽은 예수와 인간의 이야기가 로빈슨 크루소와 프라이데이의 만남에 패러디되고 있는 것이다. 프라이데이는 로빈슨 크루소를 만나 구원되었다. 인간으로서 다시 태어난 것이다. 그래서 그의 이름은 프라이데이가 되었다. 프라이데이로 다시 태어난 그는 로빈슨 크루소를 주인으로 모시고 복종하는 노예가 되었다.

콜럼버스가 신대륙을 발견한 이래, 유럽 인들은 아메리카, 아시아까지 자신들의 식민지로 만들어 갔다. 유럽 인들이 식민지 원주민을 바라보는 시각이 바로 로빈슨 크루소가 프라이데이를 바라보는 시각과 똑같다. 유럽 인들에게 원주민은 야만인들이었다. 그들을 구원하는 것이 곧 신의 뜻이었다. 기독교인들은 식민지를 정복하면서 원주민들을 야만인에서 문명인으로 변화시키는 것이, 신이 자신들에게 내린 임무라고 생각했다. 식민지 정복에는 늘 선교사들이 함께했다.

아프리카, 아메리카, 아시아 등 식민지를 정복했던 유럽 인들은 로빈슨 크루소의 시각으로 기독교인이 아닌 민족을 야만인, 미개인으로 규정하고 마치 신의 명령을 따르는 것처럼 행동했다. 자신들의 침략 행위와 살인 약탈 행위를 신의 뜻을 따르는 선한 행동으로 여겼던 것이다. 프로테스탄트의 신앙은 식민지 정복과 지배를 정당화하는 명분이 되었다.

근대의 역사, 식민지와 제국주의 역사 속에서 등장하는 신은 평화와 사랑의 신이기보다는 비정하고 폭력적이며 무자비한 신이다. 로빈슨 크루소가 믿었던 신 또한 여전히 미개하며 야만적이고 무능력한 신이다. 만약 교양 있고 능력 있는 신이라면 전쟁과 약탈, 폭력과 무력으로 자신을 따르게 하겠는가? 혹시 인간들은 아직 진정으로 평화와 사랑의 힘을 가진 신을 만나지 못한 것은 아닐까?

25
유럽을 뒤흔든 사상 혁명

새로운 사상은 의문으로부터 시작된다. 그리고 의문과 질문은 당연한 것을 벗어나 낯선 것을 만날 때 탄생한다.

의심하라 모든 광명을!

오징어 – 유하

눈앞의 저 빛!
찬란한 저 빛!
그러나
저건 죽음이다

의심하라
모오든 광명을!

사람들에게 빛은 희망입니다. 망망대해에서, 끝이 없는 사막에서 하늘에 빛나는 별은 유일한 희망입니다. 그래서 '빛'은 진리이며, 좋은 것이며, 소중하게 생각하는 것입니다. 모든 신화에서 태양신은 최고의 신이며, 어둠과 대립되는 밝음을 선물하는 빛은 사람들에게는 생명을 키우는 생명줄 같은 것입니다. 그러나 오징어는 오징어잡이 배에 환하게 켜 있는 빛을 보고 몰려오지만, 결국 그 빛 때문에 죽음을 맞이합니다. 오징어에게 빛은 죽음으로 나아가는 유혹일 뿐입니다.

이처럼 좋은 것, 옳은 것도 다르게 보면 그것은 독약이며 악일 수 있다는 것입니다. 내가 그동안 진리라고 믿어 왔던 것, 올바름이라고 믿어 왔던 것, 그 반대로 내가 죄악이라고 항상 여겼던 것들에 대해 '의심하라 모오든 광명을!' 이라고 목소리 높여 주장합니다.

의심하는 것에 대해 불경스럽게 여기는 것은 무엇 때문일까요? 왜 우리는 의심하는 것에 대해 불순하다고 생각하게 되었을까요? 만약 '의심'이라는 말이 마음에 들지 않는다면, 어떤 말로 바꿀 수 있을까요?

아메리카는 어떤 사유의 질병을 가져왔는가?

1505년, 아메리고 베스푸치는 《신세계The New World》라는 제목의 여행기를 출판했다. 이 책은 1527년까지 라틴어로는 23판까지 인쇄되었으며, 약 37개 국어로 번역되어

| 아메리카 |
유럽 인들에게 아메리카는 충격을 주었다. 유럽 인들은 한 번도 보지 못한 것들을, 상상하지 못했던 것들을 만나게 되었다. 낯선 것들은 당연하게 여겼던 생각을 뒤흔들고 새로운 생각, 사유를 불러일으킨다.

출판되었다. 아메리카는 발트제뮐러가 베스푸치의 이름을 따서 '아메리카'로 불리게 되었다.

아메리카. 이 땅은 유럽의 사유, 믿음, 종교와 신앙을 뒤흔들었다. 성경에는 아메리카가 없었다. 충격이었다. 지구는 우주의 중심이며, 하늘과 지구에 있는 모든 것은 신이 정한 곳에 있어야 했다. 그리고 대륙은 오직 세 곳뿐이었다. 그런데 새로운 대륙이 등장한 것이다. 유럽 인들, 기독교인들의 믿음이 의심받기 시작했다.

2,000년간 유럽을 지배해 왔던 신학과 철학의 권위, 그리고 종교와 신앙의 교리 위에 세워졌던 사회의 지배 구조 또한 의심받기 시작했다. 성경이 예측하지 못한 새로운 땅, 새로운 사람들, 새로운 문화들. 벌거벗고 사는 아메리카 원주민들은 과연 아담과 이브의 후손일까?

아메리카에는 사람이 살고 있었다. 성경을 알지 못하는 사람들이 살고 있었다. 그들은 기독교에 대한 지식 없이도 잘 살고 있었다. 아메리카에 살고 있던 원주민들의 삶의 방식, 사회 구조, 그들의 문화와 언어는 권위에 대한 복종을 무기로 유지되었던 유럽의 사회 체제를 낡은 것으로 만들었다.

유럽 인들이 한 번도 본 적이 없던 새로운 것들이 등장했다. 어디에도 기록되어 있지 않았던 생물들이 등장했다. 파인애플, 감자, 칠면조, 선인장 같은 새로운 생물들을 무엇이라 이름 붙일 것인가? 유럽 최초의 식물원이 1545년, 이탈리아 파도바에 세워졌다. 새롭게 등장한 식물들을 분류하고 이름 붙이기 위해서.

얻는 것이 있으면 잃는 것이 있는 법. 유럽은, 아니 유럽을 지배하고 있던 모든 권위들은, 교황과 국왕, 아리스토텔레스와 프톨레마이오스 등 유럽의 모든 권위들은 소위 '신대륙으로부터 돌아온 부메랑'을 맞기 시작했다. 그 권위의 근거가 되었던 것들이 의심받기 시작한 것이다.

가장 무서운 질병이 퍼지기 시작했다. 의심하는 자들! 질문하는 사람들! 새로운 정신병이었다. 종교는 의심하는 자들을 가장 경계한다. 그럼에도 불구하고 의문을 품는 자들이 늘어나기 시작했다. 이유와 근거를 찾는 사람들. 모든 진리의 근거가 되었던 성경. 이제 성경에서 근거를 찾지 않고 자신들이 보고 느끼고 관찰하는 것에서 근거를 찾는 사람들이 나타나기 시작한 것이다.

새로운 정신 질환, 의심하는 자들의 대표는 누구인가?

바로 코페르니쿠스, 갈릴레오, 뉴턴, 데카르트, 베이컨 등이다. 조르다노 브루노는 "우주는 무한하고 그 안에는 지구처럼 사람이 살고 있는 또 다른 행성이 존재할지 모른다."고 주장해서 1600년에 화형을 당했다. 새로운 생각을 했다는 이유로, 새로운 주장을 했다는 죄목으로 죽임을 당했다. 사상범들이 나타났다. 위험했다.

니콜라스 코페르닉(Nicolas Kopernigk, 1473~1543, 자신은 코페르니쿠스Copernicus라는 라틴 어 이름을 썼다.)은 1543년 《천체의 회전에 대하여》를 출판했다. 코페르니쿠스는 지구를 하루에 한 번씩 돌게 만들었다. 태양계의 배치가 변했다. 지구는 하루에 한 바퀴씩 돌았고, 태양 주위를 일 년에 한 번씩 회전했다. 지구 대신 태양이 하늘의 중심에 놓였다. 코페르니쿠스의 위대한 힘. 코페르니쿠스의 주장 이후 하늘이 달라졌다. 이것이 코페르니쿠스의 혁명이다.

수천수만 년 동안 사람들이 믿어 의심치 않았던 하늘에 대해 의심한 코페르니쿠스. 이제 사람들의 의문이 시작되었다. 만일 지구가 움직인다면 땅 위에 있는 우리들은 왜 가만히 있는 것일까? 어떻게 집, 나무 등 땅에 붙어 있는 것들은 날아가지 않고 저렇게 멀쩡히 붙어 있을 수 있을까? 만약 지구가 돈다면 탑 위에서 떨어진 돌은 탑 서쪽에 떨어져야 할

| 코페르니쿠스 |
코페르니쿠스는 오랫동안 유럽 인들이 굳게 믿고 있었던 하늘의 세계를 뒤흔들었다. 사유의 혼란, 세계관과 믿음의 혼란을 가져왔다.

것이다. 지구가 진짜로 회전한다면 지구가 도는 방향의 반대로, 즉 서쪽에서 동쪽으로 아주 세찬 바람이 늘 불어야 하지 않겠는가? 지구가 도는 속도를 감안하면 그 바람은 모든 것을 휩쓸어 버릴 만큼 강력할 것이다. 그런데 이렇게 고요하게 멈추어 있는데, 어찌 지구가 회전한단 말인가?

많은 질문과 의문들이 떠돌아다녔다. 왜 모든 것들은 땅으로 떨어지는가? 더구나 땅에 가까워지면 왜 점점 더 빨리 떨어지는가? 왜 화살은 계속 날아가지 않고 땅으로 떨어지는가? 아리스토텔레스는, 교황은 어떤 답을 가지고 있었을까?

새로운 사유는 무엇인가?

새로운 사유가 시작되었다. 새로운 사유는 늘 위험하다. 코페르니쿠스는 이미 1506년에 하늘에서 태양계를 발견했지만 1543년에야 《천체의 회전에 대하여》라는 책을 통해서 지동설을 발표한다.(코페르니쿠스는 출판된 이 책을 읽지 못하고 죽었다.) 코페르니쿠스는 자신의 주장이 몰고 올 충격과 위험을 알고 있었던 것이다. 코페르니쿠스와 비슷한 주장을 했던 갈릴레오는 1633년, 로마 교황청에 소환되었다. 이들의 주장은 위험한 것이었다. 코페르니쿠스와 갈릴레이는 사상범이 된 것이다. 결국 종교 재판소는 코페르니쿠스의 주장을 했다는 이유로 갈릴레이에게 유죄 판결을 내린다.

아리스토텔레스는 모든 물체가 땅에서 자신의 위치를 찾기 위해서 땅으로 떨어지는 것이며, 목표에 도착했다는 행복감 때문에 떨어지는 속도가 빨라진다고 설명했다. 믿을 수 있는가? 갈릴레이는 웃었을 것이다. 갈릴레이는 모든 물체는 같은 방식, 같은 속도로 떨어지며, 모든 물체가 수학적으로 증명할 수 있는 공통된 자연법칙에 따른다고 설명했다. 그리고 뉴턴은 이것을 '중력'의 힘으로 설명했다. 이제 아리스토텔레스는 낡고, 아는 것이 별로 없는 늙은이가 되었다. 위대했던 아리스토텔레스의 시대가 끝나고 있었다.

낯선 것들, 이방인이 늘 문제다. 아메리카의 낯선 것들, 이방인들은 그들의 존재 자체가 의문을 던졌다. 그들은 새로운 상상을 하게 만들었다. 권위와 복종은 늘 상상을 가로막는다. 인간의 사유를 틀 속에 가두는 것이다. 새로운 것은 익숙한 것을 보게 만든다. 처음 본 것, 다른 것들이 발견되면 기존의 것, 이미 있는 것들이 의심받게 된다. 의심은 질문, 의문으로 나아간다. 그리고 그것은 생각, 사유의 불꽃을 일으킨다. 유령처럼 새로운 사유의 유혹이 우리들의 주위를 어슬렁거린다.

26
과학의 탄생, 망원경과 현미경이 열어 준 세계

망원경과 현미경, 새로운 눈을 갖게 되었다. 인간의 세계가 수천, 수백 배로 늘어났다.

26

외눈박이와 두눈박이 그리고 세눈박이, 네눈박이가 함께 살고 있었다.

외눈박이는 무엇을 보았을까요?

깊이가 없는 세계, 거리가 없는 평면의 공간, 질감이 없는 사물들, 모두가 평등한 그림들, 모든 것이 줄맞추어 서 있고, 결코 앞서거나 뒤처지지 않아, 외눈박이는 모든 것이 한꺼번에 찾아와, 순서가 없는 거야, 연속적이지 못해, 과정이 없어, 차이가 없는 거야, 변화를 느끼지 못해, 과거와 현재 그리고 미래가 없어, 다름이 없는 거야, 오직 같음만, 하나만 있는 거야, 그래서 정지해 있는 거야, 질서가 없는 거지, 규칙도 없어, 소리도 없어, 절대 고요의 세계가 있는 거야, 오직 앞만 있는 거야, 뒤와 옆은 없어, 갑자기 모든 것이 튀어나와, 관계가 없는 거야, 혼자만 행복한 거야.

두눈박이는 무엇을 보았을까요?

두 개가 겹쳐지니 거리와 깊이가 출현하네, 입체가 되는 거지, 풍경이 되는 거지, 두 개부터 말이 통하지, 이 세상의 모든 두 개들, 만나는 것들은 언어를 가지는 거야, 바람도, 구름도, 물도, 불도, 강과 바다, 고속도로, 사람들의 이동, 모든 흐름들은 언어가 되지, 만나는 것들, 관계하는 것들은 전부 두눈박이가 되는 거야, 시간이 탄생하고, 차이와 다름, 낡음과 새로움, 앞과 뒤, 높고 낮음의 수많은 겹들이 출현하지, 경쟁도 하고 싸움이 일어나는 거야, 속도와 간격이 출현하니까, 나누고 쪼개고 분류하고 모을 수도 있어, 위치도 바꿀 수 있고, 두눈박이 세계는 결코 평등하지 않아, 멀리 있는 것은 희미하고 오직 초점이 맞추어지는 것만 보이는 거야, 눈알 두 개의 관계, 협력으로 질서가 탄생하는 거야.

세눈박이, 네눈박이, 열눈박이는 무엇을 보았을까요?
25명의 사람은 오십눈박이야, 100명의 사람은 이백눈박이지, 외눈박이가 천 개의 눈을 가질 수 있을까? 두눈박이들이 모여서 천 개의 눈을 가질 수 있을까? 외눈박이가 천 개의 눈을 가진다면 과연 어떤 세계가 출현할까? 함께 눈을 모으면, 마음의 눈, 심장의 눈, 희망과 열정의 눈을 함께 뜨고 초점을 맞추면 과연 어떤 세계, 어떤 풍경이 출현할까? 우리들은 그동안 얼마나 많은 눈들을 출현시켰을까? 희망이란 혹시 설렘을 주는 사람들, 아름다운 풍경을 출현시키는 사람들, 그리고 열정의 바람을 일으키는 사람들이 아닐까?

새로운 사유는 어떻게 시작되었나?

새로운 주장들이 쏟아지고 있었다. 아메리카 등 여러 대륙에서 새로운 정보와 자료들이 속속 유럽으로 들어오고 있었다. 새로운 지식으로 넘쳐 나고 있었다. 사상범 코페르니쿠스로부터 시작된 우주론은 하늘을 어지럽히고 있었다. 갈릴레이는 망원경으로 달에서 산맥을 발견했다. 모든 것이 뒤집어지고 있었으며, 무엇이 진리이고 무엇이 참인지 판단할 수 있는 기준이 없었다.

이러한 지식의 위기는 곧 전체 사회의 위기로 나아갈 수 있었다. 지식의 체계, 지식의 질서를 잡을 수 있는 새로운 방법이 필요했다. 이때 영국의 베이컨[37]이 '객관성'이라는 슬로건을 제시한다. "아는 것이 힘이다."라는 말로 알려진 베이컨은 새로운 지식을 관리하는 방법으로 '관찰을 통해 찾아내고, 평가하고, 기록하고, 의사를 소통하는 것'을 제시한다. 사물과 지식에서 개인의 의견이나 성향, 감각에 따른 증거 따위는 신뢰할 수 없는 '주관적'인 것이다. 이제 인간의 감각적 오류로부터 발생하는 결함을 바로잡을 수 있는 '차가운 객관적 도구'들을 사용해야 한다. 주관적인 것을 배제하고 객관성을 확보하라. 이제 객관성이 모든 지식을 다루는 기준이 되기 시작했다.

1637년, 르네 데카르트는 《방법서설》을 출판했다. 이 책에서 그는, 자신을 입증할 수 있는 진리 외의 모든 것은 그것

37_ 프랜시스 베이컨(Francis Bacon, 1561~1626). 영국 엘리자베스 여왕 때 국회의원이 되었으며 검찰총장, 대법관 등을 지냈다. 경험론 철학의 창시자로 알려졌다.

| 갈릴레이 |
갈릴레이는 사상범이었다. 갈릴레이보다 브루너가 먼저 사상범으로 화형당했다. 새로운 지식, 사상 그리고 새로운 상상력마저도 범죄가 된다.

이 진실임이 증명될 때까지 의심받아야만 한다고 주장했다. 더불어 감각에 따른 증거는 아무런 증거가 없는 것으로 의심받아야만 한다고 거듭 주장했다. 그리고 "나는 생각한다. 그러므로 존재한다."라고 선언했다. 데카르트는 사유의 기술로서 네 가지를 제시한다. 첫째, 모든 것은 의심되어야 한다(판단 중지의 규칙). 둘째, 모든 것을 쪼개고 나누어서 사고하라(분석의 규칙). 셋째, 단순한 것으로부터 복잡한 것으로 사고하라(종합의 규칙). 넷째, 한꺼번에 통합적으로 사고하라.

데카르트는 아무리 의심해도 의심할 수 없이 명백한 것으로 "나는 생각한다. 그러므로 존재한다."라고 주장했다. 생각하는 나. 여기서 생각은 바로 '이성(理性)'을 의미했다. 늘 '확실함'을 추구하는 이성적 사유. 이탈리아 어에서 이성을 뜻하는 라조네Ragione는 '계산'이라는 의미로 쓰였다. 상인들은 장부를 리브리 델라 라조네Libri della ragione, 즉 계산의 책이라고 불렀다. 예술에서 라조네는 비례를 뜻한다. 동사형인 라조나레Ragionare는 '이야기하다'라는 뜻으로 사용된다. 인간은 동물과 달리 이야기할 때 이성(계산)을 이용한다는 의미다. 계산처럼 명확하고 확실한 사유. 이것이 데카르트가 발견한 이성적 사유다.

1687년, 뉴턴이 등장한다. 《프린키피아Principia》, 뉴턴이 1687년 출판한 저서로 원제는 《자연철학의 수학적 원리 Philosophiae Naturalis Principia Mathematica》다. 만유인력을 처음으로 제시했던 책이다.

뉴턴의 중력 이론은 천사를 사라지게 했다. '만물은 다른 것들을 잡아당기며, 그 힘은 그것들의 질량의 곱에 비례하고 그것들 간의 거리의 제곱에 반비례한다.' 뉴턴은 모든 문제를 데카르트적 사고 방법으로 연구했다. 그는 감정이 없는 수학을 사용했으며, 실험과 관찰을 통해 자신의 결론이 맞다는 것을 증명했다.

만유인력의 이론은 모든 곳에 존재했던 중세의 신을 몰아냈다. 이제 지구는 계산 가능한 법칙들에 의해 움직이며, 신의 손이 움직일 곳은 우주의 어느 곳에도 없는 것처럼 보였다.
코페르니쿠스, 갈릴레오, 데카르트, 뉴턴이 사용한 사유의 도구, 증명의 도구는 무엇이었을까? 그들이 사용한 확실하고 명확하며 의심의 여지가 없는, 차갑고 날카로운 사유의 칼은 과연 무엇이었을까? 그것은 바로 '수학'이었다. 계산, 증명, 개인에 따라 달리 해석되지 않는 확실함, 객관성을 보증하는 언어가 바로 수학이었다. 이성을 표현할 수 있는 가장 객관적인 언어가 바로 수학이었으며, 이들이 공통적으로 사용한 사유의 도구였다.

과학이란 무엇인가?

과학은 무엇인가? 아니, 과학은 무엇으로부터 시작되었는가? 과학은 분류(分類)하는 것이다. 분류란 무엇인가? 나누는 것이다. 쪼개는 것이다. 데카르트는 그가 쓴 책 《방법서설》에서 생각을 잘하는 방법으로 분류하고 나누어서 생각하라고 주문한다.

과(科)는 '벼가 익은 것'을 의미하는 상형 글자 화(禾)와 곡식의 양을 재는 말 두(斗)의 상형 문자로 이루어진 글자다. 과(科)는 '곡식의 분량을 재다'라는 의미다. 조목별로 나누다, 등급을 매기다의 의미도 가지고 있다. 영어와 프랑스 어 'Science'는 모두 어떤 사물을 '안다'는 라틴어 'Scire'에서 유래되었다.

과학은 분류하기로부터 시작된다. 분류하기 위해서는 분류의 소재, 분류할 것들이 필요하다. 자연에서 관찰된 것들, 세계를 구성하고 있는 여러 가지 것들이 발견되어야 한다. 그리고 그것들이 신에게 속한 것이 아니라 인간의 뜻과 관점, 시선, 욕망에 따라 다루어질 수 있어야 한다. 즉, 이 세계가 신으로부터 자유로워져야만 분류할 수 있다. 인간에게 속한 것만이 인간의 마음대로 분류할 수 있는 것이다. 신에게 속한 것은 신만이 분류할 수 있다.

과학은 우리들의 감각계를 뛰어넘어, 우리들의 감각계를 확장시켜 준다. 그러므로 과학은 항상 영역, 계, 울타리를 정한다. 그 울타리 안에서 예외 없이 통하는 법칙을 제시한다. 과학은 변화무쌍한 이 세계의 현상, 존재, 사건들의 공통점, 법칙성, 반복 및 재현 가능성, 측정 가능성, 설명 가능성을 추구한다. 그러므로 특이성, 불규칙성, 예외성, 일회성은 제거 또는 제외된다.

과학은 이 세계의 조작 가능성, 변화 가능성을 인간에게 열어 주었으며, 새로운 상상력을 촉발한다. 과학은 '너머너머의 세계', '끝나지 않는 세계', '수많은 주름과 겹의 세계'를 열어 준다. 즉 끊임없는 호기심과 신비로운 세계를 열어 주는 것이다.

과학은 양적인 측정이다. 여기서 '양'은 무게, 넓이, 길이, 횟수, 거리, 속도와 속력, 방향, 높이, 변화량 등이다. 이것은 '수'로서 표현된다. 그러므로 과학에서는 측정할 수 없는 것들은 제거 또는 제외된다.

과학이 시작되었다는 것은 인간의 뜻대로, 인간의 시각으로 이 세계를, 자연을 분류하고 쪼개고 이름 붙일 수 있게 되었다는 것을 의미한다. 또 하나 분류하기 위해서는 이 세계를 이루고 있는 것들, 자연에 속한 것들이 보다 많이 발견되고 관찰되어야 한다. 과학의 시작에는 바로 망원경과 현미경의 발명이 뒷받침하고 있다.

망원경과 현미경은 어떤 세계를 열어 주었는가?

망원경과 현미경은 인간이 이 세계를, 자연을 관찰하고 발견하는 능력을 수십 배로 키워 주었다. 인간의 눈이 드디어 신의 경지에 이른 것이다. 도저히 볼 수 없었던 것, 발견하지 못했던 것을 이 세상에 등장시키고 탄생시킨 눈의 확장, 그것이 바로 망원경과 현미경이다. 생각해 보라. 망원경과 현미경이 얼마나 인간의 눈, 시각, 시야를 넓고 깊게 만들었는지를.

최초의 망원경은 1608년 네덜란드의 얀 리퍼세이가 만들었다. 그 후 이탈리아의 갈릴레오 갈릴레이가 1610년 자신이 만든 망원경으로 천체 관측을 해 목성의 위성을 발견했다. 최초의 현미경은 1590년, 네덜란드의 젠센이 만들었고 1660년 네덜란드의 과학자 뢰벤후크가 270배로 확대되는 현미경을 이용하여 박테리아를 관찰한 것으로 알려져 있다.

망원경과 현미경의 탄생으로 인간은 그동안 역사 속에서 발견한 지식의 수십 수백 배에 이르는 지식을 갖게 되었다. 망원경은 하늘의 깊이를, 공간의 엄청난 확장을 선물했다. 현미경은 맨눈으로는 결코 볼 수 없었던 작은 생물들을 인간의 역사 속에 등장시켰다.

망원경과 현미경의 출현이 의미하는 것은 무엇인가? 그것은 인간이 드디어 인간의 감각 한계를 뛰어넘는 능력을 갖게 되었다는 것이다. 망원경과 현미경이 출현하기 전까지, 인간은 인간의 감각만으로 이 세계를 인식했다. 그리고 뇌를 가지고 상상하고 사유했다. 망원경과 현미경이 등장하자 인간의 감각은 신뢰를 잃기 시작했다. 인간의 감각만으로는 알 수 없었던 세계를 망원경과 현미경은 보여 주었던 것이다.

망원경과 현미경으로 인간은 새로운 관찰 능력을 갖게 되었다. 망원경과 현미경은 인간을 관찰하는 사람으로 만들었다. 관찰자는 세계를 탄생시킨다. 관찰할 때마다 자연은, 세계는 새로운 모습을 보여 준다. 망원경과 현미경으로 과학자들은 자연 속에서 새롭게 발견한 것들에 이름을 붙이고 지식을 늘려 갔다. 이제 지식은 자연을 통제하고 지배하는 무기가 되었다. 자연에 대해서, 세계에 대해서 지식을 가질 때마다 새로운 상품들이 만들어졌다.

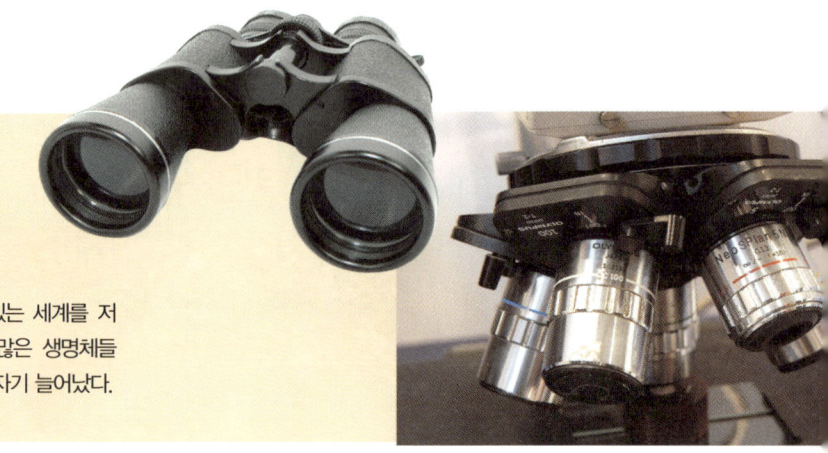

| 망원경과 현미경 |
망원경은 인간의 눈으로 볼 수 있는 세계를 저 우주까지 확장했다. 현미경은 수많은 생명체들을 등장시켰다. 지구의 가족이 갑자기 늘어났다.

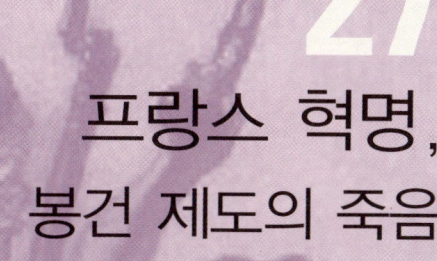

27
프랑스 혁명, 봉건 제도의 죽음

혁명의 시대에는 모든 사람의 운명이 바뀐다. 봉건 영주, 귀족, 소작인과 농민, 부르주아의 운명도 변했다.

들라크루아의 〈민중을 이끄는 자유의 여신〉

1830년 7월 27일부터 7월 29일까지 3일 동안 벌어진 프랑스 7월 혁명을 그린 그림. 7월 28일, 파리의 민중들은 시내에서 바리케이드를 칩니다. 프랑스 정부군은 이 시위대를 향해 총과 대포를 쏘았지만 결국 7월 29일 시위대가 승리합니다. 그림 속의 시위대는 다양한 직업과 신분으로 구성되어 있습니다.

실크 모자에 고급 외투를 입고 엽총을 든 사람은 화가인 들라크루아 자신입니다. 이 사람은 입고 있는 바지로 보아 기능공, 노동자로 보입니다. 그림 중앙엔 삼각형 모자를 쓴

사람이 보입니다. 이 모자는 당시 파리의 공과 대학 학생들이 쓴 모자입니다. 자유의 여신의 왼쪽 아래 붉은 허리띠를 맨 사람은 농부입니다. 시위대는 농부, 학생, 여성, 노동자 등 다양한 사람들로 구성되었습니다.

그림의 가운데 자유의 여신은 머리에 프레지야 모자를 쓰고 있습니다. 이 모자는 로마 시대 노예들이 해방을 염원하며 쓰던 모자를 변형시킨 것이라고 합니다. 오른손에 들고 있는 깃발은 혁명과 자유를 의미하는 프랑스의 삼색기입니다.

인류의 역사 속에서 여성이 총을 들고 맨 앞에 등장했던 그림이 있었던가요? 왜 민중을 이끄는 자유의 남신이 아니고 여신일까요? 들라크루아는 왜 여성을 혁명군의 리더로서 그린 것일까요? 프랑스 혁명은 누구의 권리를 위한 투쟁이었을까요? 왕과 귀족들의 천부적 권리로부터 농노, 소작인, 기술자, 상인들의 권리를 찾고자 하는 혁명이었을까요?

🌸 프랑스 혁명은 왜 일어났나?

1655년 4월, 프랑스 왕이었던 17세의 루이 14세는 파리의 고등법원 법관들 앞에서 다음과 같이 선언한다. "짐을 떠나서는 국가가 없다. 짐이 곧 국가다."

루이 14세는 1661년, 베르사유 궁전의 착공을 명령한다.

프랑스의 모든 유명한 예술가들이 동원되어 궁전을 짓기 시작했다. 베르사유 궁전은 24년이 걸려 완성되었다. 전체 길이가 680미터에 이르는 대궁전이었다. 이 궁전에서는 날마다 초호화판 향연이 열렸다. 왕이 앉는 의자, 왕이 식사하는 탁자, 왕의 음식을 담는 그릇 등 왕이 사용하는 모든 것은 금과 은으로 만들어졌다. 수천 개의 촛대까지 황금이었다. 왕과 귀족들은 베르사유 궁전에서 초호화판 생활을 계속했다. 이 궁정을 유지하기 위해 막대한 비용이 들어갔다.

프랑스 왕국은 루이 14세, 군주의 개인 소유물이었다. 국토의 모든 것은 절대 군주인 왕이 태어날 때부터 소유권을 가지고 있었다. 왕은 모든 세금의 수입을 마음대로 사용했고, 왕의 개인적인 사치와 향락을 위해 쓰였다. 왕들은 귀족들과 함께 3일에 한 번씩 사냥을 즐겼다. 궁정을 출입하는 귀족은 약 4,000여 명. 이들은 국왕과 함께 사치를 즐겼다. 수많은 하인, 사치스러운 옷, 도박, 축제, 연극 상연, 사냥이 그들의 삶이었다.

그러나 왕과 귀족들의 사치와 향락은 국가의 재정을 점차 힘들게 만들었다. 국가의 재정은 만성 적자에 빠졌으며, 더욱더 늘어나는 세금에 농민들의 불만과 증오심이 커져 갔다.

38_ 《레 미제라블 Les Misérables》은 1862년 프랑스의 작가 빅토르 위고가 쓴 소설이다. 우리나라에서는 《장발장》으로 소개되기도 했다. 레 미제라블은 '불행한 사람들'이라는 의미다.

🌸 혁명 세력이 주장한 것은 무엇인가?

드디어 레 미제라블[38], '불행한 사람들'이 일어섰다. 1789년 7월 14일, 프랑스에서 혁명이 일어났다. 무장한 파리 시민들이 바스티유 감옥을 습격하여 요새를 장악했다. 혁명은 프랑스 전국으로 퍼져 나갔으며 농촌에서 농민들은 영주들의 성을 공격하고 각종 문서들을 불태웠다. 1789년 8월 4일, 의회는 신분제와 봉건적 권리의 폐지를 결정하고 3주 뒤인 8월 26일 인권 선언을 발표했다. 인권 선언은 "제1조. 인간은 권리에 있어서 자유롭고 평등하게 태어나 생존한다."로 시작된다.

"모든 인간이 자유롭고 평등하다."는 선언은 지금까지 지속되어 온 신분제, 계급제의 사회를 한꺼번에 뒤엎는 것이었다. 이 점에서 프랑스 혁명은 혁명적이다. 약 100년 뒤인 1860년 4월 6일 조선에서 최제우는 인내천(人乃天), 곧 "사람이 하늘이다."라고 주장하며 신분제, 계급 제도를 전면 부정한다.

18세기 프랑스에서 성직자와 귀족은 특권 계급, 지배 계급이었다. 성직자의 수는 약 13만 명에 불과했으나 전국 토지의 약 10퍼센트를 소유하고 있었으며, 귀족은 약 14만 명이었다. 인구의 약 2퍼센트가 전체 토지의 20~25퍼센트를 소유하고 있었다. 성직자와 귀족들을 각각 제1신분, 제2신분이라 불렀다.

제3신분이 있었다. 농민들, 소상인들, 부르주아지들, 장인들이었다. 이들은 2,500만 프랑스 국민의 약 95퍼센트를 차지했다. 약 25만 명의 부르주아지, 약 250만 명의 장인들 그리고 약 2,200만 명의 농민들. 이들은 국가에 세금을 냈으며, 성직자에게는 십일조를, 귀족에게는 봉건 부담금을 납부했다. 농민들은 도대체 얼마만큼 세금을 납부했을까? 수입의 약 80퍼센트를 세금으로 납부했다.

1700년대 프랑스 농민 2,200만 명은 대부분 농노에서 해방된 자유민이었다. 겨우 100만 명만이 농노 신분이었다. 법적으로 농노에서 해방되어 자유로운 신분이 된 농민들은 열심히 일하여 토지를 사들였다. 1789년에 프랑스 토지 가운데 약 3분의 1이 농민들의 수중에 있었다. 그러나 농민들의 불만은 더욱 커져 갔다. 왜 그랬을까?

농민의 신분이 농노에서 벗어나 자유민이 되었지만 봉건제에 의한 부담금과 부역은 여전히 진행되고 있었다. 군사적으로 보호해 준다는 명목으로 부담금과 부역을 징수했던 귀족들과 영주들은, 국가가 세워져 자신들의 군대가 없어졌음에도 불구하고 여전히 부담금과 부역을 요구했다. 귀족과 성직자, 영주들의 이익과 권력을 보장하고 있는 봉건적 제도와 관습에 대한 농민들의 분노가 점점 커져 갔다.

프랑스 혁명을 일으킨 세력 중 하나인 부르주아지는 어떤 사람들일까? 그들은 교육받은 사람들이었다. 의사, 교사, 변호사, 판사, 공무원, 그리고 상인, 제조업자, 은행가 등 돈을 가지고 있으며, 더 많은 부와 권력을 욕망하는 계급이었다. 이들의 욕망을 가로막고 있는 것은 무엇이었을까?

부르주아지에게 귀족들은 무능력한 사람들이었다. 능력

도 없고 성실하지도 않은 사람들이 단지 귀족 집안에서 태어났다는 이유로 궁정에서 시간을 낭비하고 기생하는 사람들이 곧 귀족과 영주들이었다. 부르주아지에게는 재능과 문화, 돈이 있었다. 그러나 그들은 자신들에게 합당한 사회적, 법적 지위를 누리지 못한다고 여겼다. 성직자와 귀족들에 의한 사회적 차별, 봉건적 법률과 제도의 철폐가 곧 부르주아지 세력의 희망이었다.

제3신분, 즉 농민과 부르주아지는 연합하여 프랑스 혁명을 일으켰다. 혁명은 사회의 최하층 사람들, 즉 노동자, 수공업자, 소상인, 농민 등 가난한 사람들이 일으키고 싸웠다. 당연히 귀족과 영주들, 부자들은 이들을 '폭도'라고 불렀다. 혁명은 모든 출생의 특권을 폐지시켰다. '자유, 평등, 우애'라는 프랑스 혁명의 슬로건은 수천 년 계속되어 온 유럽 봉건제의 정치 체제, 신분 체제를 무너뜨렸다.

❀ 프랑스 혁명은 무엇을 사라지게 하고 무엇을 출현하게 했는가?

프랑스 혁명은 봉건제에 대한 사망 선고였다. 프랑스의 나폴레옹 군대가 정복한 모든 유럽의 나라에서 농노제가 폐지되었다. 봉건 부담금과 세금이 사라졌으며, 자유 시장이 열렸다. 프랑스 혁명이 유럽의 봉건 제도를 청소한 것이다.

프랑스 혁명은 귀족과 성직자 등 제 1, 2신분의 몰락을 가져왔으며 제3신분 중에서 부르주아지가 정치, 사회의 중심

세력으로 등장했다. 1804년 제정된 나폴레옹 법전을 보면, 법전의 조항이 약 2,000개인데 그 가운데 노동과 관계 있는 조항은 겨우 7개뿐이었다. 노동조합의 설립 및 파업은 금지되었다. 부르주아지들이 법을 만들었기 때문이었다. 노동조합은 금지되었지만 경영자들의 협회는 승인되었다. 약 800개의 법률 조항이 부르주아지들의 재산 보호를 다루고 있다. 혁명의 결과로 만들어진 법전은 명백히 부르주아지의 재산을 보호하기 위해 만들어졌다. 봉건제가 죽음으로써 부르주아지는 자유롭게 상품을 제조하고 판매할 수 있는 권리를 획득했다.

영국에서는 1689년경에, 프랑스에서는 1789년에 봉건제가 끝장났다. 이 점에서 프랑스 혁명, 곧 1789년은 유럽 중세의 끝이다. 이제 신분 제도, 혈통에 의한 계급 제도는 사라졌다. 신분과 계급의 세습 또한 사라졌다. 자유와 평등이라는 이념, 가치가 당연하게 받아들여졌다.

영국의 혁명, 프랑스 혁명으로 이루어진 정치 체제는 의회제, 입헌 군주제, 공화정이다. 이제 왕, 군주에 의한 일인 권력자의 시대는 끝났다. 의회가 법을 제정하는 시대. 민주주의, 즉 다수결주의가 정치 원리로 채택되었다. 영국에서 제정된 '권리장전'은 혁명의 성격을 명확히 보여 준다.

권리 장전의 주요 내용은 다음과 같다.
- 1항 : 국회의 승인 없이 왕이 법률을 정지하는 것은 위

| 아르놀피니 부부의 초상 |
부르주아지의 결혼식을 그린 얀 반 에이크의 그림이다. 고급스러운 가구와 옷, 장신구로 치장했으며 애완동물까지 소유하고 있다.

법이다.
- 4항 : 국회의 승인 없이 왕이 금전을 징수하는 것도 위법이다.
- 5항 : 국회의 승인 없이 평시에 왕국 내에서 상비군을 두는 것은 위법이다.
- 6항 : 국회 안에서의 언론의 자유와 토의는 다른 곳에서 비난하거나 문제 삼지 않는다.

절대 왕권은 사라졌으며, 국회의 법에 의한 통치가 시작되었다. 의회의 운영은 민주주의, 즉 다수결주의가 채택되었으며 선거 제도가 도입되었다.

경제적 봉건 제도의 죽음은 곧 왕과 군주 및 영주에 의한 봉건 정치 제도의 죽음을 가져왔으며 의회에 의한, 법률에 의한, 다수주의와 민주주의에 의한 정치 체제가 세워졌다.

28

노동자는 어떻게 탄생했을까?

아무것도 소유하고 있지 않다는 의미에서 가장 자유로운 사람들, 오직 자신의 몸을 상품으로 팔 수 있는 사람들이 등장하다.

정말 양들이 사람들을 잡아먹었을까?

양들이 모여서 항의 집회를 하고 있습니다.

"우리는 결코 사람을 잡아먹은 적이 없다. 인간들은 사과하라!"

"우리들은 풀만 먹고사는 동물이다. 우리가 어떻게 사람을 잡아먹을 수 있단 말이냐? 양들을 모욕하는 주장을 당장 중지하라!"

양들이 이렇게 모여서 항의 시위를 하는 것은 역사책 때문이었습니다. 역사책에는 "양들이 사람을 잡아먹었다."라고 기록되어 있었습니다. 이른바 '인클로저 운동'이라고 하는데 '울타리 치기'라고도 합니다. 영국에서 양들이 농민들을 땅에서 몰아냈다고도 합니다.

양들은 억울하다고 주장합니다.

"인간들은 우리들의 털을 벗겨서 옷을 만들어 입었습니다. 우리는 늘 춥게 지내야만 했지요. 털을 잘못 벗겨서 피부까지 상한 경우도 허다합니다. 인간들은 정말 독종들입니다. 우리들을 도망가지 못하도록 울타리를 쳐놓고 털을 벗기고 고기로 먹기까지 하면서, 이제는 우리가 사람을 잡아먹었다고 우기고 있는 것입니다. 세상에 이런 경우가 어디 있습니까? 만약 신이 있다면 당장 고발해야 할 일이지요."

영국 인들은 왜 양들이 사람을 잡아먹었다고 했을까요? 왜 양들에게 책임을 떠넘겼을까요?

문제는 양털 가격이 쑥쑥 오를 때부터 생겨났습니다. 사람들이 양털로 만든 옷을 너도나도 입게 되자 양털 가격이 올랐습니다. 땅을 소유하고 있던 영주들은 자신들의 땅에 많은 양을 키워서 돈을 벌고자 했습니다. 그래서 농사를 짓던 토지를 양 키우는 목장으로 바꾸기 위해 울타리를 치기 시작했습니다. 그 땅에 농사를 짓고 있던 농민들은 더 이상 농사를 짓지 못하고 쫓겨나기 시작했습니다. 땅으로부터 쫓겨난 사람들은 농촌에 살지 못하고 이곳저곳을 떠돌며 부랑자 신세가 되었습니다. 그리고 결국 도시로 떠밀려 와서 공장에 몸을 팔고 임금을 받는 노동자가 되었습니다. 영주들은 자신들이 농민들을 쫓아낸 것이 아니라 모든 것이 양 때문이었다고 변명을 했습니다. 양들에게 책임을 떠넘긴 것입니다. 양들은 어처구니가 없었습니다. 그러나 사람들은 여전히 양털로 만든 옷을 즐겨 입었고, 양고기를 맛있게 먹었습니다. 그리고 양들이 늘어 갈수록 땅에서 쫓겨난 사람들은 많아졌고, 도시로 밀려온 사람들이 많아질수록 노동자들의 몸값은 점점 낮아졌습니다.

과연 양이 사람을 잡아먹을 수 있을까?

영국에서 양털 값이 올랐다. 농경지를 소유하고 있던 많은 영주들은 자신들의 토지에 양을 키우면 더 많은 돈을 벌 수 있다고 믿었다. 양 키우는 목장으로 바꾸려고 토지에 울타리를 쳤다. 이것이 인클로저Enclosure 운동이다. 제1차 인클로저가 15~16세기에, 제2차 인클로저는 18~19세기에 진행됐다.

영주들이 토지에 울타리를 치자 그 땅에서 농사를 짓던 농민들은 쫓겨났다. 양을 키우는 것은 농사를 짓는 것보다 적은 사람이 할 수 있었다. 농민들은 실업자가 되었다. 영주

| 인클로저 운동 | 밀농사를 지었던 땅에 양을 키우기 시작했다. 양털 값이 올랐기 때문이다. 농사짓던 농민, 소작인들은 땅을 빼앗겼다. 땅으로부터 쫓겨난 농민들은 도시로 옮겨가 공장 노동자가 되었다.

들은 공유지에 울타리를 쳤다. 공유지는 모든 농민들이 소에게 풀을 뜯어먹게 하는 장소였다. 소를 키우지 못하는 소작인들은 더 이상 농사를 지을 수 없었다.

땅을 소유한 영주들의 목적은 확실했다. 땅으로부터 보다 많은 이익을 얻고자 하는 것이었다. 보다 많은 지대를 화폐로 받기 위해 영주들은 그동안 농사를 지었던 소작인들을 쫓아냈다. 토지에서 쫓겨난 이들은 실업자가 되었다.

결국 인클로저 운동은 실업자 만들기, 도시의 공장에서 일할 노동자 만들기 운동이 되었다. 물론 땅에서 쫓겨난 농민들이 곧바로 도시로 간 것은 아니었다. 정처없이 떠돌아다니는 거지가 되었고, 곳곳에서 농민들의 반란이 일어났다. 1601년 영국에서 거지 생활을 금지하는 법이 만들어졌다. 이른바 '엘리자베스 구빈법'이다.

1530년에 제정된 헨리 8세의 조례에 의하면, 늙고 노동능력이 없는 거지는 거지 면허를 받는다. 그와는 반대로 건장한 부랑자는 태형과 감금을 당한다. 그들은 달구지 뒤에 결박되어 몸에서 피가 흐르도록 매를 맞고 그 다음에 그들의 출생지 또는 그들이 최근 3년간 거주한 곳으로 돌아가서 '노동에 종사하겠다'는 맹세를 한다. 얼마나 잔인한 이율배반인가?

헨리 8세의 제27년의 법령은, 이 법령을 반복했는데 거기에 새로 추가하여 한층 더 가혹하게 만들었다. 부랑죄로 두 번 체포되면 다시 태형에 처하고 귀를 절반 자르며, 세 번 체포되면 중죄인으로, 또 공동체의 적으로 사형에 처해진다.

　　에드워드 6세. 그의 통치 제1년인 1547년에 제정된 법령에 의하면, 노동하는 것을 거절하는 사람은 그를 게으름뱅이라고 고발하는 사람의 노예가 된다. 주인은 빵과 물, 멀건 죽과 그가 적당하다고 생각하는 고기 부스러기로 자기의 노예를 부양해야 한다. 그는 채찍과 쇠사슬로 노예가 아무리 싫어하는 일이라도 시킬 수 있는 권리를 가진다. 만약 노예가 도주해 2주일이 되면 그는 종신 노예의 선고를 받고, 그의 이마나 뺨에 S자의 낙인이 찍히며, 만약 그가 세 번 도주하면 반역자로 사형을 당한다. 주인은 노예를 모든 동산(動産)이나 가축과 마찬가지로 팔아넘길 수 있고 유산으로 물려주며 임대할 수 있다. 만약 노예들이 무엇이든 주인에 반대하는 일을 시도할 때 그들 역시 사형을 당한다. 치안 판사는 주인의 신고가 있으면 도주한 범인을 수사해야 한다. 만약 부랑자가 3일간 일 없이 돌아다닌 것이 판명되면, 그는 출생지로 끌려와 불에 달군 쇠로 가슴에 V자의 낙인이 찍히며, 또 거기에서 쇠사슬에 매여 도로 작업 및 기타 작업에 사용된다. 누구나 부랑자의 자녀를 그로부터 빼앗아 도제(徒弟)로 삼아 남자는 24세, 여자는 20세까지 사용할 권리가 있다. 만약 그들이 도주하면 위의 연령이 될 때까지 그들은 장인(匠人)의 노예가 되어야 하며, 장인은 그들을 마음대로 쇠사슬에 붙들어 매거나 채찍으로 때릴 수 있다. 모든 장인들은 자기 노예의 목, 팔, 다리에 쇠고리를 채워 쉽게 식별하며 자기의 것임을 더욱 확실하게 할 수 있다.

마르크스의 《자본론》 중에서

노동자는 어떻게 만들어졌나?

아무것도 가진 것이 없는 사람들. 오직 자신의 몸, 노동력만을 가지고 있는 사람들. 그래서 자신의 노동력을 팔아야만 하는 사람들이 인클로저에 의해 만들어졌다.

그러므로 자본주의 체제로 향한 길을 개척하는 과정은 다름 아닌 노동자가 생산 수단을 소유하지 못하게 하는 과정이다. 그것은 한편으로 사회적 생존 수단과 생산 수단을 자본으로 변화시키고, 다른 한편으로 직접 생산자를 임금 노

| 노동자 |

노예, 노비, 농노, 농민을 거쳐 드디어 노동자가 탄생했다. 노동자는 고용주와 근로 계약을 맺는다. 폭력과 강제에 의한 노동이 아니라 계약에 의한 노동을 한다.

39_ 중세 유럽에 있었던 상인, 수공업자들에 의해 만들어진 동업자, 직업 조합. 길드는 직업과 기술, 상품 유통을 독점했으며, 기술을 배우기 위해서는 길드에 가입해 도제 수업을 받아야 했다.

동자로 변화시키는 과정이다……. 직접 생산자, 즉 노동자가 더 이상 토지에 속하지 않게 되고, 더 이상 타인의 노예나 농노나 채무 예속민이 아니게 되면 그가 처분할 수 있는 것은 오로지 자기 자신의 몸뿐이다. 더 나아가 시장이 발견되는 곳이면 어디든 자기 상품을 가지고 가는 자유로운 노동력의 판매자가 되기 위해 노동자는 길드[39]제도, 도제와 직인이 지켜야 하는 길드의 규칙, 길드의 노동 규정이라는 장애에서 벗어나야 했다……. 이 새로운 자유민들이 그들이 소유한 모든 생산 수단과 낡은 봉건 질서가 허용한 모든 생존 보장을 빼앗기고 난 뒤에야 자기 자신을 파는 사람이 됐다. 그리고 이러한 수탈의 역사는 인류의 연대기에 피와 불의 문자로 기록돼 있다.

마르크스의 《자본론》 중에서

노동자 만들기는 자본주의가 최초로 발전한 영국에서 시작되었다. 18세기와 19세기에 2차 인클로저가 일어났다. 인클로저법이 만들어져 합법적으로 노동자 만들기가 진행됐다. 프랑스 등 유럽의 모든 나라에게 영국과 비슷한 인클로저, 즉 노동자 만들기가 진행되었다.

도시를 중심으로 한 공장제 상품 경제, 즉 자본주의는 값싼 노동력을 필요로 했다. 이 값싼 노동력은 농촌에서 왔다. 농민들에게 토지를 박탈시키는 것. 농민들이 소유한 모든 것을 박탈시키는 것. 유일하게 몸과 일할 수 있는 노동력만 갖도록 하는 것. 그들을 공장이 있는 도시로 옮겨와 임금 노동자가 되도록 하는 것. 저임금을 위해 항상 실업자가 있도록 하는 것. 이것이 공장제 자본주의가 요구하는 것이었다.

1861년에 시작되어 4년 동안 치러졌던 미국의 남북 전쟁에서 링컨은 노예 해방을 주장했다. 전쟁의 결과 남부의 흑인 노예들이 해방되었지만 그들 대부분은 북부의 공장에 저임금 노동자가 되었다. 결국 남북 전쟁은 노동자 만들기 전쟁이 된 것이다.

일본 제국주의는 1918년 10월까지 약 8년 8개월 동안 '토지조사령'을 만들어 조선의 모든 토지 조사 사업을 진행했다. 조선의 땅을 빼앗기 위한 사업이었다. 이 토지 조사 사업으로 왕실 재산부터 일반 농민의 땅까지 가로챘다. 일본인의 토지 소유는 5년 사이에 4배 이상으로 늘어났다. 조선의 농민들은 대부분 소작농으로 전락했다. 토지 조사 사업으로 땅을 빼앗긴 농민들은 농촌을 떠나게 되었다. 1911년에 노동자 수는 6만 6,000명 정도였으나 1918년에는 14만 6,000명으로 늘어났다. 모두 일본인 공장에서 일하는 노동자들이었다. 일제에 의한 토지 조사 사업은 조선판 '인클로저'였다.

1967년 한국의 농촌 인구는 약 1,608만 명. 2000년 농촌 인구는 약 934만 명이다. 반면 약 100만 명이던 노동자들은 약 1,000만 명으로 늘어났다. 1970년대부터 본격적으로 시작된 경제 개발 계획, 새마을 운동, 저농산물 가격과 저곡가 정책, 저임금 정책 등 한국판 인클로저가 진행되어 왔다.

도시로 온 노동자들은 공장 노동자가 되었다. 고용주, 자본가, 사용자들에게서 임금을 받고 매일 출근하며, 공장에서 일을 했다. 고용주들은 최대한 많은 시간을 노동하게 하고, 최대한 적은 임금을 주려고 했다.

노동자들은 자신들이 받아야 할 정당한 임금과 건강을 지킬 수 있는 노동 조건을 확보하기 위해 노동조합을 만들었다. 고용주들과 개인적으로 협상하는 것이 아니라 노동조합이 단체로 근로 협약을 맺었다. 고용주들의 부당한 행동에 맞서 대항할 수 있는 노동자의 권리로서 파업할 수 있는 권리가 법으로 보장되었다.

철도 노동자, 버스 노동자가 파업을 하면 도시의 교통이 마비된다. 방송언론 노동자들이 파업을 하면 모든 텔레비전과 신문이 중단된다. 만약 모든 노동자들의 파업을 하면 사회는 정지된다. 노동자는 사회를 유지하고 자본주의 사회를 존재하게 하는 가장 결정적인 역할을 한다.

자본주의 사회에서 가장 많은 수를 차지하고 있는 것이 바로 노동자들이다. 노동자가 탄생하고 노동자의 단결조직인 노동조합이 건설되자, 노동자의 철학, 노동자의 세계관, 노동자의 사상이 탄생했다.

29
인상주의, 하나의 세계에서 천 개의 세계를 발견하다

하나의 현상이 여러 가지 모습으로 나타난다. 천 개의 눈, 천 개의 길이 열렸다.

눈 깜짝할 사이, 1초 동안 무슨 일이 벌어질까?

1초 동안 이 세계에서는
도대체 어떤 사건들이 벌어지고 있을까?
얼마나 많은 사람들이 만나고 있을까?
1초 동안 얼마나 많은 사람들이 동시에 말을 하고 있을까?
1초 동안 지구는 태양으로부터
약 486억 킬로와트의 에너지를 받고,
말을 할 때 우리들의 성대는 250번이나 진동을 하고,
우리 몸의 소장에서는 170만 개의 세포가 새로 생겨나며,
빛은 30만 킬로미터를 날아가 지구를 7바퀴 반이나 돌고,
세슘 원자는 91억 9263만 7070번이나 진동하고,
우주에서는 79개의 별이 폭발로 사라져가고,
1초 동안 이 세상에 2.4명이 새로 태어나 인생을 시작하고,
69억 명의 세계인들은 모두 각자 다른 생각을 하고 있고,
69억 명의 세계인들은 모두 각자 다른 사건을 겪고 있고,
하루는 24시간 8만 6천 4백초,
1초 동안 일어나는 셀 수 없는 사건과 현상들,
'순간'의 비슷한 말은 눈 깜짝할 사이가 아니라
'셀 수 없음'이다.

모네는 왜 비슷한 건초더미를 20여 장이나 그렸을까?

40_ 클로드 모네(Claude Monet, 1840~1926). 프랑스의 인상주의 화가. 〈인상·일출〉이라는 작품에서 인상파라는 말이 시작되었다.

프랑스의 화가 **클로드 모네**[40]는 1891년 루앙 대성당 입구를 40여 장이나 그렸다. 왜 똑같은 장면을 반복해서 그렸을까? 그는 건초 더미를 20여 장이나 그렸다. 같은 장소에서 시간을 달리하며 그린 것이다.

시간에 따라, 빛에 따라 그림은 모두 달랐다. 똑같은 루앙 대성당과 건초 더미는 없었다. 모든 순간이 달랐다. 모습도, 느낌도 각각 다르게 보였다. 시간과 공간, 그리고 빛에 따라 순간순간 이 세계가 다르게 나타나는 것을 발견했다.

플라톤의 이데아는 영원히 변하지 않는 진리를 의미했다. 이집트의 피라미드는 죽지 않고 영원히 사는 것을 의미했

| 모네의 건초더미 |
모네는 건초더미를 수십 장 그렸다. 성당의 모습도 똑같은 장면을 여러 장 그렸다. 하나의 현상이 보는 시간, 햇빛, 보는 사람의 마음에 따라 다르게 보였다.

다. 그들에게 진리는 변하지 않는 것이었다. 순간은 영원의 노예일 뿐이었다. 왜냐하면 순간적인 것은 사라지기 때문이었다. 사라지지 않는 것이야말로 인류가 갈망하던 진리의 모습이었기 때문이다.

그런데 모네의 그림은 '똑같은 것은 없다'고 말한다. 순간 순간 세계는 달라지며 각각 다르게 존재한다고. 그리고 그 세계는 공간, 시간, 빛, 그리고 사람의 느낌에 따라 하나의 세계가 구성된다고. 그러므로 이 세계에는 셀 수 없이 많은 '세계'가 1초 동안 출현했다가 사라진다고.

인상주의의 등장이었다. 모네·마네·피사로·르누아르·드가·세잔·고갱·고흐 등 인상주의 화가들은 자신들의 느낌만을 그린 것이 아니라 세계를 바라보는 방식, 생각하는 방식에 대해 문제를 제기했다. 화가의 방식으로.

과연 영원히 변치 않는 절대적 진리가 존재하는 것일까? 옳은 것은 과연 하나일까? 과연 모든 사람이 똑같이 생각해야 할까? 모든 사람이 똑같은 하나의 믿음을 가지고 있는 사회는 과연 어떤 사회가 될까?

인상주의는 어떤 사유법을 제시하는가?

인상주의는 수많은 철학자들에 의해 버려졌던 '순간성'을 '영원성'과 같은 자리로 끌어올렸다. 그리고 순간성과 똑같이 취급되었던 '주관성'을 '객관성'의 자리로 끌어올렸다.

이제 세계는 개인에 따라, 주관적으로 각각 다르게 출현하며 그 고유한 느낌을 가지고 있다는 것을 숨기지 않았다.

하나의 세계관, 하나의 코드로 세계를 바라보는 통일적 세계관의 시대는 깨졌다. 유일신, 일원론적인 종교관으로 세계를 바라보던 전체주의적 인생관은 인상주의에 의해 본격적으로 의심받기 시작했다. 그 의심은 이미 코페르니쿠스로부터 시작된 것이었다.

인상주의는 주관성의 승리였다. 시간과 공간, 빛 그리고 개인의 생각과 감정에 따라 느낌이 다르고 각각 다른 세계가 출현한다고 주장한 인상주의는 모든 사람이 똑같이 느끼고 생각해야 한다는 '객관성'에 대해 그림으로 공격했다. 사람들은 인상주의 그림에 대해 야유를 퍼부었다. 이상했기 때문이다. 그림 속에 사물들이 불분명했으며, 모두가 동의할 수 있는 아름다운 그림이 아니었기 때문이다.

"빛의 눈으로 보세요. '아침 빛의 눈'으로만 세상을 보지 마세요, '정오 빛의 눈'으로도 세상을 보세요. '저녁 빛의 눈'으로도 보세요. '흐린 날의 빛 눈'으로도, '밤의 빛 눈'으로도. 그러면 당신은 매일매일 시시각각 하나이면서도 천 개의 모습을 감추고 있는 사물의 비밀을 보게 될 테니까요!"

인상주의가 탄생시킨 사람은 어떤 사람들인가?

인상주의는 '주관적 느낌', '개인적인 감정', '사람마다 다르게 느끼는 세상', '각자의 가치 기준과 의미'에 대해 존중했다. 이것은 저 멀리에 있는 신의 뜻, 신의 관점으로부터 완전히 인간의 관점, 개개인의 느낌으로 이동했다는 것을 의미했다.

인상주의는 '개성적 인간'의 출현을 유혹했다. 자신의 독자적인 느낌과 생각을 가장 중요한 가치 기준으로 여기는 주관적이며 이기적인 개인. 이 개인은 자신을 나타내기 위해 독특한 자기만의 모습과 생각으로 꾸미고 싶은 욕망을 갖는다. 자신만의 튀는 모습으로 개성을 꾸미고 싶은 것이다.

자신을 개성 있는 사람으로 꾸미는 두 가지 방법. 그 하나는 생각을 독특하게 하는 것이다. 튀는 생각, 독특한 주장과 생각을 갖는 것. 개성적인 생각은 말로 하거나 글로써 표현해야 밖으로 드러난다. 그리고 지식을 섭취해야만 한다. 쉽지 않은 일이다. 두 번째 방법은 모습으로 개성적 인간이 되는 것이다. 옷, 머리 모양, 신발 등 자신의 외모를 독특하게 꾸미는 것이다. 다른 사람과 다른 패션을 갖는 것. 이것은 돈만 있으면 가능한 것이다. 과연 돈만 있으면 될까? 살 수 있는 옷이 있어야 가능한 일이다.

그렇다. 개성적 인간, 자신의 존재를 드러내고자 하는 욕망은 상인들에게 새로운 시장을 열어 주었다. 이제 모든 사람들이 옷을 사고자 했다. 자신의 몸을 꾸미고 싶은 욕망의 문이 열렸다. 중세 시대처럼 계급에 따라, 지위에 따라 입어야

| 모네의 해돋이 |
똑같은 것을 보더라도 사람마다 느낌과 생각, 해석이 다를 수 있다. 인상주의는 개성적 인간, 독특한 인간, 다양한 인간의 생각과 삶에 대한 가능성을 열어 주었다.

할 옷이 정해져 있지도 않았다. 개성적 인간이라는 구호는 다른 사람과 다른 옷을 입어도 괜찮다는, 도리어 자신만의 독특한 존재감을 나타낼 수 있다는 신념을 갖게 해 주었다.

소비하는 개인. 자본주의는 이제 개인들의 욕망, 개성적 인간이 되고자 하는 개인들이 만드는 거대한 시장을 갖게 되었다. 옷으로부터 시작하여, 신발, 모자, 가방 등 개인들의 몸을 치장하는 물건들이 공장에서 대량으로 생산되었다. 그리고 개인들은 돈으로 상품을 사서 자신들의 개성을 자랑했다.

인상주의적 세계관은 이 세계를 흑백의 세계에서 컬러의 세계로 변화시켰다. 하나의 색만을 강요하는 어떠한 시도도 거부되었다. '종교의 자유', '사상의 자유'라는, 중세에서는 결코 용납될 수 없던 슬로건들이 힘을 발휘했다.

참고도서

- 자본주의 역사 바로 알기, 리오 휴버먼 지음, 책벌레
- 희망의 원리, 에른스트 블로흐 지음, 열린책들
- 문화로 읽는 세계사, 주경철 지음, 사계절출판사
- 강철구의 우리 눈으로 보는 세계사 1, 강철구 지음, 용의숲
- 뉴턴에서 조지 오웰까지, 윌리엄 레너드 랭어 엮음, 푸른역사
- 서양 문명의 역사, 로버트 러너/ 스탠디시 미첨/ 에드워드 맥널 번즈 지음, 소나무
- 이슬람문명, 정수일 지음, 창작과비평사
- 거울에 비친 유럽, 조셉 폰타나 지음, 새물결
- 인간 등정의 발자취, 제이콥 브로노우스키 지음, 바다출판사
- 읽기와 지식의 감추어진 역사, 한스 요아힘 그립 지음, 이른아침
- 칼맑스 프리드리히엥겔스 저작선집, 칼 마르크스/프리드리히 엥겔스 지음, 박종철출판사
- 자본론, 칼 마르크스 지음, 비봉출판사
- 문학과 예술의 사회사, 아르놀트 하우저 지음, 창작과비평사
- 인간척도론, 오영근 지음, 시공문화사
- 구술문화와 문자문화, 월터 J. 옹 지음, 문예출판사
- 서양문명의 기반, 강유원 지음, 미토